WITTGENSTEIN
ET LE PROBLÈME DE L'ESPACE VISUEL

DANS LA MÊME COLLECTION

BENTHAM (J.), *Introduction aux principes de morale et de législation*, traduction et notes du Centre Bentham, 2010, 320 pages.

GOODMAN (N.), *La structure de l'apparence*, traduction coordonnée par J.-B. RAUZY, 2004, 352 pages.

MCDOWELL (J.), *L'esprit et le monde*, traduction et notes de Ch. ALSALEH, 2007, 240 pages.

REID (T.), *Essais sur les pouvoirs actifs de l'homme*, traduction et notes de G. KERVOAS et É. LE JALLÉ, 2009, 400 pages.

RYLE (G.), *L'itinéraire de Platon*, suivi de *En manière d'autobiographie*, traduction et notes de J. FOLLON, préface de M. DIXSAUT, 2003, 256 pages.

WHITE (M.), *Une philosophie de la culture. Du point de vue pragmatiste*, traduction et notes de G. KERVOAS, 2006, 192 pages.

WHITEHEAD (A.N.), *Modes de pensée*, traduction et notes de H. VAILLANT, préface de G. DURAND, 2004, 208 pages.

BOURGEOIS-GIRONDE (S.), *La reconstruction analytique du cogito*, 2001, 304 pages.

CHAPUIS-SCHMITZ (D.), *Le sens à l'épreuve de l'expérience. Vérificationnisme et signification cognitive*, 2010, 272 pages.

CHAUVIER (S.), *Le sens du possible*, 2010, 272 pages.

CHAUVIER (S.), *Dire "Je" – Essai sur la subjectivité*, 2001, 256 pages.

De la perception à l'action. Contenus perceptifs et perception de l'action, édité par P. LIVET, 2000, 240 pages.

DEBAISE (D.), *Un empirisme spéculatif. Lecture de* Procès et réalité *de Whitehead*, 2006, 192 pages.

Herbert Feigl. De la physique au mental, édité par B. ANDRIEU, 2006, 224 pages.

GANDON (S.), *Logique et langage. Études sur le premier Wittgenstein*, 2002, 272 pages.

La philosophie en Pologne, 1918-1939, sous la direction de R. POUIVET et M. REBUSCHI, 2006, 256 pages.

La philosophie naturelle de Robert Boyle, édité par M. DENNEHY et Ch. RAMOND, 2009, 416 pages.

LE DU (M.), *La nature sociale de l'esprit. Wittgenstein, la psychologie et les sciences humaines*, 2004, 208 pages.

LEMAIRE (S.), *Les désirs et les raisons. De la délibération à l'action*, 2008, 256 pages.

PERRIN (D.), *Le flux et l'instant. Wittgenstein aux prises avec le mythe du présent*, 2007, 256 pages.

Philosophie française et philosophie écossaise, 1750-1850, édité par E. AROSIO et M. MALHERBE, 2007, 224 pages.

SAINT-SERNIN (B.), *Whitehead. Un univers en essai*, 2000, 208 pages.

SCHMITZ (F.), *Le Cercle de Vienne*, 2009, 432 pages.

THOMAS-FOGIEL (I.), *Référence et autoréférence. Étude sur le thème de la mort de la philosophie dans la pensée contemporaine*, 2005, 336 pages.

VERNANT (D.), *Discours et vérité. Analyses pragmatique, dialogique et praxéologique de la véridicité*, 2009, 272 pages.

ANALYSE ET PHILOSOPHIE

Directeur : Michel MALHERBE

WITTGENSTEIN ET LE PROBLÈME DE L'ESPACE VISUEL

PHÉNOMÉNOLOGIE, GÉOMÉTRIE, GRAMMAIRE

par

Ludovic SOUTIF

PARIS
LIBRAIRIE PHILOSOPHIQUE J. VRIN
6 place de la Sorbonne, V[e]

2011

Imprimé en France

ISSN 1624-2459
ISBN 978-2-7116-2335-8

www.vrin.fr

ABRÉVIATIONS

Les sources manuscrites ou tapuscrites sont indiquées conformément à la numérotation Von Wright[1] et à l'édition électronique du *Nachlaß* réalisée par les Archives-Wittgenstein de l'Université de Bergen. Pour le *Tractatus* et le *Prototractatus*, nous indiquons simplement le numéro de l'aphorisme.

NL *Notes on Logic 1913*, dans *Notebooks 1914-1916* [= *NB*], 2e éd., Oxford, Blackwell, 1979 ; trad. fr. G.-G. Granger, *Carnets 1914-1916*, Appendice I, Notes sur la logique, septembre 1913, Paris, Gallimard, 1971.

TB *Tagebücher 1914-1916*, *Werkausgabe in 8 Bänden*, Bd. 1, 2te Aufl., Frankfurt/Main, Suhrkamp, 1995 ; trad. fr. G.-G. Granger, *Carnets 1914-1916*, Paris, Gallimard, 1971.

PT *Prototractatus* (*An early version of* Tractatus Logico-Philosophicus), London, Routledge & Kegan Paul, 1971.

TLP *Tractatus logico-philosophicus*, *Werkausgabe in 8 Bänden*, Bd. 1, 2te Aufl., Frankfurt/Main, Suhrkamp, 1995 ; trad. fr. G.-G. Granger, *Tractatus logico-philosophicus*, Paris, Gallimard, 1993.

L *Letters to Russell, Keynes and Moore*, Oxford, Blackwell, 1974.

SRLF « Some Remarks on Logical Form », *Proceedings of the Aristotelian Society*, Suppl. vol. 9, 1929, p. 162-171 ; repris dans *Philosophical Occasions 1912-1951* [= *PO*], Indianapolis-Cambridge, Hackett, 1993 ; trad. fr. E. Rigal, *Quelques remarques sur la forme logique*, *Philosophica IV*, Mauvezin, T.E.R., 2005.

1. G.H. von Wright, « The Wittgenstein Papers », *Wittgenstein*, Oxford, Blackwell, 1982 ; trad. fr. E. Rigal, « Les papiers de Wittgenstein », dans *Wittgenstein*, Mauvezin, T.E.R., 1986.

PB — *Philosophische Bemerkungen, Werkausgabe in 8 Bänden*, Bd. 2, Frankfurt/Main, Suhrkamp, 1989; trad. fr. J. Fauve, *Remarques philosophiques*, Paris, Gallimard, 1975.

WWK — *Ludwig Wittgenstein und der Wiener Kreis, Werkausgabe in 8 Bänden*, Bd. 3, Frankfurt/Main, Suhrkamp, 1989; trad. fr. G. Granel, *Wittgenstein et le Cercle de Vienne*, Mauvezin, T.E.R., 1991.

WL 30-32 — *Wittgenstein's Lectures : Cambridge, 1930-1932*, Oxford, Blackwell, 1980; trad. fr. E. Rigal, *Les cours de Cambridge, 1930-1932*, Mauvezin, T.E.R., 1988.

WL 32-35 — *Wittgenstein's Lectures : Cambridge, 1932-1935*, Oxford, Blackwell, 1982; trad. fr. E. Rigal, *Les cours de Cambridge, 1930-1932*, Mauvezin, T.E.R., 1992.

MWL — « Wittgenstein's Lectures in 1930-33 » (by G.E. Moore), *Mind*, 63 (1954) et 64 (1955); repris dans *PO*; trad. fr. J.-P. Cometti, *G.E. Moore, Les cours de Wittgenstein en 1930-33*, *Philosophica I*, Mauvezin, T.E.R., 1997.

D — *Dictées de Wittgenstein à Waismann et pour Schlick*, A. Soulez (dir.), vol. 1, *Textes inédits (années 30)*, Paris, PUF, 1997.

PLP — *The Principles of Linguistic Philosophy* (*by F. Waismann*), 2e éd. London, MacMillan, 1997.

PG — *Philosophische Grammatik, Werkausgabe in 8 Bänden*, Bd. 4, Frankfurt/Main, Suhrkamp, 1989; trad. fr. M.-A. Lescourret, *Grammaire philosophique*, Paris, Gallimard, 1980.

BT — *The Big Typescript : TS 213*, German-English Scholars' Edition, Oxford, Blackwell, 2005.

BB — *The Blue Book*, dans *The Blue and Brown Books* (*Preliminary Studies for the "Philosophical Investigations"*), Oxford, Blackwell, 1958; trad. fr. M. Goldberg et J. Sackur, *Le cahier bleu et le cahier brun*, Paris, Gallimard, 1996.

NLPESD — *Notes for Lectures on « Private Experience » and « Sense Data »*, dans *PO*; trad. fr. E. Rigal, *Notes pour le cours sur l'expérience privée et les* sense-data, *Philosophica II*, Mauvezin, T.E.R., 1999.

LSDPE — *The Language of Sense Data and Private Experience*, dans *PO*; trad. fr. E. Rigal, *Le langage de l'expérience privée et des* sense-data, *Philosophica II*, Mauvezin, T.E.R., 1999.

LFM — *Wittgenstein's Lectures on the Foundations of Mathematics, Cambridge 1939*, London, Harvester Press, 1976; trad. fr. E. Rigal, *Cours sur les fondements des mathématiques, Cambridge 1939*, Mauvezin, T.E.R., 1995.

BGM — *Bermerkungen über die Grundlagen der Mathematik*, *Werkausgabe*, *Werkausgabe in 8 Bänden*, Bd. 6, Frankfurt/Main, Suhrkamp, 1989; trad. fr. M.-A. Lescourret, *Remarques sur les fondements des mathématiques*, Paris, Gallimard, 1983.

PU *Philosophische Untersuchungen*, *Werkausgabe in 8 Bänden*, Bd. 1, 2te Aufl., Frankfurt/Main, Suhrkamp, 1995; trad. fr. F. Dastur *et alii*, *Recherches philosophiques*, Paris, Gallimard, 2004.

BüF *Bermerkungen über die Farben*, *Werkausgabe in 8 Bänden*, Bd. 8, Frankfurt/Main, Suhrkamp, 1989; trad. fr. G. Granel, *Remarques sur les couleurs*, Mauvezin, T.E.R., 1984.

UG *Über Gewißheit*, *Werkausgabe in 8 Bänden*, Bd. 8, Frankfurt/Main, Suhrkamp, 1989; trad. fr. D. Moyal-Sharrock, *De la certitude*, Paris, Gallimard, 2006.

Ms/Ts *Wittgenstein's Nachlaß: The Bergen Electronic Edition*, Oxford, Oxford UP, 2000.

INTRODUCTION*

Dans un article assez récent, O'Shaughnessy développe une conception de l'espace visuel qui, bien que fallacieuse – car nous donnant une fausse idée du rôle joué par les sensations perceptives dans le rapport de l'esprit au monde physique – nous permet cependant de comprendre ce que l'on veut dire lorsqu'on parle en philosophie de l'esprit ou en épistémologie de « l'espace » ou du « champ » visuel. Cette conception, fondée sur l'hypothèse d'une dissociation stricte au cours de l'évolution entre l'expérience visuelle proprement dite et l'acquisition postérieure d'une faculté sensorielle correspondante, est décrite par l'auteur de la manière suivante :

> La théorie de « l'espace visuel » qui m'occupe ici peut être examinée dans l'esprit d'une situation obtenue avant que ne se développe notre « pouvoir » perceptif. Nous avons là un champ visuel qui se montre au premier regard, telle une sorte de miniature du monde pour soi, un continuum sensoriel où rien de ce qui est physique n'apparaît réellement, et par lequel j'entends d'ailleurs que rien de ce qui a une nature physique ne fait son apparition sous une allure physique. Tout ce qui nous semble présent, ce sont ces entités du genre de ces taches colorées qui ont divers degrés de brillance, et nulle autre chose : de pures entités psychologiques pour ainsi dire. Il me paraît au moins naturel de décrire un semblable continuum comme constituant un système spatial purement psychologique [...] [1].

* Cet ouvrage est une version remaniée de ma thèse de doctorat présentée à l'Université de Paris I-Panthéon-Sorbonne en 2005. Il a pu être mené à son terme grâce au soutien et à l'aide financière de la Fundação de Amparo à Pesquisa do Estado de São Paulo (FAPESP) et de l'Université de São Paulo (USP).

1. B. O'Shaughnessy, « Les propriétés spatiales des objets de perception » (désormais cité « Les propriétés spatiales »), trad. fr. (modifiée) J.-M. Monnoyer, dans J.-M. Monnoyer

Cette conception a ceci d'erroné qu'elle intériorise les notions d'espace ou de champ visuel a un degré tel qu'elle finit par rendre inintelligible l'idée selon laquelle un cadre spatio-corporel serait nécessaire à l'individualisation de toutes les sensations, corporelles (douleurs) et non-corporelles (visuelles ou auditives)[1].

Nous avons pourtant des raisons d'être tentés en philosophie de nous exprimer ainsi, c'est-à-dire de parler d'un espace ou d'un champ *propre* aux sensations visuelles. L'une d'elles est que cette manière de parler nous fournit une illustration intuitive particulièrement frappante de ce que nous voulons dire lorsque nous disons que nos concepts spatiaux ou géométriques (par exemple les concepts de taille, de distance, d'égalité, de longueur ou de circularité) sont *applicables* à l'expérience visuelle en un sens différent de celui auquel ils sont applicables aux objets de l'espace physique et à leurs relations. O'Shaughnessy remarque ainsi qu'il existe une raison *sui generis* de s'intéresser à cette conception directement liée au concept d'espace et à la possibilité d'une instanciation de nos concepts géométriques et spatiaux dans un domaine autre que le monde physique :

> S'il est vrai que les structures spatiales sont instanciées dans un domaine psychologique et qu'elles n'ont aucune relation systématique avec l'espace physique [...], [alors] nous avons raison de dire qu'il existe un second espace à côté de l'espace physique. Ce serait un espace entièrement autonome, ne devant rien à celui-ci (alors que le contenu spatial de l'imagerie mentale lui doit incontestablement beaucoup) et qui n'aurait aucune dépendance interne vis à vis de l'espace physique. Si d'un autre côté, le concept du soi-disant « espace visuel » n'est pas viable, on devrait naturellement en déduire qu'il n'y a qu'un espace : l'espace physique, et qu'il n'y a qu'un seul temps : le temps physique[2].

Wittgenstein a, comme on le sait, consacré un nombre important de remarques tout au long des années 1930 à la critique de ce qu'il qualifie lui-même de « fausses théories philosophiques » sur l'espace visuel, allant même jusqu'à suggérer que le travail du philosophe en la matière ne consiste en principe qu'à repérer les fausses analogies qui sous-tendent notre représentation de l'expérience visuelle comme formant d'elle-même un espace[3]. Le principe de cette critique est relativement bien connu. Elle

(éd.), *La structure du monde : objets, propriétés, états de choses. Renouveau de la métaphysique dans l'école australienne de philosophie*, Paris, Vrin, 2004, p. 468.

1. Telle est la thèse de l'auteur dans cet article.

2. « Les propriétés spatiales », dans *La structure du monde*, *op. cit.*, p. 471.

3. Ms 107, p. 213. Voir notre chap. V pour la citation.

rejoint en un sens celle de O'Shaughnessy. Wittgenstein souligne lui aussi, dans ces textes, l'autonomie de l'espace visuel tout en insistant sur ce que cette façon imagée de se représenter philosophiquement le mode d'organisation propre aux données de la vue doit à l'espace physique. Selon lui, l'image de la visionneuse spontanément associée à l'usage de l'expression « espace visuel » a sa source dans une analogie linguistique trompeuse entre ce que l'on nomme « espace » dans un cas (l'expérience visuelle) et dans l'autre (les corps physiques et leurs relations) :

> Lorsque nous parlons de l'espace visuel, nous sommes facilement tentés d'imaginer qu'il s'agit d'une espèce de visionneuse [*eine Art von Guckkasten*] que chacun porterait par-devers (avec) soi. C'est-à-dire que nous employons alors le mot « espace » de façon analogue à la façon dont nous l'employons lorsque nous appelons une pièce un espace. Mais en réalité, le mot « espace visuel » ne se rapporte qu'à une géométrie, je veux dire, à une section de la grammaire de notre langage. En ce sens, il n'y a pas « d'espaces visuels » qui auraient par exemple, pour chacun d'eux, son propriétaire. (Et aussi d'espaces visuels itinérants par exemple qui n'appartiennent justement à personne ?)[1].

Si une telle conception de l'« espace visuel » (Wittgenstein mettrait lui aussi volontiers les guillemets) est fondamentalement erronée, si elle est même à ses yeux fallacieuse (*irreführend*) en ce qu'elle nous induit en erreur sur la véritable nature des énoncés portant sur les phénomènes de cet espace – les énoncés ou axiomes de la géométrie visuelle ne sont pas pour Wittgenstein de véritables propositions mais des « règles de syntaxe » déguisées en propositions –, c'est parce qu'elle résulte du transfert subreptice d'un concept d'origine physique (l'espace comme réceptacle universel des corps matériels divisible en parties homogènes en relation d'inclusion ou de contiguité) dans un domaine – celui de l'expérience immédiate – où ce concept ne saurait trouver d'*application* au sens d'une utilisation contrastée du mot « espace »[2]. Le traitement wittgensteinien de cette question constitue ainsi une bonne illustration de ce qu'il faut entendre par « grammaire », l'approche grammaticale consistant au moins en partie à « reconduire les mots de leur usage métaphysique à leur usage correct (normal) dans le langage »[3].

1. Ms 113, p. 124r ; *BT* § 97, p. 334.
2. *Cf.* Ms 109, p. 270-271 ; *BT*, *ibid.* : « Cela n'a pas de sens de dire : "je vois les choses (cet objet) dans l'espace visuel". Par opposition à quoi ? ».
3. *BT* § 88, p. 304 ; *PU* § 116.

Une des conséquences de cette manière de traiter (au sens thérapeutique) la question est que l'on aboutit à une conception finalement assez proche de celle que décrit O'Shaughnessy à la fin du (second) passage précité et qui correspond à la deuxième option envisagée : celle de la « non-viabilité » du concept d'espace visuel. Pour lui, comme pour Wittgenstein, il n'y a au fond qu'un seul espace, de même qu'il n'y a qu'un seul temps et cet espace et ce temps sont ceux auxquels se rapportent originairement les énoncés – en fait, les « hypothèses » au sens particulier que donne Wittgenstein à ce mot en 1929-1930 – de la langue physique usuelle[1]. De ce que nous pouvons utiliser le mot « espace » dans deux sens différents, nous ne pouvons en conclure qu'il existe deux *faits* spatiaux différents justifiant l'application du même mot à deux domaines ou univers de discours différents : le mental (le phénoménal) et le physique. La différence entre les deux espaces (l'espace visuel et l'espace physique) est une différence de nature grammaticale au sens où valent pour les énoncés portant sur les « phénomènes » de l'un et de l'autre des règles différentes sans que cette différence puisse être justifiée par une quelconque différence de structure phénoménologique des deux espaces. C'est la grammaire qui fixe en réalité la nature de cette différence :

> La grammaire variera selon que l'on fait référence au champ visuel ou au (champ) euclidien. L'identité de longueur est entièrement différente dans l'espace visuel et l'espace euclidien[2].

Dans la mesure où l'on considère généralement cette manière de traiter la question comme caractéristique de l'approche par Wittgenstein des questions philosophiques en général et des questions de perception en particulier, il paraît difficile de lui attribuer quelque forme d'intérêt pour le genre de conception de l'espace visuel développée par O'Shaughnessy au moyen de son hypothèse contrefactuelle[3]. L'un des objectifs de ce travail est de montrer que Wittgenstein a pourtant eu des raisons de s'intéresser, au moins provisoirement, à la conception décrite ici par O'Shaughnessy, les raisons de Wittgenstein recoupant strictement la raison *sui generis* précédemment invoquée. L'idée selon laquelle nos concepts géométriques et spatiaux seraient susceptibles d'être instanciés par les données de l'expérience

1. *PB* § 57, trad. fr. (modifiée), p. 86 : « Le simple fait de dire : "je perçois *x*" est déjà une manière de parler issue du mode d'expression physicaliste et *x* doit être ici un objet physique (par exemple un corps) ».

2. *WL 30-32*, p. 90.

3. Avant de la soumettre, il est vrai, lui aussi à une critique radicale. *Cf.* « Les propriétés spatiales », dans *La structure du monde*, *op. cit.*, p. 473-474.

visuelle indépendamment de l'hypothèse d'un corps percevant, de sorte que les données de cette modalité sensorielle formeraient par elles-mêmes un espace autonome « sans relation systématique à l'espace physique » et « ne devant rien à celui-ci » est, nous le verrons, au cœur du projet wittgensteinien de description phénoménologique de l'expérience de la fin des années 1920. C'est à ce titre que Wittgenstein soumet la notion d'espace visuel à une critique grammaticale du type de celle précédemment expliquée.

Mais ce n'est là qu'un aspect du problème – le problème de l'espace visuel. L'autre aspect concerne la signification proprement mathématique du concept d'espace[1]. Pour le dire de façon quelque peu schématique, tant que l'on pense l'espace visuel sur le modèle d'un monde intérieur peuplé d'entités psychologiques (les fameuses « taches colorées du champ visuel ») sans rapport systématique avec les objets de notre environnement physique « extérieur » – et pour cela, il faut nécessairement dissocier l'expérience visuelle et ses contenus de la faculté perceptive liée à la possession d'un appareil sensoriel adapté – nous n'avons aucune raison de prendre le concept d'espace appliqué à l'expérience visuelle autrement qu'en un sens purement métaphorique. On parle dans ce cas d'un « espace » mais l'on pourrait tout aussi bien parler de façon aussi vague et métaphorique d'un « monde » visuel. Nos structures spatiales et formes géométriques sont certes supposées être instanciées par les données de cette expérience mais rien ne justifie finalement que l'on considère ces données comme formant un espace au sens où nous disons par exemple que telle ou telle pièce de notre appartement en forme un.

Le problème devient en un sens beaucoup plus sérieux si l'on pense l'espace que forment entre elles les données visuelles comme un continuum à plusieurs dimensions. O'Shaughnessy le reconnaît explicitement dans le premier passage cité[2]. Et c'est ce qui fait que cette conception de l'espace visuel continue malgré tout d'être valable :

> Pour finir, j'aimerais souligner qu'une certaine conception qui n'est pas complètement éloignée de celle de « l'espace visuel » me semble toutefois valide. [...] D'après cette lecture, *les structures mathématiques de la description*, s'appliquant aux formes dans l'espace physique, ont une égale

1. Pour une introduction générale à cet aspect du problème – privilégiant une approche historique, *cf.* L. Boi, *Le problème mathématique de l'espace. Une quête de l'intelligible*, Berlin, Springer, 1995, en particulier 2e partie.

2. « Les propriétés spatiales », dans *La structure du monde*, *op. cit.*, p. 468 : « Il me paraît au moins *naturel* de décrire un semblable *continuum* comme constituant un système spatial purement psychologique ».

application dans le système non-interprété des sensations, ce qui veut dire que des propriétés spatiales comme la circularité y sont instanciées. On peut associer à cette propriété le fait qu'il y a des apparences visuelles qui sont celles qu'ont justement les formes dans l'espace physique, mais qui sont évidemment restreintes au sens de la vue, et qui se trouvent exemplifiées à l'intérieur de ce système. L'« aspect-rondeur » que possèdent les objets physiques ronds sera aussi possédé par tous les objets sensoriels dans un système sensible pur, *satisfaisant la description mathématique* des objets ronds dans l'espace physique et résultant de ce qui est réputé être rond. Voilà qui ne me semble souffrir aucune exception. Si cela ne justifie pas l'usage d'une expression comme « espace visuel », et certainement encore moins la théorie d'un « second » espace, on y trouve néanmoins circonscrite une propriété complexe rattachée à l'espace, qui est propre au sens de la vue [1].

En d'autres termes et pour résumer, autant l'idée selon laquelle les données de l'expérience visuelle formeraient un « second » espace (un espace phénoménal ou psychologique, double de l'espace physique, mais sans lien systématique avec lui) est une idée fondamentalement erronée ou absurde, autant celle selon laquelle toutes les formes et propriétés géométriques des objets physiques décrites par les structures mathématiques de notre langage pourraient trouver une instanciation dans le système des données sensorielles – ce que Wittgenstein appelle parfois à la suite de Hertz et de Ramsey, le « premier système » par opposition au « second système » – est une idée non seulement valable mais qui « ne souffre », selon O'Shaughnessy, « aucune exception ». Abandonner l'idée d'un espace mental (phénoménal) pur ne signifie pas nécessairement abandonner l'idée d'une applicabilité des structures mathématiques du langage de la description aux données de cet espace[2]. Une chose semble en tout cas relativement claire. Si la notion d'espace visuel doit avoir un sens autre que purement métaphorique, et le problème de savoir à quelle condition une description non-hypothétique de cet espace est possible, être autre chose qu'un problème oiseux, cela ne peut tenir qu'à la signification mathématique du concept d'espace appliqué à l'expérience visuelle.

Lorsqu'il parle de l'espace visuel comme de l'objet propre de la description phénoménologique dont il est en quête en 1929, de même que

1. « Les propriétés spatiales », dans *La structure du monde*, *op. cit.*, trad. fr. modifiée, p. 474-475.

2. O'Shaughnessy pense sans doute ici à la possibilité d'utiliser le système de coordonnées variables de la géométrie analytique pour décrire la position des données dans cet espace. Wittgenstein a explicitement envisagé cette possibilité dans le Ms 105, p. 9. Voir aussi *SRLF*, dans *PO*, p. 31-32.

lorsqu'il parle d'un espace logique des propositions et états de choses élémentaires dans le *Tractatus*, Wittgenstein tire implicitement profit de toute une tradition de pensée – la tradition dite de « l'épistémologie scientifique » de langue allemande de la fin du XIXe et du début du XXe siècles – pour laquelle les données de l'expérience sensible (en particulier, visuelle) nous parviennent déjà structurées en *variétés* dont les éléments sont déterminables par un nombre de coordonnées variables égal à celui des dimensions qu'elle possède[1]. Helmholtz, qui est le principal responsable de l'extension du concept riemannien d'espace comme variété à *n* dimensions aux différentes modalités sensorielles, définit par exemple les couleurs comme un système de petites différences dont les éléments sont chaque fois déterminables par trois coordonnées numériques correspondant à la quantité de chacune des trois couleurs élémentaires présente dans le mélange de couleurs[2]. De même, l'occurrence d'une couleur à un endroit du champ visuel pourra être décrite soit au moyen de trois valeurs spatiales constantes et de trois variables de couleur, soit au moyen de trois valeurs déterminées de couleur et de trois variables spatiales (dans l'hypothèse d'un espace visuel à 3 dimensions[3]). Si donc cela a un sens de parler de l'espace visuel en un sens non-métaphorique, c'est bien parce que les données censées figurer dans cet espace nous parviennent déjà organisées en variétés dont les dimensions sont dénotées par des coordonnées variables indépendantes – celles que l'on utilise en géométrie analytique[4]. Lorsque Wittgenstein parle du rapport entre les « deux » espaces (l'espace visuel et l'espace physique) comme du rapport entre deux *syntaxes* dont l'une est la projection de l'autre au sens d'une relation bijective d'application (*mapping*) de l'une dans l'autre, il fait manifestement fonds sans

1. Hyder a consacré une étude substantielle à cet aspect méconnu de l'héritage néokantien de Wittgenstein dans *The Mechanics of Meaning: Propositional Content and the Logical Space of Wittgenstein's* Tractatus (désormais cité : *The Mechanics*), Berlin-New York, Walter de Gruyter, 2002. Nous devons beaucoup à la lecture de cet ouvrage pour la formulation du problème qui nous occupe.

2. Pour la définition riemanienne de l'espace comme variété à *n* dimensions, *cf.* « Über die Hypothesen, welche der Geometrie zu Grunde liegen », dans H. Weber, R. Dedekind (eds.), *Gesammelte mathematische Werke*, Leipzig, Teubner, 1876; trad. fr. L. Laugel, dans B. Riemann, *Œuvres mathématiques*, Paris, Gauthier-Villars, 1898, p. 282-283. Pour la reprise helmholtzienne de cette définition et son extension aux modalités sensorielles de la vue, de l'ouïe et du toucher, *cf.* H. von Helmholtz, *Schriften zur Erkenntnistheorie*, P. Hertz, M. Schlick (eds.), Berlin, Julius Springer, 1921, p. 25-26, 61-62.

3. *Cf.* D. Hyder, *The Mechanics*, *op. cit.*, p. 30-31, 109.

4. Ce point est fermement souligné par D. Hyder, *The Mechanics*, *op. cit.*, p. 25 et, dans un autre contexte, par A. Clark dans *Sensory Qualities*, Oxford, Clarendon Press, 1993, p. 113.

toujours le dire sur cette façon de caractériser les données de chaque espace qui est une prémisse commune à la plupart de ceux qui ont tenté d'aborder le problème à la même époque[1].

Si donc l'on prend en compte cet autre aspect du problème – son aspect mathématique, celui-ci peut se formuler comme suit : si, par « espace visuel », on entend toujours déjà autre chose qu'un simple espace psychologique (phénoménal) amorphe, double de l'espace physique, si ce qui caractérise plus fondamentalement la spatialité des données visuelles est de pouvoir former un continuum dans lequel toutes les formes et propriétés décrites par les structures mathématiques de notre langage sont susceptibles de trouver une instanciation, en quel sens doit-on alors comprendre cette *applicabilité* des concepts géométriques et spatiaux à l'expérience visuelle ?

Le principal mérite d'une approche grammaticale à la Wittgenstein du problème n'est pas tant, selon nous, d'avoir su débusquer les transitions illégitimes qui sont à l'origine de notre tendance à concevoir (à tort) l'espace visuel comme une sorte de second espace sans lien avec l'espace physique « externe ». N'importe quelle approche épistémologique ou ontologique attentive au rôle du corps dans l'individualisation des sensations, ou des cadres physiques publics de référence pour leur identification, permettrait de le faire[2]. Mais il est aussi et surtout d'avoir mis en évidence le risque de confusion conceptuelle lié à toute tentative de formulation (et de résolution) du problème, le prétendu problème de l'application, en termes d'interprétation sémantique des termes non-interprétés du calcul pur.

Considérons un instant la façon dont Carnap par exemple pose le problème dans un esprit à la fois typiquement néo-kantien et imprégné de la nouvelle logique quantificationnelle[3]. Ce dernier distingue deux sortes d'interprétations – au sens sémantique de l'assignation d'une dénotation

1. Nous pensons au Schlick de l'*Allgemeine Erkenntnislehre* (Berlin, Springer, 1918, 2. Aufl., 1925), au Carnap de *Der Raum* (*Ein Beitrag zur Wissenschaftslehre*, *Kant-Studien* Ergänzungsheft Bd. 56, Berlin, Reuther & Reichard, 1922 ; rééd. Liechtenstein, Topos Verlag, 1991) et au Reichenbach de *Philosophie der Raum-Zeit-Lehre* (Berlin, De Gruyter, 1928).

2. Voir sur ce point, P.F. Strawson, *Individuals : An Essay in Descriptive Metaphysics*, London, Methuen, 1959 ; trad. fr. A. Shalom et P. Druong, Paris, Seuil, 1973, p. 41-64 ; D. Pears, « Le Wittgenstein de Hintikka », dans E. Rigal (éd.), *Jaakko Hintikka. Questions de logique et de phénoménologie*, Paris, Vrin, 1998, p. 259-274 ; J. Hintikka, « Réponses et commentaires », *ibid.*, p. 326-328 ; D. Pears, « Private Language », dans R.E. Auxier, L.E. Hahn (eds.), *The Philosophy of Jaakko Hintikka*, Chicago-La Salle (Ill.), Open court, 2006, p. 393-404.

3. *Der Raum*, *op. cit.*

déterminée aux termes non interprétés du calcul – qui correspondent à deux applications (*Anwendungen*) possibles et néanmoins distinctes du concept mathématique d'espace : l'espace intuitif (*Anschauungsraum*) et l'espace physique (*physischer Raum*). L'espace intuitif s'obtient par substitution (*Substitution*, *Einsetzung*) aux variables du calcul mathématique pur d'une valeur déterminée par laquelle les termes de ce calcul acquièrent une signification proprement spatiale et en même temps purement visuelle. Les objets de cette structure deviennent, par cette première application, des objets déterminés tout en restant des objets généraux et non-empiriques : les formules du calcul mathématique « traitent » désormais de formes spatiales intuitives. L'espace physique s'obtient aussi par une interprétation, mais d'un autre genre puisque nous ne nous situons plus, dans ce cas, au même niveau de généralité : la relation entre l'espace intuitif et l'espace physique est certes aussi une relation d'application mais que Carnap pense, à la différence de la première, comme une relation de subsomption ou de subordination (*Subsumtion*, *Unterordnung*). Le rapport est celui d'objets empiriquement perçus à une forme (non-empirique) sous laquelle ils se « rangent » et qu'ils exemplifient.

Il est clair que cette manière de poser le problème de l'espace visuel repose sur une dissociation stricte entre, d'un côté, des structures relationnelles conceptuelles vides (les structures mathématiques de notre langage) et, de l'autre, des contenus plus ou moins amorphes susceptibles de les instancier. Nous tenterons de montrer que le principal mérite d'une approche grammaticale à la Wittgenstein est d'avoir su localiser dans ce dualisme (forme-contenu) la source des principales difficultés liées à la recherche d'une solution acceptable au prétendu problème de l'applicabilité de nos concepts géométriques et spatiaux à la perception visuelle ; ce qu'aucune approche épistémologique ou ontologique n'aurait assurément permis de faire. Notre conviction est que la contribution la plus originale et en même temps la plus décisive de Wittgenstein se situe là : refuser, d'une part, de poser le problème de l'espace visuel en ces termes et montrer que celui-ci, en dépit des apparences, n'en est pas un ; proposer, d'autre part, une autre manière de comprendre le rapport de nos calculs à la réalité physique ou perceptive qui ne fasse nullement appel à la notion théorique d'interprétation sémantique.

Nous nous appuierons, pour ce faire, sur une étude aussi minutieuse que possible des textes que Wittgenstein a consacrés à ce problème, depuis les premières entrées des *Carnets 1914-1916* qui ont servi de matériau à l'élaboration du système du *Tractatus* jusqu'à la composition du « *Big Typescript* ». Il existe apparemment une très grande proximité entre la façon dont Wittgenstein aborde, dans les années 1914-1917, les questions liées à la possibilité d'une analyse complète de la proposition en référence notamment aux contenus de la perception visuelle et l'intérêt qu'il porte dans les années 1929-1933 à la structure du champ visuel et à la signification de nos concepts appliqués à cette modalité sensorielle. Il a même été suggéré qu'en abandonnant à la fin des années 1920 une approche purement logique du problème de la complétude de l'analyse au profit d'une approche logico-psychologique (*i.e.* « phénoménologique »), Wittgenstein se serait finalement retrouvé dans une situation assez proche de celle qui était déjà la sienne dans les *Carnets*, à une époque où il ne disposait pas encore d'un critère logique permettant de distinguer un énoncé analysé d'un énoncé non-analysé[1]. En réalité, cette apparente proximité cache, comme nous le verrons, une différence profonde dans sa façon d'aborder le problème de l'espace visuel à ces différentes périodes de son œuvre.

À l'époque des *Carnets* et du *Tractatus*, Wittgenstein ne considère ce que l'on appelle « espace » ou « champ » visuel que comme l'exemplification possible d'une structure mathématique conçue (à la suite de Riemann et de Helmholtz) comme variété multidimensionnelle. Telle est en tout cas la thèse que nous défendrons dans la première partie de notre travail consacrée à son traitement des exemples visuels d'analyse dans les *Carnets* (chap. I) et au rapport entre espace logique et espaces phénoménaux dans le *Tractatus* (chap. II). L'analyse de nos énoncés portant sur nos images visuelles (mentales) fait effectivement l'objet d'une attention particulière, non en raison de leur nature phénoménale, mais en tant qu'elles exemplifient les propriétés d'une structure mathématique (un continuum) à deux dimensions. La question qui se pose en particulier à Wittgenstein est celle de savoir si et dans quelle mesure l'analyse de nos images visuelles, prises dans leur extension, est susceptible d'exemplifier la conception qu'il se fait d'une analyse logique complète de la proposition. Ceci suppose bien entendu la possibilité de parvenir à l'idée de l'existence de simples indépendamment de toute capacité du sujet à se représenter quelque chose de réellement simple.

Il n'y a pas, de ce point de vue, de rupture radicale entre les *Carnets* et le *Tractatus*. Dans le *Tractatus*, Wittgenstein introduit les notions de lieu et d'espace logique par un argument transcendantal qui ne fait nullement appel à notre connaissance de la nature des composants de cet espace (l'espace logique). Nous tenterons de restituer cet argument en insistant sur

1. C'est la suggestion de S. Gandon dans *Logique et langage. Études sur le premier Wittgenstein*, Paris, Vrin, 2002, p. 196, note 5.

ce qui fonde l'usage d'une analogie spatiale pour penser le rapport du langage à la réalité. La condition fondamentale pour penser ce rapport comme un rapport de projection de l'une sur l'autre est de concevoir le langage et ce qu'il représente comme deux variétés isomorphes, c'est-à-dire comme deux ensembles de termes qui possèdent à la fois le même nombre d'éléments, le même ordre intrinsèque et surtout le même nombre de dimensions. La thèse fondamentale du chapitre II est que les composants ultimes d'un espace phénoménal comme celui de la vue ne sont susceptibles d'exemplifier ce que Wittgenstein appelle « objet simple » dans le *Tractatus* que parce qu'ils sont eux-mêmes les éléments d'une variété sensorielle à plusieurs dimensions.

Cette manière d'aborder le problème de l'espace visuel (sous l'angle mathématique) n'est naturellement pas sans poser elle-même problème. Parce qu'il considère, à l'époque du *Tractatus*, l'espace visuel comme un exemple possible d'espace algébrique à plusieurs dimensions, Wittgenstein ne fait aucune véritable distinction entre ce qu'on pourrait appeler les dimensions *proprement spatiales* de cet espace (longueur, largeur, éventuellement profondeur si l'on est partisan, comme James et Poincaré, de l'idée d'un espace visuel tridimensionnel) et ses dimensions *non-spécifiquement spatiales* – celles qui concernent par exemple la forme couleur. Wittgenstein ne s'intéresse en réalité à cette époque qu'aux propriétés les plus générales du langage et de ce qu'il représente. C'est pourquoi, le problème central que nous avons identifié comme celui de l'applicabilité de nos concepts géométriques et spatiaux à l'expérience visuelle ne pouvait se poser pour lui.

Ce n'est qu'avec l'élaboration du projet phénoménologique de description de la forme logique effective de nos différentes modalités sensorielles que ce problème en vient véritablement à se poser. La deuxième grande partie de notre travail est justement consacrée à l'examen du projet phénoménologique de description de l'espace visuel formé par Wittgenstein à la fin des années 1920 et aux raisons de son abandon dès la fin de l'année 1929. Ce dernier privilégie manifestement à cette époque une modalité sensorielle particulière. Si donc l'on veut comprendre ce qui explique le rejet quasi instantané d'un projet de ce genre, il faut d'abord comprendre ce qui peut éventuellement justifier le privilège donné à cette modalité sensorielle-là – la vision. Nous nous proposons, au chapitre III, de reconstruire un argument qui reste souvent implicite dans les textes de Wittgenstein de ces années-là mais qui peut être explicité de la manière suivante : l'investigation phénoménologique de la multiplicité de nos espaces sensoriels a prioritairement pour objet l'espace visuel parce que la vue est la modalité sensorielle qui exemplifie paradigmatiquement l'idée d'un ordre géométrique à la fois complet, autonome et a-temporel – car donné tout entier dans l'instant. L'espace visuel représente le maximum d'une représentation intuitive du donné immédiat comme formant de lui-même un espace temporel autonome, « sans rapport systématique à l'espace physique ». C'est à ce titre que Wittgenstein soumet également cette notion à une critique grammaticale radicale du type de celle précédemment expliquée. Le chapitre IV examine le principe de cette critique en soulignant le rôle qu'y jouent les déterminations temporelles de l'experience sensible.

Mais cette critique ne correspond qu'à *un* aspect de l'approche qualifiée de « grammaticale ». L'autre aspect concerne le prétendu problème de l'application. Nous nous proposons de montrer que ce problème n'en est pas véritablement un pour Wittgenstein, si l'on entend par-là qu'il s'agirait d'un problème d'ordre théorique. Le « problème » du rapport entre une géométrie qui ne suivrait pas les règles de la géométrie euclidienne – ce que Wittgenstein appelle indifféremment « géométrie visuelle » ou « phénoménologique » – et la géométrie physique (pratique) euclidienne est lui-même un cas particulier de ce « problème » ; ou plutôt, il offre un exemple particulièrement saisissant de ce que Wittgenstein considère – avec raison, selon nous – comme un *faux* problème. Il nous a paru néanmoins indispensable dans un premier temps d'expliquer ce qui caractérise l'approche wittgensteinienne du « problème » de l'applicabilité des calculs mathématiques (géométriques) au réel (chap. V et VI) avant de nous intéresser proprement à la façon dont il aborde celui des géométries déviantes de l'expérience. Ceci constitue, à notre avis, la pointe d'une approche grammaticale du problème de l'espace visuel par opposition à une approche théorico-sémantique. C'est pourquoi, nous y consacrerons l'ensemble du dernier chapitre (VII).

PREMIÈRE PARTIE

L'ESPACE VISUEL COMME ESPACE LOGICO-MATHÉMATIQUE

Une des différences les plus frappantes entre les *Carnets* et le *Tractatus*, outre la différence de statut évidente des deux textes, concerne la place des exemples et, plus particulièrement, des exemples visuels d'analyse. C'est un fait indéniable que la discussion à propos de l'existence ou non d'une analyse complète de la proposition et de la forme qu'elle devrait prendre s'opère dans les *Carnets* en référence à des énoncés qui sont le plus souvent des descriptions, sinon de situations perceptives, du moins d'images visuelles qui nous viennent à l'esprit. Par contraste, le *Tractatus* pose de façon abrupte et sans véritable exemple, comme des réquisits philosophiques indiscutables, l'existence d'une analyse complète et unique de la proposition et, corrélativement, d'objets simples comme référents des signes simples[1].

Face à ce constat, deux attitudes sont possibles : ou bien l'on considère que l'absence relative d'exemples dans le *Tractatus* est le prix à payer pour une conception qui sépare rigoureusement les questions relevant de la logique de celles relevant de son application[2], ou bien l'on estime que cette absence n'en est pas vraiment une puisqu'elle est d'ores et déjà « compensée » par les exemples des *Carnets* qui font allusion à des procédés historiquement établis d'analyse des données de la vue[3]. Ces deux attitudes

1. *TLP*, 2.02-2.021, 3.25.
2. *TLP*, 5.557-5.5571.
3. Pour un examen détaillé de ces différents procédés, *cf.* T. Lampert, *Wittgensteins Physikalismus. Die Sinnesdatenanalyse des Tractatus logico-philosophicus in ihrem historischen Kontext*, Paderborn, Mentis, 2000, p. 21-133.

ont un point commun. L'une comme l'autre présupposent que la généralité des concepts utilisés dans le *Tractatus* (fait, état de choses, objet, proposition élémentaire, nom, etc. ...) est un défaut imputable, sinon à une manière de philosopher typique des projets d'inspiration logiciste, du moins à une manière de raisonner relativement courante en philosophie[1]. Cette prémisse est toutefois contestable, et ce, pour deux raisons.

Premièrement, la généralité de ces concepts n'exclut pas qu'ils puissent être exemplifiés par l'analyse d'énoncés portant sur nos images mentales visuelles. Le mot le plus fréquemment utilisé par Wittgenstein dans les *Carnets* est « *Gesichtsbild* » et non, comme on pourrait s'y attendre, « *Gesichtsfeld* » ou « *Gesichtsraum* »[2]. Ce mot désigne l'occurrence d'une image mentale visuelle, distincte de l'image rétinienne[3] et sans rapport systématique avec les situations perceptives objectives du monde extérieur. Or, rien n'empêche que les concepts de simple et de complexe puissent être exemplifiés par les propriétés extensives des produits de l'imagination visuelle. Deuxièmement, Wittgenstein a lui-même déclaré être parvenu à l'intuition fondamentale de la doctrine de l'atomisme logique – l'idée selon laquelle l'existence d'éléments indécomposables de la réalité serait logiquement requise pour garantir la détermination du sens des propositions – indépendamment de tout exemple de simples et de complexes[4]. D'un côté donc, il est essentiel à la logique de pouvoir trancher les questions philosophiques liées à son utilisation (comme instrument d'analyse) sans avoir à se référer à des expériences de quelque nature que ce soit. De l'autre, il est tout aussi essentiel aux concepts philosophiques utilisés par le langage de l'analyse de pouvoir être exemplifiés par ce que décrivent nos énoncés « tels qu'ils sont », sous leur forme non-analysée[5].

Dans un premier temps (chap. I), nous tenterons de mettre en évidence les « raisons purement logiques »[6] qu'a pu avoir Wittgenstein d'affirmer qu'il existe des objets simples (dont tiennent lieu les signes simples dans la proposition élémentaire) indépendamment du fait que nous disposions ou non d'exemples de tels objets. Mais il nous faudra aussi tenir compte du fait

1. Tel est le diagnostic de M. Marion dans *Ludwig Wittgenstein. Introduction au Tractatus logico-philosophicus*, Paris, PUF, 2004, p. 68.

2. On relève quatorze occurrences du premier mot, contre cinq du deuxième et quatre du dernier, dans les *Carnets*. Les occurrences de « *Gesichtsbild* » sont surtout majoritaires dans des contextes où il est question de la possibilité d'une analyse complète.

3. *NL*, dans *NB*, p. 100.

4. Cf. *TB*, p. 153 ; trad. fr., p. 119.

5. Cf. *TLP*, 5.5562.

6. *Ibid.*

que ces raisons, quoique purement logiques, ne sauraient entrer en conflit avec la compréhension qu'a tout locuteur compétent du sens de ses énoncés sous leur forme non-analysée. Notre première hypothèse est que la source de cette position paradoxale, caractéristique de l'atomisme logique du premier Wittgenstein, est déjà repérable dans les *Carnets* à travers l'émergence d'un nouveau concept syntaxique d'analyse susceptible d'être exemplifié par celle de n'importe quel énoncé portant sur les produits de l'imagination visuelle. Dans un deuxième temps (chap. II), nous montrerons que ce n'est qu'avec l'introduction de la notion d'espace logique que le rôle de ces exemples dans les *Carnets* et leur quasi-absence dans le *Tractatus* deviennent réellement intelligibles.

CHAPITRE PREMIER

L'ANALYSE LOGIQUE ET SES EXEMPLES VISUELS DANS LES *CARNETS*

ANALYSE ET PHILOSOPHIE
LA QUESTION DE L'EXISTENCE DES SIMPLES

On invoque généralement, comme preuve du fait que Wittgenstein aurait opté dès les *Carnets* pour un modèle déterminé d'analyse des données de l'expérience visuelle, le texte suivant :

> Soit une question philosophique comme par exemple la question de savoir si « A est bon » est une proposition sujet-prédicat; ou celle de savoir si « A est plus clair que B » est une proposition relationnelle ! *Comment une telle question se laisse-t-elle tout simplement trancher* ?! Quel genre d'évidence saurait me rassurer sur le fait que – *par exemple* – la première question doit recevoir une réponse affirmative ? (C'est une question extrêmement importante). La seule et unique évidence est-elle ici encore *cette « évidence de soi » hautement douteuse* ?? Prenons une question tout à fait analogue quoique plus simple et plus fondamentale; celle-ci : un point de notre image visuelle est-il un *objet simple*, une *chose* ? Voilà le genre de questions que j'ai pourtant bien toujours considérées jusqu'ici comme les questions philosophiques authentiques – et elles le sont certainement en un sens – mais encore une fois : quelle évidence pourrait tout simplement trancher une telle question ? N'y a-t-il pas ici une erreur dans la formulation même de la question ? Car il semble qu'*aucune* évidence ne m'éclaire sur cette question. Il me semble pouvoir dire avec certitude que ces questions ne pourront tout simplement jamais être tranchées [1].

1. *TB*, p. 90; trad. fr. (modifiée), p. 25-26.

À première vue, ce texte semble dire deux choses tout à fait différentes.

D'une part, il affirme sans ambiguïté qu'il (Wittgenstein) « a toujours considéré jusqu'ici » le genre de question qu'il vient de poser, en particulier celle de savoir si les « points de notre image visuelle » sont des objets simples, comme une question philosophique authentique et fondamentale – ce qui se comprend aisément puisque, dans la doctrine de l'atomisme logique, l'existence de faits au sens russellien de liaisons synthétiques d'éléments présuppose celle de termes simples (et, pour Russell, de relations externes) en lesquels ils peuvent être analysés. Il semble en tout cas à peu près sûr que Wittgenstein fait ici allusion à cette partie proprement philosophique du travail du logicien qui consiste à s'assurer qu'il existe bien des entités perceptibles correspondant aux termes simples et « indéfinissables » obtenus par l'analyse[1].

D'autre part, ce texte affirme tout aussi clairement que si ces questions doivent pouvoir être tranchées, elles ne sauraient l'être en référence à une « évidence » du type celle dont Russell considère qu'elle correspond à une caractéristique intrinsèque de certains de nos jugements, les jugements de perception. La propriété qu'ont ces jugements d'être « lumineusement manifestes » (*luminously obvious*) tient à la contemporanéité de la perception, par le sujet, du fait correspondant au jugement lorsque celui-ci est vrai[2]. Wittgenstein refuse, quant à lui, d'invoquer un tel critère aussi bien pour l'existence effective de simples que pour celle de faits de la forme de nos jugements. Aux questions : 1) Quelle garantie avons-nous de l'existence d'entités correspondant « objectivement » aux termes ultimes du processus d'analyse ? 2) Quelle garantie avons-nous de l'existence de faits correspondant réellement à la forme de nos jugements ? Il répond la chose suivante : si nous pensons pouvoir trancher ce genre de questions sur la base de critères extra-linguistiques du type de ceux invoqués par Russell – la perception directe et immédiate par le sujet du jugement de sa correspondance avec le fait jugé pour l'existence de faits de la forme de nos jugements, l'accointance avec des entités simples pour l'existence de corrélats de nos signes simples, alors on peut douter que ce genre de questions puisse *jamais* être tranchées.

1. *Cf.* B. Russell, *The Principles of Mathematics* (1903), London, Routledge, 1997 ; trad. fr. (modifiée) J.-M. Roy, dans B. Russell, *Écrits de logique philosophique*, Paris, PUF, 1989, p. 3.

2. B. Russell, *Theory of Knowledge : The 1913 Manuscript, The Collected Papers of Bertrand Russell*, vol. 7, New York, Routledge, 1993 ; trad. fr. J.-M. Roy, *Théorie de la connaissance. Le manuscrit de 1913*, Paris, Vrin, 2002, p. 202, 213.

On remarquera immédiatement que ces deux affirmations ne sont pas nécessairement incompatibles, encore moins contradictoires. Je peux très bien affirmer, d'un côté, que ces questions sont d'authentiques questions philosophiques, qu'elles admettent donc *en principe* une réponse en termes philosophiques tout en niant, de l'autre, que cette réponse puisse être donnée en référence à une quelconque capacité épistémique (intuition, expérience), réputée infaillible, du sujet. La raison de cette non-incompatibilité est simple : Wittgenstein n'exclut pas ici qu'il soit possible de trouver un autre type de réponse à la question qui ne fasse nullement appel à ce genre de capacité épistémique.

C'est précisément sur cette dernière alternative que se fonde Lampert pour défendre une lecture physicaliste de l'analyse wittgensteinienne des énoncés portant sur les données de l'expérience visuelle. D'après lui, les *termini* de l'analyse *sont* effectivement « les points du champ visuel » (sic), et ce, même si nous n'avons pas à proprement parler d'accointance avec eux. Car si la réponse à ce genre de question ne saurait être donnée en référence à une quelconque évidence perceptive, il reste encore la possibilité qu'elle puisse l'être indépendamment de toute expérience, sur la seule base des définitions des objets spatiaux fournies par la géométrie euclidienne[1].

Le mérite apparent de ce genre de lecture est de permettre de rendre compte du fait que les questions dont Wittgenstein considère qu'elles sont « en un sens » authentiquement philosophiques restent bien en un sens décidables tout en ne l'étant pas empiriquement, sous peine de ne pouvoir justement être considérées comme de véritables questions. L'idée est qu'il *doit* bien y avoir *une* manière de les trancher, même si celle-ci ne peut se fonder sur une quelconque capacité épistémique du sujet à « voir » qu'il existe bien des entités du type de celle que l'on obtient par une analyse des complexes. « La seule façon », comme dit Lampert, « de faire en sorte que ces questions valent comme des questions philosophiques n'est pas de considérer qu'elles peuvent être tranchées par une évidence subjective, mais qu'elles peuvent l'être sur la base d'une inférence logique »[2]. L'intérêt du modèle physicaliste d'analyse est qu'il s'accorde apparemment avec le réquisit wittgensteinien selon lequel nous devons pouvoir « reconnaître *a priori* l'existence de simples comme une nécessité logique »[3] puisque ni les définitions prises pour point de départ de l'analyse (celles des complexes spatiaux dans la géométrie euclidienne), ni les

1. T. Lampert, *Wittgensteins Physikalismus*, *op. cit.*, p. 138.
2. *Ibid.*
3. *TB*, p. 153 ; trad. fr., p. 119.

termini de l'analyse (les points de notre image visuelle) ne requièrent quelque chose comme une intuition pour leur acceptation. Les premières sont simplement posées indépendamment de l'expérience et les seconds résultent d'une inférence logique faite à partir de ces définitions.

Nous sommes pourtant en droit de nous demander si ce qui est au centre de la réflexion de Wittgenstein dans le texte précité est bien, comme semble le croire Lampert, la recherche d'une réponse appropriée à la question de savoir si les points de notre image visuelle *sont* des objets simples plutôt qu'une interrogation sur le sens même et la pertinence de ce genre de questions. Plusieurs passages des *Carnets* indiquent, en effet, que Wittgenstein nourrissait déjà des doutes sur la nécessité même de les poser et *a fortiori* d'y répondre; au point d'être parvenu assez rapidement à la conclusion que c'est *le fait même de les poser* qui est responsable des perplexités sceptiques quasi-insolubles dans lesquelles ne manquerait pas de nous engager une recherche fondationnaliste de ce genre[1]. Il semble donc plus raisonnable de considérer que ces textes se rattachent déjà à ce que Floyd a identifié comme une tendance générale de la philosophie de Wittgenstein (des *Carnets 1914-16* à *De la certitude*) à traiter « dialectiquement » les questions sceptiques – dont font assurément partie celles précédemment évoquées – en les considérant, dans un premier temps, comme pertinentes pour les défaire ensuite de l'intérieur en montrant qu'elles sont dénuées de sens[2].

C'est ce qui expliquerait en tout cas qu'après avoir reconnu le caractère « en un sens » authentiquement philosophique des questions portant sur la simplicité *réelle* des éléments de nos images mentales, Wittgenstein en vienne finalement à nier purement et simplement la pertinence de ce genre de questions : « La question : "Y a-t-il des objets simples ?" paraît encore et toujours avoir un sens. Et pourtant cette question doit être absurde ! »[3]. Un tel revirement n'est à vrai dire compréhensible qu'à condition d'admettre que la question de la pertinence de ce genre de question était déjà au centre de la réflexion de Wittgenstein dès les premières entrées des *Carnets*. C'est ce qu'illustre à notre avis tout à fait clairement le texte que nous nous

1. « N'y a-t-il pas une erreur dans la formulation même de la question ? [...] Il me semble pouvoir dire avec certitude que ces questions ne pourront tout simplement jamais être tranchées. » (cité plus haut).

2. J. Floyd, « Gödel et les mathématiques selon Wittgenstein », dans E. Rigal (éd.), *Wittgenstein et les mathématiques*, Mauvezin, T.E.R., 2004, p. 30, 37 (note). Floyd s'appuie notamment sur *TB*, p. 135 et *TLP*, 6.51.

3. *TB*, p. 136 ; trad. fr. (modifiée), p. 96.

sommes attachés à commenter. Wittgenstein ne se demande pas positivement *ce qui* pourrait nous permettre de trancher ce genre de questions – son but n'est pas, par exemple, de trouver un critère non-empirique de l'existence des simples – mais plutôt quel genre de critère nous *serions* nécessairement conduits à invoquer si jamais nous admettions comme telle la pertinence de ces questions. Le recours par Russell à un critère tel que « l'évidence de soi », pour l'existence de faits de la forme de nos jugements et l'accointance avec les simples, pour l'existence d'entités correspondant aux éléments terminaux de l'analyse, a manifestement une fonction : celle d'apaiser notre inquiétude quant à l'éventualité que n'existe aucun fait de la forme de nos jugements, ni aucune entité correspondant aux éléments terminaux de l'analyse. C'est davantage cette fonction qu'interroge ici Wittgenstein et, à travers elle, notre *besoin* de tels critères que la fiabilité du critère proprement dit ou même la nature des objets censés satisfaire ce critère[1]. Ce déplacement est nettement perceptible dans l'interrogation suivante : « Quel genre d'évidence saurait me *rassurer* sur le fait que – par exemple – la première question [*i.e.* celle sur l'existence de faits sujet-prédicat ou de faits relationnels] doit recevoir une réponse affirmative ? (C'est une question extrêmement importante) ». Et de même, à propos de la question de savoir si les points de notre image visuelle sont réellement des choses simples : « Mais encore une fois : quelle évidence pourrait tout simplement permettre de trancher une telle question ? L'erreur ne réside-t-elle pas ici dans la formulation même de la question ? ».

TACHES, *MINIMA VISIBILIA*, POINTS
LA NATURE DES COMPLEXES SPATIAUX

Complexes spatiaux et temporels[2]

Autant il paraît difficile d'affirmer, pour les raisons que nous venons de voir, que Wittgenstein a réellement pris position dans les *Carnets* sur la question de la nature des objets simples en optant pour un modèle épistémologique déterminé d'analyse, autant on peut difficilement nier qu'il ait eu à

1. Nous sommes entièrement d'accord, sur ce point, avec S. Gandon dans *Logique et langage*, *op. cit.*, p. 132 : « Wittgenstein ne cherche [...] pas à répondre à la question de la nature des objets simples ; il cherche à déterminer s'il y a un sens à poser une telle question ».

2. *TB*, p. 141 ; trad. fr., p. 102.

l'esprit des exemples déterminés de ce qu'il appelle « complexe » et « objet simple » en abordant les questions philosophiques liées à la possibilité de l'analyse. Tout dépend en fin de compte du rôle que l'on veut faire jouer à ces exemples. Lampert considère que certains d'entre eux (les points du champ visuel et les taches colorées) justifient l'emploi d'une conceptualité abstraite qui sera celle du *Tractatus* et qui est étroitement liée à l'utilisation de l'analyse comme méthode philosophique. Nous considérons, pour notre part, qu'ils illustrent plutôt qu'ils ne résolvent les difficultés liées à la nécessité de postuler l'existence de propositions élémentaires, de signes simples et d'objets simples en l'absence d'une quelconque évidence à ce sujet : « Notre difficulté était pourtant celle-ci : nous parlions toujours d'objets simples sans être mesure d'en citer un seul exemple »[1]. Entendons-nous bien. Nous ne voulons pas dire que Wittgenstein aurait laissé le problème sans solution dans les *Carnets*. Le simple fait qu'il s'exprime ici au passé suggère qu'il est parvenu à un début de solution acceptable au problème de l'existence des simples. Mais elle ne l'est justement à ses yeux que parce qu'elle est une solution purement logique qui passe par l'usage de la variable dans une écriture conceptuelle logique appropriée[2]. Concentrons-nous pour l'instant sur les exemples qu'il donne de complexes et de simples pour voir à quel traitement il les soumet.

L'auteur consacre un nombre important de remarques dans les *Carnets* à la question de l'analyse et de la nature des complexes spatiaux où, par « complexe spatial », il faut entendre aussi bien n'importe quelle portion divisible de l'espace physique qu'une partie quelconque de notre « image visuelle » (*Gesichtsbild*) conçue, elle aussi, comme une extension divisible en parties uniformément colorées. Ce qui importe manifestement à ses yeux n'est pas la différence de statut épistémologique des deux « espaces » (l'espace visuel immédiatement perçu et l'espace physique inféré sur la base du premier) mais plutôt le fait qu'ils forment, l'un comme l'autre, un *continuum* (bi-dimensionnel pour le premier, tri-dimensionnel pour le second) analysable en parties toujours plus petites jusqu'à ce que l'on parvienne à des parties inétendues qui correspondent à la limite théorique du processus d'analyse. C'est particulièrement net dans le passage suivant :

> L'image visuelle d'un minimum visible nous apparaît-elle réellement comme indivisible ? Ce qui a (une) extension est divisible. Y a-t-il des

1. *TB*, p. 162 ; trad. fr. modifiée, p. 133.
2. Cf. *TB*, p. 136-137 ; trad. fr., p. 96.

parties de notre image visuelle qui n'aient *aucune* extension? Par exemple celles des étoiles fixes [1] ?

La prémisse du raisonnement est implicite mais relativement transparente : il n'y a de sens à se demander s'il existe des parties indivisibles de notre image visuelle et, en outre, si l'on fait réellement l'expérience de cette indivisibilité que si l'on conçoit l'image visuelle dans son ensemble comme un continuum bi-dimensionnel analysable en parties étendues (les taches colorées) et, au niveau ultime de l'analyse, en parties inétendues (les points). Lorsqu'il dit que « ce qui a (une) extension est divisible », il veut dire que toute image visuelle, y compris donc celle d'un *minimum visibile*, doit avoir, en tant qu'image, une certaine extension. C'est pourquoi, même à supposer que l'on ait l'expérience de quelque chose d'indivisible dans notre image, l'image de ce *minimum visibile* devrait quand même être divisible en tant qu'image.

Wittgenstein se réfère ici implicitement à un modèle d'analyse pour lequel les seules propriétés pertinentes sont les propriétés extensives, par opposition à intensives, des sensations. Fechner a développé un procédé d'analyse de ce genre dont une illustration nous est fournie par l'analyse du champ visuel en *minima visibilia*. Ce procédé a pour principale caractéristique d'analyser le champ visuel en parties étendues jusqu'à ce que l'on parvienne de proche en proche à des parties qui ne sont plus elles-mêmes perçues comme des grandeurs extensives[2]. Les successeurs de Fechner donneront le nom de « *minima visibilia* » à ces sensations causées par des stimuli qui restent en-deça du seuil extensif de la perception visuelle[3]. Ces sensations sont les plus petites parties sensibles du champ visuel reconnaissables par l'œil[4].

Il ne fait aucun doute que lorsque Wittgenstein parle d'un *minimum visibile* qui correspondrait au terminus d'une analyse appliquée aux produits de notre imagination visuelle, c'est bien à un procédé d'analyse psycho-physique du type de celui développé par Fechner qu'il fait allusion.

1. *TB*, p. 143 ; trad. fr. (modifiée), p. 105.

2. G.T. Fechner, *Elemente der Psychophysik* (désormais cité *Elemente*), I, Leipzig, Breitkopf und Hartel, 1860, p. 238-239.

3. Nous pensons à James dans *The Principles of Psychology* (vol. 1, New York, Henry Holt, 1890) et à O. Külpe dans *Grundriss der Psychologie, auf experimenteller Grundlage dargestellt* (Leipzig, Engelmann, 1893).

4. À notre connaissance, Fechner n'utilise pas l'expression « *minima visibilia* » même si l'idée est bien présente chez lui. Il utilise plutôt des périphrases telles que « la plus petite grandeur » ou « la plus petite distance encore reconnaissable par l'œil ». Voir *Elemente*, *op. cit.*, I, p. 267 *sq*.

L'exemple de l'image visuelle des étoiles fixes est un exemple typiquement fechnerien de *minimum visibile*[1]. Pour autant, et c'est un point extrêmement important, Wittgenstein ne répond pas par l'affirmative à la question : « Y a-t-il des parties de notre image visuelle qui n'aient *aucune* extension ? ». Un autre passage des *Carnets* confirme d'ailleurs qu'il ne considère pas les *minima visibilia* comme les éléments terminaux du processus d'analyse. Le voici :

> La composition spatiale est-elle aussi logique ? Il semble bien que oui ! Mais de quoi se compose, par exemple, une partie uniformément colorée de mon image visuelle ? De *minima sensibilia* ? Comment devrait-on dans ce cas déterminer le lieu de chacun d'eux[2] ?

Une fois de plus, l'argument n'est pas explicite. Aussi exige-t-il un petit effort de reconstruction pour être compris.

La question du second alinéa remet directement en cause la réponse positive qui vient d'être donnée à la question de savoir si la composition spatiale est aussi de nature logique. Wittgenstein se réfère pour cela implicitement à un modèle d'analyse introspectif, par distinction d'avec les modèles physicaliste et en termes de valeur-seuil (« fechnerien »). Selon le modèle introspectif, une partie uniformément colorée de mon image visuelle (une tache ou surface bleue monochrome) est un exemple d'objet *simple* puisque l'analyse introspective des sensations visuelles ne prend en compte que leurs propriétés qualitatives et non extensives – *i.e.* le fait qu'elles se situent à tel ou tel endroit de l'espace de la vue. Si donc rien ne distingue qualitativement les sensations les unes des autres, si elles m'apparaissent par exemple comme formant une surface ou une tache *uniformément* colorée, rien ne me permet de dire que la tache ou la surface en question est un objet complexe. Elle est simple parce qu'elle *m'apparaît comme* simple. Le modèle introspectif d'analyse contredit ainsi directement l'idée de composition logique parce qu'il contredit avant tout l'idée qu'une partie uniformément colorée de mon image visuelle serait réellement composée de parties que nous ne pourrions distinguer visuellement.

Il en va tout autrement du modèle fechnerien qui, comme nous l'avons vu, traite les sensations visuelles comme des grandeurs extensives et les analyse ultimement en sensations causées par des stimuli qui restent en-deça du seuil extensif de la perception. Ce modèle constitue apparemment la seule alternative au modèle précédent si l'on veut maintenir l'idée

1. Voir *Elemente*, *op. cit.*, II, p. 107-115.
2. *TB*, p. 137 ; trad. fr. (modifiée), p. 96.

de composition spatiale pour les taches monochromes de l'image visuelle. D'où la question : « Mais de quoi se compose, par exemple, une partie uniformément colorée de mon image visuelle ? De *minima sensibilia* ? ». Wittgenstein ne répond pas ici, notons-le, à la question de savoir si les *minima visibilia* peuvent être considérés comme les *termini* de l'analyse. Aussi, la question finale apparaît-elle comme une véritable objection à l'encontre de cette idée : « Comment devrait-on dans ce cas déterminer le lieu de chacun d'eux ? ».

Pour comprendre le sens et la portée de cette objection, il faut déjà comprendre comment s'effectue la décomposition du champ visuel selon le modèle d'analyse en termes de valeur-seuil (*Schwellenwertanalyse*). Fechner imagine un procédé de décomposition optique du champ visuel en lieux sensibles égaux dont le résultat correspond à peu près à celui que l'on obtiendrait en appliquant un réseau à mailles au contenu d'une expérience visuelle quelconque[1]. Wittgenstein a lui-même imaginé un procédé d'analyse de ce genre à la fin des années 1920 pour finalement le rejeter au profit d'un modèle phénoménologique :

> On pourrait croire que l'espace visuel est composé de *minima visibilia*, par exemple de petits carrés bien dessinés que l'on voit comme des taches indivisibles. Mais, dans ce cas, le choix de ces parties est manifestement arbitraire. Je ne pourrais dire par exemple comment le réseau doit être posé sur une image déterminée car il suffit de le déplacer d'à peine une largeur de maille pour que les *minima visibilia* changent complètement de lieu, l'image restant, quant à elle, la même[2].

Le problème, comme le suggère très clairement ce passage, est celui de la détermination univoque du lieu de chaque *minimum visibile*. Imaginons que nous appliquions au contenu de notre expérience visuelle un réseau de mailles carrées de sorte que l'emplacement de chacun d'entre eux soit clairement déterminé par la position qu'il occupe au sein de ce réseau. N'aurais-je pas là une représentation de ce que l'on pourrait alors appeler « l'analyse complète » de l'espace visuel en éléments simples ? Les éléments obtenus par ce procédé géométrique de décomposition sont, dans ce cas, effectivement simples parce qu'ils ne sont pas eux-mêmes perçus comme formés de parties étendues. À chaque *minimum visibile* correspondra en outre *une* maille du réseau. Pourtant, comme le souligne ici

1. Pour une description détaillée de ce procédé, *cf.* T. Lampert, *Wittgensteins Physikalismus*, *op. cit.*, p. 44-45.

2. Ms 105, p. 7.

Wittgenstein, il suffit que je décale légèrement le réseau par rapport à sa position initiale pour m'apercevoir que la détermination du lieu de chacun des éléments est affaire de convention. J'obtiendrai certes ainsi une représentation relativement claire et univoque des parties dont se compose ultimement le champ visuel. Mais puisque la détermination du lieu de chaque *minimum visibile* dépend de ce que j'aurais choisi comme point de fixation central du réseau, il faut supposer, pour que la détermination de chaque lieu sensible soit elle-même univoque, que le choix du point de fixation central puisse l'être également. Or, comme le note très justement Lampert, le problème vient précisément du fait qu'il existe également une valeur-seuil de la perception lorsqu'on cherche à faire coïncider le centre du réseau avec le point central du champ visuel qui est censé servir de point de fixation[1].

Ce texte de la période phénoménologique explicite un argument qui demeure largement implicite dans le passage précité des *Carnets*. Nous sommes maintenant en mesure d'en comprendre le sens et la portée. Dans les termes du premier Wittgenstein, le modèle fechnérien ne peut être considéré comme une représentation appropriée de ce qu'il entend par « analyse complète » parce qu'il ne permet pas de garantir au niveau élémentaire la corrélation non-ambiguë des éléments de notre langage avec les éléments de la réalité. S'il suffit, en effet, de décaler légèrement le réseau pour que les *minima visibilia* changent de lieu et si, plus fondamentalement, le point de fixation du réseau ne peut lui-même être déterminé univoquement – puisqu'il existe, comme nous l'avons vu, toujours une certaine marge de manœuvre pour l'apposition du réseau au point central de l'image visuelle, alors je n'ai aucune garantie qu'à chaque *minimum visibile* correspondra une maille et une seule (un *lieu* sensible unique). Autrement dit, le modèle d'analyse des données de l'expérience visuelle en *minima visibilia* ne remplit pas l'une des conditions exigées par la théorie de la dépiction logique : qu'il existe une corrélation bi-univoque et non-ambiguë des éléments de l'image avec ceux de l'état de choses dépeint.

C'est parce qu'un énoncé de perception analysé en *minima sensibilia* n'indique pas clairement et de façon déterminée ce qu'il exprime en indiquant le *lieu* de *chaque minimum sensibile* qu'il ne peut être considéré, en toute rigueur et à supposer que l'on adopte de modèle, comme une véritable proposition. Tels sont à notre avis les enjeux de l'objection de Wittgenstein dans le passage précité des *Carnets*.

1. T. Lampert, *Wittgensteins Physikalismus*, *op. cit.*, p. 140.

Mais qu'en est-il à présent des autres modèles d'analyse? En particulier, du modèle physicaliste? Lampert soutient que le seul modèle qui soit réellement compatible avec l'idée: 1) que le lieu de chaque partie de notre image visuelle doit pouvoir être déterminé de façon claire et non-ambiguë; 2) que la complexité des objets spatiaux est aussi de nature logique et, par conséquent, que la question de savoir si on parvient en les analysant à des parties réellement indécomposables est une question logique, est précisément le modèle physicaliste.

Le modèle physicaliste, rappelons-le, analyse les sensations visuelles en présupposant données les définitions des complexes spatiaux par la géométrie euclidienne[1]. D'après ce modèle, tous les complexes spatiaux, qu'il s'agisse d'objets matériels ou de contenus psychologiques pourvus d'une signification spatiale intrinsèque, sont analysables en points. Les points sont bien sûr inétendus. C'est pourquoi, ce sont apparemment de bons candidats au titre d'objets simples – si, par « simple », l'on entend ce qui n'est pas composé de parties.

Wittgenstein a clairement envisagé un modèle d'analyse de ce genre dans les *Carnets* aussi bien pour les complexes spatiaux physiques (ou matériels) que psychologiques[2]. Mais on peut douter là encore qu'il s'engage en faveur de *ce* modèle et qu'il défende plus généralement une position physicaliste sur la nature des simples. Les points peuvent certes être considérés comme des exemples de simples mais seulement au sens où ils sont une exemplification possible du *concept* de simple[3]. La façon qu'a Wittgenstein d'aborder le problème a ceci de caractéristique qu'il considère que l'on peut tout à fait parvenir au concept de simple indépendamment de tout exemple de chose simple; sans avoir à l'esprit, donc, un exemple déterminé de ce qui est censé correspondre aux *termini* du processus d'analyse. Nous verrons plus tard ce qui justifie cette assertion. Pour le moment, examinons les arguments qui sont généralement avancés par les défenseurs de l'idée que les points de notre image visuelle seraient les objets simples du *Tractatus*.

Deux arguments sont généralement avancés. Le premier était, rappelons-le, que le modèle d'analyse en termes de valeur-seuil ne

1. Lampert se réfère au Carnap de « Die physikalische Sprache als Universalsprache der Wissenschaft », *Erkenntnis*, vol. 2, n° 5-6, 1931, p. 432-465; ce qui est, notons-le, un anachronisme.

2. Pour les premiers, voir *TB*, p. 155, 161 ; pour les seconds, *TB*, p. 140, 142, 157-158.

3. *TB*, p. 154; trad. fr. (modifiée), p. 121 : « Ce qui semble nous être donné *a priori* est le concept : *ceci*. – Identique au concept d'*objet* ».

permettait pas de déterminer de façon claire et non ambiguë le lieu de chaque *minimum visibile*. Par contraste, l'analyse des mêmes données visuelles en points rend possible une détermination univoque de leur lieu au moyen d'une définition géométrique préalable, même lorsque cette définition est appliquée à des figures visuelles dont les propriétés dévient manifestement de celles de la géométrie euclidienne[1]. Par exemple, un cercle sera défini dans la géométrie euclidienne comme l'ensemble des points équidistants, dans un plan euclidien, d'un point P qui sera alors désigné sans ambiguïté comme le point central du cercle. Supposons que j'applique cette définition à un complexe visuel quelconque dont j'observe qu'il a la forme d'un cercle (quelque chose comme une tache de forme circulaire), mais dont j'observe également qu'il ne correspond pas à la définition exacte d'un cercle dans la géométrie euclidienne. On peut imaginer que les points qui forment ce complexe visuel ne soient pas tout à fait équidistants du centre P pourtant désigné de façon non-ambiguë, dans cette géométrie, comme point central du cercle. Puis-je dire, dans ce cas, que l'analyse de ce complexe en points permet de déterminer univoquement le lieu de chacun des points dont il se compose ? Le constat qu'il existe un « seuil » à partir duquel il n'est plus possible de distinguer une figure perçue d'une autre, par exemple un cercle d'un chiliogone visuel, semble contredire cette idée. Pourtant, comme le souligne Lampert, il reste une possibilité, celle de « définir l'imprécision des complexes visuels au moyen de la précision des définitions de la géométrie euclidienne »[2]. Le « flou » caractéristique des figures perçues n'est pas tel qu'il empêche d'établir un rapport de correspondance réglé et bi-univoque entre ce qu'on appelle « cercle » dans la géométrie euclidienne et ce qu'on appelle du même nom dans la géométrie visuelle. Ce rapport est possible du fait que les définitions des objets spatiaux dans la géométrie euclidienne sont présupposées par l'analyse des complexes (spatiaux) visuels en points. Tel est en tout cas le premier argument avancé par les tenants de la ligne d'interprétation dite « physicaliste ».

Le second argument concerne la façon dont Wittgenstein conçoit la nature de la complexité spatiale. Nous avons déjà cité un passage des *Carnets* dans lequel il affirmait sans ambiguïté qu'il la concevait comme étant « aussi » de nature logique. Il ajoute :

1. Nous reviendrons sur ce problème au chapitre VII.
2. *Wittgensteins Physikalismus*, *op. cit.*, p. 157.

> À présent, il semble pourtant légitime de demander : les objets spatiaux – par exemple – sont-ils composés de parties simples ? Parvient-on en les décomposant à des parties qui ne sont plus décomposables ou cela n'est-il pas le cas ? – Mais quel genre de question est-ce là ? – *Est-il a priori* clair que nous dussions parvenir par l'analyse à des composants simples – cela réside-t-il déjà dans le concept d'analyse par exemple ? – ou bien une analyse *ad infinitum* est-elle possible ? Y aurait-il finalement une troisième possibilité ? Cette question est une question logique et la complexité des objets spatiaux est une complexité logique, car dire d'une chose qu'elle fait partie d'une autre est toujours une tautologie [1].

Les deux passages semblent aller dans le même sens : la complexité des objets spatiaux (visuels ou matériels) peut aussi être interprétée comme une complexité *logique* parce qu'il existe un rapport interne, selon Wittgenstein, entre l'énoncé qui porte sur le complexe spatial [aRb] désigné dans la langue naturelle par un nom (disons : « *A* ») et l'énoncé qui porte sur un élément de ce complexe (*a*) et qui affirme que cet élément fait partie du complexe spatial en question (« *a* est une partie de *A* »). La nature *logique* de la relation de composition spatiale se montre en ceci que le second énoncé (« *a* est une partie de *A* ») est une tautologie.

Wittgenstein prend manifestement ici « tautologie » au sens large, c'est-à-dire non pas au sens strict d'une combinaison vérifonctionnelle d'énoncés atomiques qui a la propriété d'être vraie quelle que soit la valeur de vérité assignée aux atomes, mais au sens où les définitions par exemple sont des tautologies[2]. « La définition », comme il le souligne lui-même, « est une tautologie et montre des relations internes entre ses deux membres »[3]. Si je définis par exemple *A* en posant « *A* = aRb Df. » – ce qui revient à éliminer le nom de complexe par la définition, alors je vois immédiatement non seulement qu'il existe une relation interne entre les deux membres de la définition – la définition est une règle de substitution des signes, mais qu'il existe également une relation interne entre l'élément *a* et le complexe dont il fait partie. Je le vois à ceci que *a* fait *déjà* partie de la composition du complexe décrite par la définition de A (*A* = *a*Rb Df.) de sorte que je ne peux imaginer pouvoir dire quelque chose du complexe

1. *TB*, p. 155 ; trad. fr. (modifiée), p. 123.

2. La distinction entre sens large et étroit (vérifonctionnel) de la tautologie est introduite par Lampert dans *Wittgensteins Phykalismus*, *op. cit.*, p. 139. Voir aussi S. Gandon, *Logique et langage*, *op. cit.*, p. 175, note 2.

3. *TB*, p. 107 ; trad. fr., p. 51.

spatial aRb (désigné par le nom « *A* ») sans dire du même coup quelque chose de *a*[1].

Mais qu'est-ce qui permettrait de dire que la définition des complexes spatiaux comme ensembles de points (et le modèle d'analyse qui en découle) justifie la conception que se fait Wittgenstein de la nature logique de la complexité spatiale ? L'argument avancé est le même que dans le cas précédent : il n'est possible de concevoir la relation d'inclusion spatiale comme une relation interne entre l'énoncé portant sur la totalité du complexe et celui portant sur une partie du complexe qu'en prenant implicitement pour modèle la relation du point à l'objet matériel ou à la tache visuelle dont il fait partie. La conception de la composition spatiale comme une relation d'inclusion logique « présuppose », selon Lampert, les définitions des complexes spatiaux par la géométrie euclidienne. Par exemple la relation entre une tache colorée et les points qui la composent ne peut être conçue comme une relation d'inclusion logique que parce qu'a déjà été posée au préalable la définition du cercle dans la géométrie euclidienne comme ensemble des points équidistants du point central P. Le second argument rejoint donc essentiellement le premier.

Il semble pourtant difficile d'admettre qu'un modèle épistémologique déterminé d'analyse (géométrique, par exemple) puisse justifier aux yeux de Wittgenstein l'idée qu'il se fait de la nature de la relation de composition spatiale et, plus généralement, de la façon dont ce genre de question peut être tranché philosophiquement. Nous avons déjà vu dans la section précédente qu'il ne tenait nullement pour acquise la pertinence de ce genre de question. C'est encore vrai ici[2]. D'un autre côté, il est vrai que cette manière d'interroger la pertinence des questions philosophiques liées à la possibilité d'une analyse complète fait naître une véritable tension au cœur de sa conception de l'analyse dont les manifestations sont ici nettement

1. Nicod proposera, dans *La Géométrie dans le monde sensible* (Paris, PUF, 1924/1962), le critère logique suivant de la relation d'inclusion spatiale : un terme est dit spatialement inclus dans un autre (par exemple, *x* dans *X*) lorsqu'« il n'est pas possible de penser quelque chose de *X* sans penser par là-même quelque chose de *x*. » (p. 45). En termes wittgensteiniens, la relation de composition spatiale est logique lorsqu'il existe une relation *interne* entre le tout et la partie ; ce qui revient à dire, comme Nicod, que l'on ne saurait penser quelque chose de *A* « sans penser par-là même » quelque chose de *a*. On sait que Wittgenstein a lu Nicod vers la fin des années 1920. Cette confrontation avec la pensée d'un autre élève de Russell sera l'occasion d'une profonde réélaboration des critères de la simplicité et de la complexité logique admis à l'époque des *TB* et du *TLP*.

2. « Mais quel genre de question est-ce là ? » (cité plus haut dans le corps du texte).

perceptibles (*cf.* § 2 du texte cité plus haut). Mais il est peu raisonnable de considérer que cette tension se trouve définitivement résolue dans les *Carnets* grâce à l'adoption d'un modèle géométrique d'analyse des données de l'expérience visuelle et des objets matériels. Tout dépend en réalité de la façon dont on entend l'idée, exprimée à maintes reprises par Wittgenstein dans les *Carnets*, que ces questions (en particulier, celle de la nature de la relation de composition spatiale) sont des questions logiques.

Si par « logique », on entend simplement qu'aucune recherche empirique ne saurait permettre de trancher ce genre de question – par exemple une recherche portant sur la composition matérielle effective de tel ou tel objet, alors il n'est peut-être pas exclu qu'un modèle géométrique d'analyse puisse justifier (au sens où il serait « présupposé » par elle) sa conception de la nature des simples puisque les points ne font jamais eux-mêmes directement l'objet d'une expérience. Wittgenstein a insisté à plusieurs reprises sur le fait que nous ne pouvons avoir, en termes russelliens, qu'une « connaissance descriptive », et non « par accointance », du point[1].

Mais si, par « logique », on veut dire plus fondamentalement que ce n'est que par une inspection des propriétés structurales du signe utilisé (en termes tractatuséens, du « symbole ») que nous pouvons imaginer pouvoir répondre à ce genre de question, sans avoir à attendre, donc, qu'une quelconque expérience nous montre qu'il existe réellement des objets simples ou des faits de la forme de nos jugements, alors le recours même implicite à un modèle géométrique d'analyse des complexes spatiaux est d'ores et déjà exclu.

Notre conviction est qu'il faut prendre « logique » au second sens et non pas seulement au premier. De sorte que, lorsque Wittgenstein dit que la question de la nature de la relation de composition spatiale est une question logique, il veut dire que c'est en examinant les signes eux-mêmes tels qu'ils sont spatialement configurés (en termes tractatuséens, la « structure » du « signe propositionnel ») que l'on pourra savoir à quel genre de question nous avons affaire. Pour revenir à notre exemple, la nature logique de la relation de composition spatiale, et donc le caractère logique de la question elle-même *se montrent* en ceci que *a* figure déjà dans *A* lorsqu'on dit que « a est une partie de A ». *a* figure en effet déjà à la gauche de R dans le complexe spatial décrit par la définition de A. C'est pourquoi, dire quelque chose de A, c'est nécessairement dire quelque chose de *a*. Et dire : « a est une partie de A », ce n'est rien dire d'autre que « A » (ou « aRb »). Cet

1. Cf. *TB*, p. 140, 142, 158.

énoncé est une tautologie. Il montre qu'il existe une relation interne entre l'énoncé portant sur le complexe (spatial) et celui portant sur sa partie[1].

On le voit, ce n'est pas l'adoption d'un modèle déterminé (par exemple géométrique) d'analyse qui justifie la possibilité d'une analyse complète de la proposition en l'absence d'exemples de simples. C'est au contraire la conception que se fait Wittgenstein de ce qu'est une analyse complète et, singulièrement, de l'analyse complète des complexes *spatiaux* qui justifie que l'on prenne pour exemple l'analyse d'un énoncé portant sur une partie étendue quelconque de notre image visuelle. C'est ce que nous voulons montrer à présent à propos de l'analyse d'un énoncé portant sur un objet *infiniment* complexe.

ANALYSE COMPLÈTE, COMPLEXITÉ INFINIE ET DÉTERMINATION DU SENS : LE NOUVEAU CONCEPT SYNTAXIQUE D'ANALYSE ET SON EXEMPLIFICATION VISUELLE

Nous avons vu que, parmi les différentes options envisagées par Wittgenstein à propos de l'analyse des complexes spatiaux, figurait celle d'une analyse *ad infinitum*. Une analyse *ad infinitum* est, comme son nom l'indique, une analyse qui n'a pas de terme ou qui continue indéfiniment parce que nous ne parvenons jamais à des éléments indécomposables qui correspondraient à la limite du processus d'analyse. Cette hypothèse résulte directement du rejet par Wittgenstein du critère épistémique de l'accointance dont la fonction est précisément de signaler que la limite a été atteinte. Si rien (aucune intuition ou évidence subjective) ne m'indique que la limite du processus a été atteinte, il semble alors que la seule option envisageable soit celle d'une analyse *sans fin*. Cette possibilité est clairement envisagée dans le passage précité[2].

Il existe pourtant, outre l'analyse finie et l'analyse *ad infinitum*, une troisième possibilité : celle d'une analyse infinie. Même si elle n'est pas thématisée comme telle dans les *Carnets*, Wittgenstein fait une distinction assez nette entre une analyse *ad infinitum* ou « à l'infini » et une analyse infinie. Une analyse « à l'infini » est une analyse qui n'a pas de terme tandis

1. Pour une formulation générale de cette idée – indépendamment de la nature spatiale des complexes en question, cf. *TLP*, 3.24.

2. *TB*, p. 155 ; trad. fr., p. 123. *Cf.* aussi, *ibid* : « Rien ne semble non plus s'opposer à une analysabilité infinie ».

qu'une analyse infinie est une analyse qui *a* un terme mais qui s'achève en un nombre infini d'éléments. L'analyse des complexes spatiaux (matériels ou visuels) en points illustre cette dernière possibilité puisque les points, tout étant en nombre infini, constituent la limite du processus d'analyse (parce qu'inétendus). Deux passages des *Carnets* montrent très clairement que cette hypothèse (l'hypothèse d'une complexité, et donc, d'une analyse infinie) a été envisagée par Wittgenstein et qu'elle se trouve au cœur du problème de l'analyse complète et de la détermination du sens des propositions :

> (i) Supposons que tout objet spatial se compose d'une infinité de points. Dans ce cas, il est clair que je ne peux les mentionner tous par leurs noms lorsque je parle de cet objet-là. J'aurais donc ici un cas où je ne *saurais* parvenir à l'analyse complète au sens ancien ; et c'est peut-être justement le cas usuel. Il est pourtant clair que seules les propositions que l'humanité utilise, que ces propositions, donc, auront, telles qu'elles sont, un sens et qu'elles n'attendent pas d'en recevoir un d'une analyse future [1].
>
> (ii) Mais si, à présent, un nom simple désigne un objet infiniment complexe ? Nous disons, par exemple, quelque chose d'une tache de notre image visuelle [*von einem Fleck unseres Gesichtsbilds*], qu'elle se trouve, par exemple, à droite d'une ligne et nous supposons que chaque tache de notre image visuelle est infiniment complexe. Si nous disons d'un point de cette tache qu'il se trouve à droite de la ligne, alors cette proposition s'ensuit de la première et si une infinité de points se trouvent dans la tache, *alors un nombre infini de propositions aux contenus différents s'ensuivent* logiquement *de la première* ! Et cela montre déjà que celle-ci était en effet elle-même infiniment complexe. À vrai dire, non pas le signe propositionnel seul, mais bien le signe propositionnel *avec son emploi syntaxique*. [...] Mais une proposition peut très bien traiter d'une infinité de points sans être, en un certain sens, infiniment complexe [2].

L'hypothèse d'une complexité infinie n'est certes pas incompatible avec celle d'une analyse finie puisque les points représentent la limite au-delà de laquelle les complexes spatiaux ne peuvent pas être davantage décomposés. Mais cette hypothèse pose problème lorsqu'on s'interroge sur ce que signifie dans ce cas l'idée que l'analyse d'énoncés contenant des noms d'objets spatiaux doit être une analyse *complète*.

Si par « complète », on entend la possibilité de parvenir à une énumération de tous les éléments dont se compose le complexe dénoté par

1. *TB*, p. 155 ; trad. fr., p. 123.
2. *TB*, p. 157-158 ; trad. fr. (modifiée), p. 126-127.

le nom, alors il est clair qu'une analyse des complexes spatiaux ne saurait être « complète » en ce sens-là puisque nous n'avons jamais de connaissance par accointance des points dont ils se composent. Nous n'en avons jamais qu'une connaissance descriptive, comme résultat du processus d'analyse[1]. Et même à supposer que nous ayons une connaissance « par intuition » des points dont se compose par exemple une surface colorée, nous n'aurions littéralement jamais fini de les connaître puisque ceux-ci sont en nombre infini. De deux choses l'une, donc : soit nous pouvons savoir par l'intuition qu'il y a des points et, dans ce cas, il faut présupposer une capacité épistémique supra-humaine à visualiser d'un seul coup une infinité de points ; soit nous n'avons aucune accointance avec ces points et, dans ce cas, il semble que l'analyse d'énoncés contenant des noms d'objets spatiaux ne puisse prétendre au titre d'analyse complète. D'un côté, nous avons un processus sans fin qui présuppose une capacité épistémique bien supérieure à celle dont nous disposons en tant qu'êtres humains ; de l'autre, un processus fini mais dont le stade ultime reste de toute manière difficile à déterminer à l'aide d'un quelconque critère épistémique. Ce dernier cas n'est pas une exception pour Wittgenstein. La plupart du temps, lorsque nous désignons des complexes spatiaux au moyen de noms dans la langue naturelle, nous n'avons aucune connaissance directe et immédiate des éléments dont se compose le complexe en question. Si donc l'on fait dépendre le sens de nos propositions de la possibilité d'une analyse complète en ce sens, alors non seulement nos énoncés portant sur des objets spatiaux n'auront jamais de sens clair et assignable, mais l'idée d'une analyse infinie semble contredire dans ce cas directement l'exigence de détermination du sens de nos propositions. Tel est en tout cas le nœud du problème en (i) et (ii).

D'un autre côté, il est tout aussi clair que Wittgenstein ne considère pas l'impossibilité de parvenir à une connaissance directe et exhaustive des éléments dont se composent les complexes spatiaux comme une objection décisive ni contre la possibilité d'une analyse complète, ni même contre la possibilité, pour les énoncés correspondants, d'avoir un sens déterminé – et, en ce sens, *fini*[2]. Comment comprendre cela ?

Lampert note, à juste titre, une évolution dans la pensée de Wittgenstein à propos de ce qu'il faut entendre par « analyse *complète* »[3]. Cette évolution

1. *TB*, p. 142 ; trad. fr., p. 103-104.

2. *TB*, p. 158 ; trad. fr. (modifiée), p. 126 : « Mais, à présent, cette possibilité d'une complexité infinie du sens porte-t-elle atteinte à sa détermination ? ».

3. *Wittgensteins Physikalismus*, *op. cit.*, p. 142.

est nettement perceptible en (i) et en (ii). En (i), Wittgenstein parle de « l'analyse au sens ancien » et il est clair que ce n'est qu'*en ce sens-là*, c'est-à-dire au sens d'une conception compositionnelle classique de la signification selon laquelle les significations des signes simples (les noms) sont les pierres à bâtir de la signification des signes complexes (propositions), que l'on *ne* peut parvenir à une analyse complète. En (ii), Wittgenstein se réfère à un autre concept d'analyse lié à une autre manière d'exiger la détermination du sens. Selon ce concept, une analyse est complète lorsque sont déterminées à l'avance l'ensemble des conséquences logiques de la proposition (non-analysée) dans laquelle figure le nom de complexe, la signification de ce dernier étant déterminée par ses règles d'emploi au sens de divers contextes propositionnels :

> On pourrait aussi exiger la détermination (du sens) de la manière suivante : si une proposition doit avoir un sens, il faut dans ce cas que l'utilisation syntaxique de chacune de ses parties soit fixée à l'avance. – On ne peut par exemple *découvrir seulement après coup* qu'une proposition s'ensuit de celle-là. Mais il doit par exemple être complètement établi quelles propositions s'ensuivent d'une proposition avant que cette proposition puisse avoir un sens [1].

Dans le cas d'un énoncé portant sur une partie infiniment complexe de notre image visuelle (une tache colorée composée d'une infinité de points par exemple), cela veut dire, d'une part, que la complexité infinie de la proposition (non-analysée) se montrera à ceci que s'ensuivent de cette proposition une infinité d'autres propositions en relation de conséquence logique avec celle-ci ; d'autre part, que la complexité infinie du complexe dénoté n'affecte pas, en dépit des apparences, la détermination du sens de la proposition puisque celle-ci dépend uniquement de la maîtrise des règles d'utilisation du signe au sein de divers contextes propositionnels. Ce sont les règles de la syntaxe maîtrisées par tout utilisateur compétent du langage qui déterminent le sens de la proposition en déterminant non seulement l'ensemble des contextes dans lesquels un symbole (ici le nom d'un complexe visuel) peut apparaître mais aussi l'ensemble des conséquences logiques de la proposition non-analysée. Ce tournant dans la conception wittgensteinienne de l'analyse complète – d'une conception compositionnelle à une conception syntaxique inférentialiste – est manifestement ce qui rend l'hypothèse d'une complexité infinie de l'objet spatial compatible

1. *TB*, p. 158. Voir aussi *PT*, 3.20103. Wittgenstein y reprend mot pour mot ce passage en rapport avec le réquisit d'une analyse complète de la proposition (*PT*, 3.20102).

avec le réquisit d'une complexité finie du sens de la proposition qui contient le nom du complexe.

Il y a cependant deux manières d'interpréter cette compatibilité : ou bien l'on considère que c'est le choix d'un modèle particulier d'analyse qui motive ce changement dans le concept même d'analyse ; ou bien l'on considère que cette compatibilité n'est que la *conséquence* de changements intervenus dans sa conception de ce que doit être une analyse complète indépendamment de tout exemple de simple ou de complexe. Nous défendrons pour notre part cette seconde interprétation en montrant, premièrement, que Wittgenstein s'est largement inspiré du programme d'analyse des expressions dénotantes initié par Russell dans « On Denoting »[1] pour l'adapter à l'analyse des complexes en général ; deuxièmement, qu'il est malgré tout essentiel à ses yeux que ce concept d'analyse puisse être exemplifié par celle de n'importe quel énoncé ordinaire, en particulier d'un énoncé portant sur une partie infiniment complexe de notre image visuelle dans la mesure où les règles qui déterminent le sens de la proposition (les règles de la syntaxe) sont celles que maîtrise tout utilisateur compétent du langage. Il n'y a pas et ne doit pas y avoir, de ce point de vue, de différence essentielle entre langage analysé et langage non-analysé[2].

Nous procéderons pour ce faire en trois temps. Nous commencerons par souligner l'héritage russellien de l'analyse wittgensteinienne des complexes pour comprendre la nature du changement précédemment noté et ses conséquences pour le problème de la dénotation des complexes infinis. Nous montrerons ensuite que, fort de ce nouveau concept d'analyse, Wittgenstein repense ceux de complexe et de simple à la lumière de celui-ci ; enfin, que cette nouvelle conception du simple et du complexe peut être exemplifiée par l'analyse d'un énoncé portant sur une partie infiniment complexe de notre image visuelle.

Wittgenstein n'a pas fait mystère de sa dette envers Russell pour ce qui est de sa propre conception de l'analyse logique à l'époque des *Carnets* et du *Tractatus*. Dans un manuscrit de 1937, il écrit :

> J'ai moi-même parlé autrefois de « l'analyse complète » en pensant que la philosophie devait décomposer toutes les propositions de façon définitive afin de rendre clairs tous les rapports et écarter ainsi toute possibilité de malentendu. Comme s'il existait un calcul dans lequel cette décomposition

1. « On Denoting », *Mind*, New Series, vol. 14, n° 56, 1905, p. 479-493 ; trad. fr. J.-M. Roy dans B. Russell, *Écrits de logique philosophique*, Paris, PUF, 1989.

2. Nous partageons, sur ce point, entièrement les conclusions du travail de S. Gandon. Cf. *Logique et langage*, *op. cit.*, chap. V et conclusion.

> était possible. J'avais alors à l'esprit quelque chose dans le genre de la définition par Russell de l'article défini. De façon analogue, je pensais que l'on pouvait et l'on devait définir par exemple le concept d'une sphère à l'aide d'images visuelles et que l'on montrerait ainsi une fois pour toutes le rapport des concepts, la source de tous les malentendus, etc. [1].

Notre but n'est pas ici de proposer une étude comparée systématique de la théorie russellienne des descriptions définies et de la conception wittgensteinienne de l'analyse des complexes. Nous nous contenterons de souligner certaines affinités entre les deux programmes qui nous paraissent pertinentes pour comprendre la nature du changement qui s'est opéré chez Wittgenstein.

Ce dernier indique de façon quelque peu évasive mais en même temps suffisamment claire que ce qui lui a servi de modèle est la définition par Russell des expressions qui commencent par l'article défini « le » ; autrement dit, des descriptions définies. Et il ajoute que, par analogie avec cette définition, il pensait qu'il était nécessaire (à l'époque des *Carnets* et du *Tractatus*) de définir un concept tel que le concept physique de sphère au moyen d'images visuelles afin de clarifier une fois pour toutes les rapports entre ces deux concepts – le concept physique et le concept phénoménal, qui sont deux instanciations possibles du même concept géométrique.

L'une des principales caractéristiques de la théorie russellienne des descriptions définies est, comme on le sait, de traiter des expressions telles que « *l*'actuel roi de France » ou « *l*'auteur de Waverley » comme des symboles incomplets. Un symbole incomplet est un symbole qui, à la différence d'un nom propre (tel que « Socrate » ou « Scott ») n'a pas de signification par lui-même. Les symboles incomplets ont bien une signification puisqu'ils contribuent systématiquement à déterminer la valeur de vérité des énoncés dans lesquels ils figurent. Mais ce qui fait d'eux des symboles d'un genre particulier est, comme le rappelle Proops, « qu'ils opèrent leur contribution sans exprimer de contenu propositionnel »[2]. Un symbole incomplet ne signifie rien par lui-même : il n'est le représentant de rien. En revanche, il a une signification en contexte, *via* l'énoncé dans lequel il figure et dont il contribue à déterminer systématiquement la valeur de vérité. D'où l'idée de Russell de retraduire les énoncés dans lesquels figure

1. Ms 116, p. 80-81 ; *PG*, I, p. 211 ; trad. fr. (modifiée), p. 217-218.

2. I. Proops, « Wittgenstein's Logical Atomism », E.N. Zalta (ed.), *The Stanford Encyclopedia of Philosophy (Spring 2006 Edition)*, http://plato.stanford.edu/archives/spr2006/entries/wittgenstein-atomism/

une description définie (« le x tel que x a la propriété ϕ ») dans une notation logique (la notation quantificationnelle avec signe d'identité) qui montre clairement comment ces symboles opèrent leur contribution sémantique et qui permette, du même coup, d'éliminer toute ambiguïté liée au fait que ces expressions *paraissent* référer à un individu alors qu'il portent *en réalité* sur une propriété et disent (entre autres choses) que cette propriété est instanciée par un objet unique.

Il existe d'importantes différences entre le programme russellien d'analyse et celui de Wittgenstein. La plus évidente est que le premier vise à éliminer les descriptions définies tandis que le second a plutôt pour but de faire disparaître les termes de complexe. Dans les *Carnets*, Wittgenstein esquisse un schéma général d'analyse qui paraît applicable en droit à tout énoncé consistant à prédiquer quelque chose d'un complexe (fini) quelconque, à toute fonction de complexe. Le schéma est le suivant :

$\phi a.\phi b.aRb = \text{Def}\ \phi(aRb)$ [1]

Les propositions 2.0201 et 3.24 du *Tractatus* fournissent en quelque sorte la traduction en langue naturelle de ce schéma d'analyse logique :

> 2.0201 Tout énoncé sur des complexes se laisse analyser en un énoncé sur ses parties constituantes et en propositions qui décrivent complètement le complexe.
> 3.24 La proposition qui traite du complexe se trouve dans une relation interne avec la proposition qui traite d'un constituant de ce complexe.

Selon Wittgenstein, tout énoncé prédiquant une propriété ϕ d'un complexe se laisse analyser en un produit logique de deux propositions élémentaires portant sur les parties constituantes du complexe ($\phi a.\phi b$) et d'une proposition décrivant complètement le complexe en question – le complexe [aRb]. La principale différence avec Russell est que l'analyse porte ici sur des termes de complexes alors que celle de Russell porte sur des descriptions définies. Mais il y a au moins deux traits communs aux deux programmes d'analyse. D'une part, Wittgenstein considère, comme Russell, que les énoncés contenant des noms de complexe (« aRb ») ne réfèrent qu'*en apparence* à individus ; d'autre part, il reprend manifestement le principe de la procédure de « disqualification symbolique » [2] des descriptions définies pour l'appliquer aux noms de complexes. De même,

1. *TB*, p. 91 ; trad. fr., p. 27.

2. L'expression est de D. Vernant dans *La philosophie mathématique de Bertrand Russell*, Paris, Vrin, 1993, p. 186.

en effet, que les descriptions définies sont, pour Russell, des symboles incomplets qui peuvent être éliminés au moyen de « définitions d'usage », c'est-à-dire de définitions qui, à la différence des définitions nominales, traitent du fonctionnement effectif du symbole au sein des contextes propositionnels dans l'expression symbolique lesquels il figure[1]; de même les noms de complexe sont, pour Wittgenstein, des symboles incomplets qui peuvent et doivent disparaître au moyen de définitions qui traitent, elles aussi, des contextes propositionnels dans lesquels le nom de complexe figure et de son fonctionnement effectif au sein de ces contextes. La définition wittgensteinienne des fonctions de complexe *est* manifestement une définition contextuelle à la Russell, le contexte étant symbolisé dans la notation logique de Wittgenstein par le signe de fonction. Ceci explique en tous cas que Wittgenstein ait pu avoir à l'esprit « quelque chose *dans le genre de* la définition par Russell de l'article défini » à l'époque où il croyait encore possible et nécessaire philosophiquement de procéder à l'analyse logique des propositions du langage usuel.

Mais ce n'est pas tout. Les affinités avec le programme d'analyse de Russell – inauguré dans « On Denoting » et poursuivi dans les *Principia Mathematica* – vont encore plus loin. Dans les *Principia*, Russell et Whitehead soulignent, immédiatement après avoir introduit la notion de définition d'usage pour les descriptions définies, qu'« en cherchant à définir les *usages* de ce symbole, il est important de prêter attention à la teneur [*import*] des propositions dans lesquelles il figure »[2]. Autrement dit, l'analyse de la description définie doit se faire en examinant ce qu'*implique* la proposition dans l'expression symbolique de laquelle figure le symbole en question. On sait qu'un énoncé contenant une description définie implique trois affirmations qui correspondent aux trois conditions qui doivent être satisfaites pour que l'énoncé en question ait pour valeur de vérité le vrai : 1) Il y a quelque chose qui est x qui est F (affirmation d'existence exprimée dans la langue logique par le quantificateur existentiel); 2) aucune autre chose que x est F (clause d'unicité exprimée par l'usage du signe d'identité); 3) cette chose unique qui est x a la propriété G (qualification contextuelle). En notation logique simplifiée : $(\exists x)[Fx \wedge (\forall y)(Fy \rightarrow x=y) \wedge Gx]$. Ces conditions sont bien sûr spécifiques à la description définie et ne sont transposables à l'analyse des complexes qu'à condition de

1. Voir sur ce point, A.N. Whitehead, B. Russell, *Principia Mathematica to *56*, London-New York, Cambridge UP, 1997, p. 67.

2. *Ibid.*

traiter les noms eux-mêmes (les noms apparents générés par l'analyse) comme des descriptions définies déguisées.

On peut considérer que ce qui vaut pour les descriptions définies vaut *mutatis mutandis* pour les noms de complexes, à savoir que leur analyse ne peut s'effectuer qu'en examinant les *implications logiques* des énoncés (non-analysés) dans le contexte desquels ils figurent. Kremer souligne avec raison que l'image du processus d'analyse logique telle qu'elle émerge de la théorie russellienne des descriptions définies est précisément ce qui a servi de guide à Wittgenstein pour son esquisse d'un programme d'analyse des noms de complexes, en dépit de différences importantes avec le programme russellien :

> Ici [Kremer vient de citer *Tractatus*, 3.24] la proposition « ϕ(a-R-b) » est en relation interne avec les propositions « ϕ(a) », « ϕ(b) » et « aRb » qui traitent des constituants de [a-R-b] : elle est la conjonction de ces propositions et *implique* ainsi chacune d'elles. Voilà ce qu'on attendrait d'une analyse logique des complexes – souvenons-nous que Russell était parvenu à son analyse contextuelle en considérant ce qui était *impliqué* par une proposition contenant une description. Une analyse contextuelle des complexes implique que la signification d'un nom de complexe est une question de relations logiques entre les propositions qui contiennent ce nom et les propositions qui traitent des constituants du complexe. C'est ce que veut dire Wittgenstein lorsqu'il dit que « l'usage syntaxique » détermine la signification d'un nom, « une forme et un contenu ». Les « règles syntaxiques » d'un nom déterminent son « utilisation syntaxique » en déterminant ce qui *s'ensuit* des propositions qui contiennent ce nom [1].

Nous sommes maintenant en mesure de comprendre la nature du changement qui s'est opéré dans la conception wittgensteinienne de l'analyse logique complète de la proposition mais aussi ce qui fait que ce nouveau concept d'analyse devient compatible avec l'hypothèse d'une complexité infinie de l'objet dénoté. Dans la mesure où il existe, selon Wittgenstein, une relation interne d'implication entre la proposition dans laquelle figure le nom de complexe (celle qui « traite » du complexe en disant quelque chose de lui : « ϕ(aRb) ») et celles qui traitent des éléments de ce complexe (« ϕa », « ϕb »); dans la mesure où, en outre, le fait qu'il s'agisse d'une relation interne nous est montré par le fait que l'énoncé « qui dit qu'une chose est une partie d'une autre est toujours une tautologie », il n'est nullement nécessaire de parvenir au moyen d'une décomposition du

1. M. Kremer, « Contextualism and Holism in Early Wittgenstein : From *Prototractatus* to *Tractatus* », *Philosophical Topics*, vol. 25, n° 2, 1997, p. 98.

symbole complexe en ses éléments simples à une connaissance intuitive exhaustive des parties dont se compose le complexe [aRb] pour exprimer quelque chose de déterminé au moyen de la proposition dans laquelle il figure. La signification du nom de complexe étant déterminée, comme celle du symbole de description définie chez Russell, *contextuellement* par ses règles d'utilisation au sein des propositions dans lesquelles il lui est possible de faire occurrence, il suffit que je connaisse (maîtrise) ces règles pour que soient déterminées non seulement l'ensemble des possibilités d'occurrence de ce symbole dans des propositions mais, qui plus est, l'ensemble des relations de conséquence logique entre la proposition non-analysée et l'ensemble des propositions élémentaires qui s'ensuivent de celle-là. De ce point de vue, que l'objet dénoté (par le nom de complexe) soit *infiniment* complexe ou qu'il soit d'une complexité finie ne fait aucune différence puisque la composition de l'objet dénoté n'intervient nullement dans la fixation des relations de conséquence logique entre la proposition de départ (à analyser) et les propositions élémentaires qui s'ensuivent de celle-ci. Wittgenstein a manifestement trouvé dans cette manière proprement syntaxique d'exiger la détermination du sens une solution acceptable au problème de la dénotation des complexes infinis. L'exigence d'une complexité finie du sens devient désormais compatible avec l'hypothèse d'une complexité infinie de l'objet dénoté ou, ce qui revient au même, de la signification de la proposition dans laquelle figure le nom de complexe.

Examinons, à présent, les bouleversements qu'impliquent pour les concepts de simple et de complexe l'adoption de ce nouveau concept d'analyse. Dans la discussion qu'il consacre en mai-juin 1915 à l'idée du complexe et du simple, Wittgenstein pourrait parfois donner l'impression de relativiser complètement cette distinction. Le 23 mai, il écrit par exemple :

> Le sentiment de la relation simple ne nous vient-il pas justement toujours à l'esprit comme raison fondamentale de la supposition d'« objets simples » ? N'avons-nous pas ce même sentiment lorsque nous pensons à la relation entre nom et objet complexe [1] ?

Et un mois plus tard, dans le même esprit :

> Quelle est ma pensée fondamentale lorsque je parle des objets simples ? Les « objets composés » ne satisfont-ils pas en fin de compte très exactement aux exigences que j'ai l'air d'imposer aux premiers ? Si je donne à ce livre un nom « N » et parle maintenant de N, le rapport de N à cet « objet

1. *TB*, p. 141 ; trad. fr. modifiée, p. 103.

> composé »-là, à ces formes et ces contenus-là n'est-il pas essentiellement le même que celui que j'imaginais [exister] entre le nom et l'objet simple? Car notons-le bien: même si le nom « N » disparaît à la faveur d'une nouvelle analyse, celui-ci indique pourtant un *quelque chose de commun*[1].

L'apparente relativisation qu'opère ici Wittgenstein de la distinction entre objet simple et complexe ou entre nom de simple et nom de complexe – dans les deux cas, nous avons le même sentiment d'une relation simple entre le nom et ce qu'il désigne – est la conséquence directe de sa conception de l'analyse des complexes. Un nom de complexe, nous l'avons vu, est un symbole incomplet qui doit disparaître au moyen d'une définition qui traite des contextes propositionnels dans lesquels il figure. Ce nom (« A » ou « N » pour l'objet complexe *livre*, par exemple) peut certes figurer dans des contextes ou « structures propositionnelles » (*Satzgefüge*) extrêmement diverses qui ont chacune un sens spécifique. Mais le fait qu'il *puisse* figurer dans les contextes les plus divers montre qu'il existe malgré tout quelque chose de commun à l'ensemble de ces structures. Ce « quelque chose de commun » qu'indique le nom de complexe par son utilisation sensée au sein de divers contextes propositionnels est ce que Wittgenstein appelle « la communauté d'une forme (la forme syntaxique des noms) et d'un contenu ». C'est lui qui nous donne le sentiment d'avoir affaire à une relation aussi simple que dans le cas de la relation d'un nom et d'un objet simple. Cette manière proprement syntaxique de caractériser la relation du nom à l'objet simple présuppose bien entendu l'adoption du principe frégéen de signification contextuelle dans sa version pleine et entière, c'est-à-dire en tant qu'il caractérise non pas seulement la façon dont est déterminée la signification des noms de complexe mais aussi celle des noms simples. Wittgenstein opte manifestement pour ce principe dans les *Carnets* plutôt que pour une conception représentationnaliste de la signification des noms simples selon laquelle la signification d'un nom simple est l'objet dont tient lieu le nom *en dehors* du contexte de la proposition[2]. C'est la raison pour laquelle nous pourrions avoir facilement l'impression ici que cette conception conduit Wittgenstein à relativiser la distinction entre objet simple et complexe ou entre nom de simple et nom de complexe.

Tel n'est pourtant pas le cas. Il maintient bien dans d'autres textes le caractère absolu de cette distinction. Un objet simple se définit comme ce qui peut *seulement* être *nommé*, tandis qu'un objet complexe est ce qui

1. *TB*, p. 152-153; trad. fr. modifiée, p. 119.
2. *Cf.* sur ce point, *TB*, p. 145.

satisfait une fonction descriptive et ne peut être identifié qu'indirectement *via* la fonction propositionnelle qui le décrit :

> Les objets, je ne peux que les nommer. Des signes en tiennent lieu. Je ne peux qu'*en* parler; je ne peux les exprimer [1].
> Et pourquoi ne doit-on pas dire : « il y a des complexes; on peut les nommer au moyen de noms ou les dépeindre au moyen de propositions » ? Le nom d'un complexe fonctionne dans la proposition comme le nom d'un objet que je ne connais que par une description. – C'est la proposition qui le dépeint qui fonctionne comme description. Mais, à présent, s'il y a des objets simples, est-il correct d'appeler « noms » leurs signes et ces autres signes [2] ?

S'il n'abandonne donc pas, comme le montrent suffisamment ces textes, le caractère absolu de la distinction entre simple et complexe, il est clair, en revanche, qu'il *repense* les concepts du simple et du complexe à la lumière de cette nouvelle manière d'exiger la détermination du sens des propositions dont nous avons vu qu'elle est le *rationale* du changement intervenu dans sa conception de ce que doit être une analyse complète. Wittgenstein identifie clairement l'exigence de détermination du sens avec celle de choses simples en donnant manifestement la priorité, dans cette identification, à la première exigence :

> Si la complexité d'un objet est déterminante pour le sens d'une proposition, alors, dans cette mesure même, elle doit être dépeinte dans la proposition. Et dans la mesure où sa composition *n'*est *pas* déterminante pour *ce* sens, alors dans cette mesure les objets de cette proposition sont *simples*. Ils ne *peuvent* pas être davantage analysés. L'exigence de choses simples *est* l'exigence de détermination du sens. [...] S'il y a un sens fini et une proposition qui exprime ce sens complètement, alors il y a aussi des noms pour des objets simples. Telle est la bonne formulation [3].

Notons que Wittgenstein est manifestement satisfait de cette manière de *re*formuler l'exigence de choses simples *à partir de* celle de la détermination du sens. Mais en quoi consiste justement cette reformulation ? Son raisonnement est à peu près le suivant. Admettons que la composition (complexité) de l'objet dénoté affecte réellement le sens de la proposition dans laquelle figure le nom de complexe. Admettons par exemple que les rouages d'une montre jouent un quelconque rôle dans la détermination du sens d'une proposition du type : « la montre est sur la table ». Dans ce cas, sa

1. *TB*, p. 143; trad. fr. modifiée, p. 106.
2. *TB*, p. 144; trad. fr. modifiée, p. 107.
3. *TB*, p. 157; trad. fr. modifiée, p. 125.

contribution sémantique doit pouvoir être visible à même le signe propositionnel utilisé. Dans mesure où la composition de l'objet *fonctionne* dans la proposition comme une partie réellement déterminante de son sens, celle-ci doit être « dépeinte » *en* elle comme une partie déterminante de celui-ci. En revanche, si sa contribution sémantique est nulle, alors le signe utilisé pour dénoter l'objet complexe pourra être considéré non seulement comme un signe simple mais comme un signe *de* simple.

On ne peut qu'être frappé par les conséquences paradoxales de cette reformulation : comment un nom peut-il être considéré comme un nom de simple alors qu'il désigne apparemment un objet complexe ? Comment des *objets* complexes même, comme les objets spatiaux, peuvent-ils *être* des objets simples tout en étant composés de parties ? En réalité, ce paradoxe n'est qu'apparent, de sorte que la relativisation de la distinction entre simple et complexe n'est elle-même qu'apparente. En reformulant le problème du complexe et du simple en termes de contribution (positive ou nulle) du complexe dénoté aux parties de la proposition qui caractérisent son sens et en concevant le sens de la proposition comme étant uniquement déterminé par les règles syntaxiques d'utilisation de ces parties au sein de différents contextes propositionnels, Wittgenstein évite du même coup toute contradiction avec l'idée d'une signification infiniment complexe de l'objet dénoté. Être simple, c'est simplement *fonctionner comme* simple dans le contexte d'une proposition, comme partie élémentaire du sens de cette proposition. Le phénomène premier pour Wittgenstein est celui de l'articulation logique du langage. Une proposition se distingue d'un nom, non pas par une plus grande complexité, mais par son articulation logique intrinsèque[1]. C'est cette articulation logique intrinsèque de la proposition qui fait d'elle l'image (en dernière instance, logique) d'une situation et la rend susceptible d'une valeur de vérité[2].

Mais en quoi consiste l'articulation logique de la proposition ? Elle consiste dans le fait que la proposition est composée de parties qui déterminent son sens, c'est-à-dire qui contribuent à ce que la proposition exprime un sens déterminé. Pour qu'une proposition ait ou exprime un sens déterminé, il faut que l'usage de chacune des parties qui caractérisent son sens soit fixé par les règles qui gouvernent leur utilisation au sein de divers contextes propositionnels. C'est la connaissance (pratique) qu'a tout utilisateur compétent du langage des implications d'une proposition en vertu de sa maîtrise des règles d'utilisation des symboles qui sert ici implicitement

1. Cf. *TLP*, 3.141-3.143.
2. Cf. *TB*, p. 97 ; *TLP*, 4.032.

de guide à l'analyse des composants du sens de la proposition [1]. Une proposition est dite, dans ce contexte, « complètement analysée » ou « complètement articulée » lorsque sont rendues visibles au sein de la proposition les différentes parties dont se compose son sens et qui peuvent être communes à plusieurs contextes propositionnels. Ce sens n'est pas n'importe quel sens. Il est *mon* sens, c'est-à-dire celui que saisit tout utilisateur compétent du langage. C'est pourquoi, il suffit que ces parties *m'apparaissent* (depuis la perspective qui est la mienne et qui n'est autre que celle que m'offre le langage) comme des parties indécomposables pour qu'elles puissent être considérées comme des parties *réellement* simples et, ce dont elles tiennent lieu, comme *chose* simple :

> Tout ce que je demande est l'analyticité complète de *mon sens*!! En d'autres termes, la proposition doit être complètement articulée. Tout ce que son sens a de commun avec un autre sens doit être contenu séparément dans la proposition. [...] « Il n'existe pas d'objets composés » signifie donc pour nous : dans la proposition doit être claire la façon dont l'objet est composé, pour autant que nous puissions parler de sa complexité. – Le sens de la proposition doit apparaître analysé dans la proposition en ses composants *simples*. Et ces parties sont alors réellement inanalysables, car davantage analysées, elles ne seraient justement plus *ces parties*. En d'autres termes, la proposition ne se laisse justement plus, dans ce cas, remplacer par une autre (proposition) qui aurait davantage de composants mais celle qui a davantage de composants n'a pas non plus *ce* sens-là. Chaque fois que le sens de la proposition est complètement exprimé en elle-même, la proposition est alors analysée en ses composants simples – une nouvelle analyse est impossible, et une analyse apparente superflue – et ces composants sont des objets au sens originaire [2].

Sullivan parle à juste titre d'un « absolutisme interne » à propos de la position défendue par Wittgenstein dans ces textes de mai-juin 1915. Il s'agit bien d'un absolutisme, et non pas d'un relativisme, parce que Wittgenstein maintient, comme nous l'avons vu, le caractère absolu de la distinction entre complexe et simple. Est complexe tout ce qui peut être considéré de notre point de vue (*i.e.* celui des utilisateurs compétents du langage) comme composé de parties où, par « parties », il faut entendre tout ce qui contribue syntaxiquement à déterminer le sens d'une proposition et

1. P. Sullivan, « Simplicity and Analysis in Early Wittgenstein », *European Journal of Philosophy*, vol. 11, n° 1, 2003, p. 84-85 : « L'analyse clarifie et met sous nos yeux la complexité d'un sens *donné*. Elle est guidée uniquement par la saisie de ce sens tel qu'il se manifeste dans l'usage d'une proposition qui l'exprime ».

2. *TB*, p. 156-157 ; trad. fr. modifiée, p. 124-125.

de toutes les autres propositions qui s'ensuivent logiquement de celle-ci. Est simple, au contraire, ce qui ne peut être davantage analysé sans modifier le sens *spécifique* de la proposition non-analysée tel que le saisit tout utilisateur compétent du langage. La complexité coïncide simplement avec l'articulation logique de la proposition et, par extension, du langage. La proposition est le seul symbole qui puisse être considéré comme un symbole complexe et même comme un symbole *de* complexe, si par « complexe » on entend non seulement ce qui est composé de parties mais ce qui forme une configuration logique déterminée d'éléments. La simplicité correspond, par contraste, à la limite de l'articulation logique de la proposition ou, comme le dit Sullivan, au point « où mon langage devient inarticulé »[1].

Mais il s'agit bien d'un absolutisme *interne* (et non pas externe) en ce sens que nous ne disposons d'autres critères du complexe et du simple que ceux que nous fournit notre langage par ses traits internes. Tel est sans doute le sens profond de la restriction dans la fameuse formule : « Les objets, je *ne* peux *que* les nommer. Des signes en tiennent lieu »[2]. Les objets *sont* ce que je ne peux *que* nommer et non décrire parce que, se situant à la limite de l'articulation logique du langage, ils constituent la limite de toute description. Il n'y a pas, en ce sens, de description possible de la *nature* des objets[3]. Celle-ci se montre dans le type de signe utilisé pour les représenter.

Il nous reste maintenant à voir ce qui fait que la reformulation du problème du complexe et du simple en termes syntaxiques est susceptible d'être exemplifiée par l'analyse de n'importe quel énoncé portant sur une partie infiniment complexe de notre image visuelle. Nous avons vu que cette reformulation avait été obtenue indépendamment de tout modèle épistémologique d'analyse au point qu'il serait plus raisonnable de considérer que c'est l'analyse logique des complexes, inspirée de l'analyse russellienne des descriptions définies, qui a servi de modèle à celle de concepts géométriques comme celui de sphère par exemple, et non l'inverse.

Un autre passage de juin 1915 confirme notre interprétation. Le voici :

> Il me semble parfaitement possible que des surfaces [entières] de notre image visuelle soient des objets simples en ceci que nous ne percevons en effet aucun point de cette surface séparément ; les images visuelles des étoiles semblent être assurément dans ce cas. Si je dis en effet que cette montre par exemple ne se trouve pas dans le tiroir, il n'est nullement

1. P. Sullivan, « Simplicity and Analysis in Early Wittgenstein », art. cit., p. 81.
2. Nous soulignons.
3. Cf. *TLP*, 3.221.

> nécessaire qu'il *s'ensuive logiquement* qu'une roue de la montre ne se trouve pas dans le tiroir, car je ne *savais* peut-être *pas du tout* que la roue était dans la montre, et n'ai par conséquent pu signifier non plus par « cette montre » un complexe dans lequel figure la roue. Et il est certain – soit dit en passant – que je ne vois pas toutes les parties de mon image visuelle *théorique*. Qui sait *si* je vois une infinité de points [1] !

De deux choses l'une : ou bien l'on considère que les points de notre image visuelle *sont* les *termini* de l'analyse et, dans ce cas, on voit mal comment Wittgenstein pourrait échapper à la contradiction puisqu'il affirme ici sans ambiguïté que des parties entières de notre image visuelle (des « surfaces » colorées de notre image) *peuvent* parfaitement *être* des objets *simples* tout en étant composées – car divisibles ; ou bien l'on estime que ces exemples de simples et de complexes n'ont joué aucun rôle dans la recherche d'une formulation satisfaisante des réquisits de simplicité et de complétude de l'analyse, que cette recherche s'est effectuée *indépendamment* de tout exemple et, dans ce cas, il faut essayer de comprendre pourquoi des objets qui, en un sens, peuvent être considérés comme complexes sont malgré tout susceptibles de satisfaire aux exigences du simple.

Nous avons vu que ce paradoxe n'était qu'apparent et pouvait facilement être levé à condition de redéfinir les concepts du complexe et du simple en fonction d'un critère intra-linguistique qui est l'articulation logique de la proposition. Voyons maintenant ce que cela signifie dans le cas d'un énoncé portant sur un complexe visuel quelconque.

Dans l'extrait que nous venons de citer, Wittgenstein établit une analogie entre le cas d'un énoncé portant (apparemment) sur un complexe négatif dans lequel ce complexe est désigné par un nom (« cette montre n'est pas dans le tiroir ») et celui d'un énoncé portant sur une partie en principe divisible mais manifestement simple de notre image visuelle. Le but de cette analogie est clair. Il est de montrer que, de même que la composition matérielle du complexe dénoté par « A » dans la proposition négative « A n'est pas dans le tiroir » ne joue aucun rôle dans la détermination de son sens et de sa valeur de vérité – les parties d'un fait négatif ne sont pas des parties du tout puisqu'un fait négatif est seulement l'absence d'un fait correspondant à la proposition lorsqu'elle est fausse ou lorsque sa négation est vraie, de même la composition du complexe visuel dénoté par le nom « S » dans « S se trouve à droite d'une ligne chromatique divisant notre image en deux » n'affecte en rien le sens de la proposition exprimée. Si

1. *TB*, p. 158 ; trad. fr. modifiée, p. 127.

donc l'on redéfinit les notions de simple et de complexe en termes de contribution sémantique, force est de reconnaître que les objets en question (les rouages d'une montre, les parties d'une surface colorée de mon image visuelle) sont *simples* puisque la contribution sémantique de leurs parties est nulle.

Wittgenstein reprend donc ici non seulement les principaux résultats de son nouveau concept d'analyse mais également la caractérisation de la détermination du sens en termes inférentialistes qui sert implicitement de guide à sa conception de l'analyse complète. Ce n'est d'ailleurs pas si étonnant puisque la seule perspective qui soit réellement pertinente pour dire si un objet est simple ou complexe est celle de tout utilisateur compétent du langage. Ainsi, même si nous ne savons pas de quoi se compose au juste l'objet désigné par « N » ou « S », même si nous n'avons aucune connaissance directe et immédiate des parties dont se composent (en principe) les complexes en question (« qui sait *si* je vois une infinité de points ? »), le simple fait que nous soyons capables d'utiliser ces noms de façon sensée dans divers contextes propositionnels, le simple fait aussi que nous soyons capables de dire quelles propositions s'ensuivent nécessairement de la proposition où figure le nom, suffit à garantir la détermination pleine et entière de la proposition sous sa forme non-analysée. Ce fait garantit aussi *logiquement* l'existence de simples : « S'il y a un sens fini et une proposition qui exprime ce sens complètement, alors il y a *aussi* des noms pour des objets simples. Telle est la bonne formulation »[1].

1. Déjà cité.

CHAPITRE II

ESPACE LOGIQUE ET ESPACES PHÉNOMÉNAUX DANS LE *TRACTATUS*

Au chapitre précédent, nous nous sommes concentrés sur le rôle des exemples psychologiques de complexes et de simples pour montrer que, loin de justifier l'applicabilité des concepts correspondants, ils ne font qu'illustrer une idée – celle d'analyse complète – à laquelle Wittgenstein parvient paradoxalement indépendamment de tout exemple. Dans les *Carnets*, l'existence d'objets simples comme corrélats de signes simples et celle de propositions élémentaires dans lesquelles ils figurent sont simplement posés comme résultat d'une nouvelle manière d'exiger la détermination du sens en termes syntaxiques et inférentialistes. Dans le *Tractatus*, le geste est fondamentalement le même, à ceci près que la situation a évolué. Wittgenstein dispose désormais d'un argument qui le dispense de spécifier la nature des contenus auxquels réfèrent les propositions du calcul de base dont il a admis l'existence. Cet argument reste souvent implicite mais peut être reconstruit en étudiant les raisons qui l'ont conduit à introduire la notion-clef d'espace logique.

Notre premier objectif sera donc d'expliquer ce qui justifie l'introduction de cette notion. Nous montrerons qu'elle est la réponse aux problèmes logico-sémantiques identifiés par Wittgenstein dans les théories russelliennes du jugement et qu'elle forme plus positivement la base d'une théorie spatiale du symbolisme dont le concept-clef est le concept mathématique de variété[1]. Le postulat logico-sémantique fondamental du *Tractatus* au moyen duquel Wittgenstein pense résoudre les problèmes

1. Nous devons beaucoup sur ce point à la lecture du livre de D. Hyder (*The Mechanics*, *op. cit.*) qui porte justement sur la notion d'espace logique.

diagnostiqués chez Russell est que le langage et le monde sont deux variétés distinctes en relation bijective d'application ou de projection (*Abbildung*, *mapping*) et que cette relation, étant une relation interne, ne peut être décrite par *quelque* langage que ce soit – y compris par un méta-langage prenant ce langage pour objet. La notion d'espace logique désigne ces deux structures mathématiques parallèles dont l'une reflète les possibilités de combinaison de l'autre, cette congruence des espaces garantissant au niveau élémentaire la coordination univoque de chaque proposition élémentaire à *un* état de choses dans l'espace des états de choses possibles. La seule condition pour que nos signes aient un sens clair et déterminé (outre celle qu'ils constituent une suite bien formée) est que la variété-langage et la variété-monde aient le même degré de multiplicité logique, c'est-à-dire en termes mathématiques le même nombre de dimensions. C'est pourquoi il n'est ni nécessaire, ni même possible selon Wittgenstein, de connaître la nature des composants de l'espace logique pour exprimer quelque chose de déterminé au moyen de nos phrases usuelles. Il suffit pour cela de maîtriser les règles d'utilisation de nos signes.

Forts de ces explications, nous reviendrons dans un second temps au problème des exemples épistémologiques d'analyse pour montrer que leur quasi-absence dans le *Tractatus* peut aisément s'expliquer au moyen de cette notion sans que cela exclue la possibilité de qualifier rétrospectivement les composants ultimes de l'espace logique d'objets d'expérience sensorielle immédiate – si l'on adopte un modèle d'analyse phénoménologique – ou de *termini* d'une analyse physicaliste – si l'on adopte un modèle géométrique d'analyse en points. Le problème est en réalité moins de savoir quelle est la nature épistémologique de ces composants que de savoir ce qui fait leur exemplarité. À supposer par exemple que l'espace phénoménal de la vue avec ses composants (taches colorées, points) puisse exemplifier l'idée d'un espace logique des états de choses possibles, la question se pose dans ce cas de savoir ce qui détermine précisément leur exemplarité. Dans le *Tractatus*, Wittgenstein défend implicitement l'idée que n'importe quel espace (phénoménal ou physique) peut exemplifier l'idée d'un espace des états de choses possibles à partir du moment où la variété en question a autant de dimensions que celle qu'elle instancie; ce qui revient à faire du concept de variété multidimensionnelle le concept-clef de l'ouvrage.

ESPACE LOGIQUE ET VARIÉTÉS MATHÉMATIQUES

La notion d'espace logique fonctionne dans le *Tractatus* comme une notion hybride, c'est-à-dire mi-logique, mi-mathématique. Sa genèse est, sur ce point, instructive. Wittgenstein introduit d'abord (dans les *Carnets*) les idées de *lieu* et d'*espace* (logiques) en réponse à des problèmes de philosophie de la logique pour leur donner ensuite une portée sémantique beaucoup large en les réinterprétant à la lumière du concept mathématique de variété. L'idée, en particulier, qu'il existe des structures *a priori* de l'expérience susceptibles d'être mises en relation bijective d'application avec nos signes; l'idée, en outre, que ces structures correspondent aux *dimensions* d'un espace au sens d'une variété n-fois déterminable sont par exemple totalement étrangères à Russell (pour mentionner un auteur de la tradition logiciste farouchement opposé à la notion kantienne d'intuition *a priori*). Elles sont, en revanche, naturellement acceptables aux yeux de Wittgenstein qui appartient pourtant lui aussi à cette tradition. La notion d'espace logique est donc au départ une notion purement logique et même d'inspiration logiciste mais qui se transforme progressivement en une notion logico-*mathématique* à mesure que Wittgenstein la réinterprète du point de vue de la théorie des variétés appliquée au langage et à la perception. Ce dernier avait manifestement conscience de l'amphibolie de cette notion puisqu'il écrit en référence à Hertz :

> 4.04 Il doit y avoir exactement autant [d'éléments] à distinguer dans la proposition que dans la situation qu'elle dépeint.
> Les deux doivent posséder la même multiplicité logique (*mathématique*). (Comparer avec la « Mécanique » de Hertz sur les modèles dynamiques).
> 4.041 Cette multiplicité *mathématique* ne peut naturellement pas être à son tour dépeinte. On ne saurait se placer en dehors d'elle pour la dépeindre [1].

1. Nous soulignons. De façon significative, Russell avait supprimé, dans son introduction à l'édition anglaise du *TLP*, la référence au caractère mathématique de la multiplicité en question en plaçant le mot *manifold* entre guillemets. Cette référence fut rétablie de façon tout aussi significative par Ogden dans ses propositions de correction des citations russelliennes du *TLP*, approuvées par Wittgenstein. C'est ainsi que dans le tapuscrit de l'édition anglaise « *logical "manifold"* » devient « *logical (mathematical) multiplicity* » ; ce qui est effectivement plus fidèle à l'original allemand et, notons-le, au néo-kantisme de Hertz. *Cf.* G. Grasshoff, T. Lampert (eds.), *Ludwig Wittgensteins Logisch-Philosophische Abhandlung. Entstehungsgeschichte und Herausgabe der Typoskripte und Korrekturexemplare*, Wien-New York, Springer-Verlag, 2004, p. 105.

Notre intention n'est pas de proposer ici une étude systématique des deux fils (logiciste et néo-kantien) de l'héritage de la notion wittgensteinienne d'espace logique[1] mais, plus modestement, d'en souligner certains traits qui permettent de mesurer la portée de la théorie spatiale du symbolisme esquissée dans le *Tractatus*. Ceci devrait aussi nous permettre de comprendre pourquoi Wittgenstein ne juge ni nécessaire, ni même possible à cette époque de spécifier la nature des composants censés correspondre aux *termini* du processus d'analyse.

Wittgenstein introduisit au départ les notions de lieu et d'espace logique pour des raisons purement logiques, comme en témoigne la proposition 3.4 du *Tractatus* :

> La proposition détermine un lieu dans l'espace logique. L'existence de ce lieu logique est garantie par la seule existence des parties constituantes, par l'existence de la proposition douée de sens.

Mais il est difficile de comprendre la pertinence d'une telle affirmation sans en restituer l'arrière-plan problématique. Notons que Wittgenstein déduit ici l'existence d'un *lieu* logique déterminée par la proposition (élémentaire), et aussi, celle d'un *espace* entourant ce lieu du simple *fait* que nous utilisons nos signes de façon sensée et que la contribution sémantique de chacune des parties de la proposition est fixée par ses règles syntaxiques d'emploi. Le fait logique fondamental pour Wittgenstein est l'existence de la proposition douée de sens et c'est à partir de ce seul fait qu'il déduit l'existence d'un lieu logique « déterminé » par la proposition élémentaire au sein de l'espace logique[2]. Les prémisses de cette déduction ne sont donc pas externes mais bien internes à la philosophie de la logique. Mais précisément, quelles sont-elles ? Pourquoi l'existence de la proposition douée de sens et la détermination de son sens sont-ils des faits que nous devons accepter comme tels ?

La déduction de Wittgenstein n'est réellement intelligible que si on la conçoit comme une réponse aux difficultés identifiées dans la théorie russellienne du jugement. Nous commencerons donc par rappeler dans ses grandes lignes les principes de cette théorie pour voir à quoi répond au juste l'introduction des notions de lieu et d'espace logique.

1. Ce travail a déjà été accompli de façon remarquable par D. Hyder dans *The Mechanics*, *op. cit.*

2. *Cf.* aussi, *TLP*, 4.002 où l'on voit bien que la capacité qu'ont les hommes de construire des langues et d'exprimer tout sens grâce à elles est un *fait* pour Wittgenstein.

Critique des théories russelliennes du jugement

Russell a, comme on le sait, esquissé quatre versions successives de sa théorie du jugement, en partie d'ailleurs sous la pression des critiques de Wittgenstein. Les raisons de ces révisions sont multiples et il n'est pas dans notre intention ici de les examiner toutes en détail[1].

Deux raisons majeures expliquent que Russell ait modifié une première fois en profondeur sa théorie du jugement. Il découvre d'abord en 1910 que la notion de proposition ne peut plus être traitée comme une entité ontologique indépendante exprimée par la phrase et visée par un jugement dans une attitude propositionnelle mais qu'elle doit être traitée, au même titre que les descriptions définies, comme un symbole incomplet complété par l'acte de juger. Russell découvre, en outre, que le vrai et le faux ne peuvent plus être traités comme des propriétés inanalysables des propositions, elles-mêmes conçues comme entités réellement existantes. L'une des difficultés que pose en particulier la conception platoniste à laquelle il avait adhéré jusque là est qu'elle conduit à mettre les propositions vraies et fausses sur un pied d'égalité. Or il est douteux qu'il puisse réellement exister quelque chose comme des propositions *fausses*. Russell a donc besoin d'une théorie de la vérité et de la fausseté qui permette d'expliquer la différence entre une proposition vraie et une proposition fausse. Dans la mesure où la proposition ne peut plus être considérée comme une entité ontologique unique et indépendante, le vrai et le faux ne peuvent plus non plus être définis comme des propriétés inanalysables de la proposition mais doivent être redéfinis en termes de correspondance ou de non-correspondance avec un fait réellement existant[2].

Ce changement métaphysique radical associé à la découverte de l'incomplétude du symbole de la proposition requièrent un changement tout aussi radical dans sa conception de l'analyse du jugement. Avant 1910, Russell concevait tout jugement comme une relation dyadique entre l'esprit du sujet jugeant et la proposition enchâssée. Pour reprendre un

1. Nous renvoyons pour cela à l'article de N. Griffin, « Russell's Multiple Relation Theory of Judgment », *Philosophical Studies*, n° 47, p. 213-247 et à P. Hylton, *Russell, Idealism, and the Emergence of Analytic Philosophy*, Oxford, Clarendon Press, 1990, p. 333-342.

2. T. Ricketts (« Pictures, Logic, and the Limits of Sense in Wittgenstein's *Tractatus* », dans H. Sluga, D. Stern (eds.), *The Cambridge Companion to Wittgenstein*, Cambridge, Cambridge UP, 1996, p. 64-69) décrit à juste titre cette évolution comme le passage d'une « métaphysique de la proposition » à une « métaphysique des faits » dans laquelle la notion de *représentation* joue désormais un rôle central.

exemple souvent utilisé par Russell lui-même, un jugement tel que « Iago juge que Desdémone aime Othello » est analysé, d'après cette conception, comme une relation duale entre Iago et un complexe propositionnel unique composé des individus Desdémone, Othello et de la relation symbolisée par le verbe « aime ». Cette analyse présuppose bien entendu que la proposition-cible du jugement soit conçue comme une entité unique indépendante. Elle implique également qu'il n'existe pas de différence fondamentale entre un jugement vrai et un jugement faux. La vérité de la première proposition consiste simplement dans le fait que le complexe propositionnel (Desdémone-aime-Othello) visé par l'attitude du sujet existe lorsque Iago juge qu'il en est ainsi et la fausseté du jugement « Othello juge que Desdémone aime Cassio », dans le fait qu'il existe une proposition fausse (la proposition *q* : « Desdémone aime Cassio ») visée par Othello dans l'acte de juger.

Après 1910, Russell n'analyse plus le jugement comme une relation dyadique entre l'esprit du sujet jugeant et la proposition-cible du jugement puisque la proposition-cible est une fausse abstraction. C'est pourquoi il analyse désormais le jugement comme une relation *multiple* entre l'esprit du sujet jugeant et les composants de la proposition. Un jugement tel que « Iago juge que Desdémone aime Othello » sera donc analysé non plus comme une relation à deux termes mais comme une relation à quatre termes entre Iago (le sujet jugeant) et les éléments de ce complexe parmi lesquels figurent Desdémone, Othello et la relation *aimer*, soit en notation symbolique : J (Iago, Desdémone, Othello, aimer) ou plus généralement J (A, a, b, R) où « J » symbolise la relation de jugement, « A » l'esprit de celui qui juge, « a » et « b » des individus et « R » la relation reliant *a* et *b*[1]. Selon cette analyse, l'expression propositionnelle (« Desdémone-aime-Othello ») n'a pas de signification par elle-même. Elle est un symbole en attente de complétion par l'acte de juger. Ce n'est que lorsque je juge que *p* que l'expression propositionnelle *p* acquiert une signification – dans le contexte, donc, d'une attitude propositionnelle. En outre, un jugement est vrai non pas lorsqu'il existe une *proposition vraie* composée des individus et de la relation en question mais lorsqu'il existe un *complexe* correspondant à mon jugement lorsque je juge que *a* est dans la relation R avec *b*. Le jugement est faux, par contraste, en l'absence d'un fait correspondant à

1. Russell donne une première version de cette théorie du jugement comme relation multiple dans « On the Nature of Truth and Falsehood » (1910), dans J.G. Slater (ed), *The Collected Papers of Bertrand Russell*, vol. 6, *Logical and Philosophical Papers 1909-1913*, London-New York, Routledge, 1992, p. 115-124.

celui qui est jugé. Par exemple, un jugement comme « Othello juge que Desdémone aime Cassio » est faux parce qu'il n'existe aucun complexe correspondant au fait jugé dans ce jugement (à savoir précisément *que* Desdémone aime Cassio) et non parce qu'il existe une *proposition* fausse (*q*) qui serait l'objet du jugement d'Othello.

À première vue, la critique de Wittgenstein semble n'avoir qu'un lointain rapport avec les raisons qu'a eues Russell d'élaborer une nouvelle théorie du jugement comme relation multiple. En réalité, nous allons voir qu'elles atteignent le cœur de cette théorie, comme l'atteste l'ampleur de la réaction ce dernier à la critique de Wittgenstein.

On peut distinguer deux points principaux dans cette critique qui correspondent aux deux points abordés successivement par Wittgenstein dans ses lettres de janvier et de juin 1913[1]. Le premier point concerne ce que Griffin appelle « le problème de la direction (du jugement) au sens large » (*the wide form of the direction problem*). Il est étroitement lié, dans l'esprit de Wittgenstein, au problème de la théorie des types. Selon la théorie du jugement développée par Russell à partir de 1910, tout jugement élémentaire doit être analysé comme une relation tétradique entre l'esprit du sujet jugeant et les composants du complexe propositionnel jugé ; ce qui revient à faire de la relation reliante un composant à part entière du complexe propositionnel au même titre par exemple que les noms d'individu. C'est particulièrement net lorsqu'on essaie d'exprimer la structure du jugement dans une écriture symbolique : J (A, a, b, R) où l'on voit que R figure ici comme substantif, c'est-à-dire comme un nom d'objet au même titre que A, *a* et *b*. La conséquence est que cette manière d'analyser le jugement n'interdit pas paradoxalement de former des jugements *absurdes* puisque rien n'empêche de former un jugement du type « Iago juge que aime Cassio Desdémone ». Si la relation figure dans l'analyse comme un nom d'objet au même titre que *a* et *b*, alors rien n'interdit de considérer un jugement manifestement *absurde*, comme par exemple « A juge que *a* est dans la relation *b* avec R », comme un jugement *possible*, c'est-à-dire comme un jugement sensé dénué de sens ; ce qui revient, comme le dit Wittgenstein, à accorder la possibilité de « juger le non-sens »[2]. Le problème de la théorie russellienne du jugement comme relation multiple (dans sa première version, tout au moins) est qu'elle ne permet pas de distinguer un jugement sensé d'un jugement absurde, ni même un jugement absurde d'un jugement faux. Elle n'empêche pas de former des

1. Cf. *L*, R. 9 et R. 12.
2. *NL*, dans *NB*, p. 95 ; *TLP*, 5.5422.

combinaisons de signes insensées qu'on sera alors tenté d'interpréter comme des propositions fausses. Tel est le « problème de la direction (du jugement) au sens large » et le moins que l'on puisse dire est que la première version de la théorie russellienne du jugement comme relation multiple ne propose pas de solution satisfaisante à ce problème. Wittgenstein avait perçu très tôt ce défaut dans la théorie russellienne puisqu'il écrit dans sa lettre de janvier 1913 :

> J'ai changé d'avis sur les complexes « atomiques » : je pense maintenant que les qualités, les relations (comme l'amour), etc. sont toutes des copules ! Cela veut dire que j'analyse par exemple une prop(osition) sujet-prédicat, disons « Socrate est humain » en « Socrate » et « quelque chose est humain » (qui, je pense, n'est pas complexe). La raison [de ce changement] est une raison absolument fondamentale : je pense qu'il ne saurait y avoir différents Types de choses ! En d'autres termes, tout ce qui peut être symbolisé par un nom propre doit appartenir à un type. Mieux : toute théorie des types doit être rendue superflue par une théorie correcte du symbolisme : par exemple, si j'analyse la prop(osition) Socrate est mortel en Socrate, Mortalité et $(\exists x, y)\, \varepsilon_1 (x, y)$, j'ai besoin qu'une théorie des types me dise que « Mortalité est Socrate » est dépourvu de sens (*nonsensical*) parce que si je traite « Mortalité » comme un nom propre (comme je l'avais moi-même fait), il n'y a rien qui m'empêche de faire la substitution dans le mauvais sens. En revanche, si je (l')analyse (comme je le fais à présent) en Socrate et (∃x)x est mortel ou de façon générale en x et $(\exists x)\phi(x)$, il devient alors impossible de faire les mauvaises substitutions parce que les deux symboles sont à présent eux-mêmes d'un *genre* différent[1].

Le rapport entre le problème de la direction du jugement au sens large et la critique de la théorie des types est patent ici. Wittgenstein reproche à Russell d'analyser tout jugement élémentaire de telle manière que les substitutions illicites de symboles ne puissent être *prévenues* par l'analyse elle-même. Par exemple, selon l'analyse que propose Russell (et que proposait Wittgenstein avant janvier 1913) d'un jugement atomique tel que « Socrate est mortel », rien n'interdit en principe de substituer à la place d'argument un nom de prédicat et, inversement, un nom propre à la place du nom de fonction puisque le nom propre « Socrate » et le prédicat « mortalité » sont traités comme des composants objectifs du même type logique. Selon cette analyse, un jugement *manifestement* absurde tel que « Mortalité est Socrate » est *possible* puisque aucune attention n'est prêtée à la forme syntaxique des éléments du complexe propositionnel. La première version

1. *L*, R. 9, p. 19-20.

de la théorie russellienne du jugement comme relation multiple ne satisfait donc pas cette exigence minimale qui est, selon Wittgenstein, d'éviter la possibilité de tout jugement absurde. Ou bien si elle y parvient, ce ne peut être qu'au prix d'une autre théorie visant à spécifier *après coup* le type ou la catégorie logique de chaque composant afin d'exclure ce genre de substitutions.

Nous verrons plus loin pourquoi cette théorie, la théorie des types, ne saurait finalement jouer le rôle que Russell voudrait lui faire jouer. Notons simplement pour l'instant que l'erreur réside, selon Wittgenstein, dans la façon dont Russell analyse le jugement atomique et qu'une solution acceptable au problème de la direction du jugement au sens large doit passer par une analyse *correcte* de la proposition élémentaire. La seule alternative viable aux yeux de Wittgenstein n'est pas de construire une théorie *ad hoc* permettant d'exclure les substitutions illicites de signes mais d'analyser le jugement atomique de telle sorte qu'il devienne *impossible* de substituer les symboles dans le mauvais sens *avant-même* qu'une quelconque théorie (des types) n'interdise de le faire. C'est pourquoi il propose ici, dans un esprit très proche de celui de Frege, d'analyser tout jugement élémentaire non pas comme un complexe formé de deux composants objectifs de même type logique (de deux entités saturées, Socrate et mortalité, symbolisées par deux variables d'individus : x et y) mais comme l'instanciation d'une généralisation existentielle dans laquelle la différence de type logique entre le nom propre et le prédicat est marquée par le fait que nous *utilisons* deux variables *d'un genre différent* (x et ϕ) pour les représenter. Si on analyse un jugement élémentaire tel que « Socrate est mortel » non pas en Socrate, Mortalité et une généralisation existentielle du type $(\exists x, y)\, \varepsilon_1 (x, y)$ mais en Socrate et $(\exists x)x$ est mortel, alors il devient évident que je ne peux substituer le nom propre à la place du prédicat et inversement sans que j'aie pour cela à élaborer une théorie m'interdisant de le faire. Une théorie des types devient réellement superflue parce que la nouvelle analyse du jugement fait d'ores et déjà apparaître la différence de type logique entre les composants. Celle-ci *se montre* sans pouvoir être dite.

La deuxième objection, bien que fondamentalement liée à la première, porte toutefois sur un autre point. En juin 1913, Wittgenstein semble être parvenu à une formulation à la fois satisfaisante et définitive de sa critique puisqu'il écrit :

> Je suis maintenant en mesure d'exprimer mon objection à ta théorie du jugement de façon exacte : il est évident, je crois, que si l'on analyse correctement la prop[osition] « A juge que (par exemple) a est en rel(ation) R à b », la prop[osition] « aRb.∨.∼aRb » doit s'ensuivre directement *sans*

> *l'usage de quelque autre prémisse*. Cette condition n'est pas remplie par ta théorie[1].

La critique de Wittgenstein est ici quelque peu différente parce que la situation a changé. Russell, s'étant entre-temps rendu compte de son erreur, modifie sa théorie du jugement en introduisant un nouvel élément dans son analyse : la forme logique du complexe jugé[2]. Selon cette nouvelle version de la théorie du jugement, un jugement tel que « Othello juge que Desdémone aime Cassio » se laissera analyser non pas en une relation à quatre termes mais à cinq termes, soit : J (Othello, Desdémone, Cassio, aime, Desdémone aime Cassio) ou plus généralement : J (A, a, b, R, γ) où γ symbolise la forme du complexe. Le rôle de ce nouvel élément est de faire ce qu'une analyse du jugement atomique en une relation tétradique ne permettait pas de faire, à savoir exclure la possibilité de « juger le non-sens », c'est-à-dire de former des jugements du type : Othello juge que aime Desdémone Cassio.

Wittgenstein n'est pourtant pas satisfait par cette nouvelle manière d'analyser le jugement parce que ce nouvel élément ne peut *à lui seul* jouer le rôle que Russell voudrait lui faire jouer. Pour que la forme logique parvienne réellement à distinguer le rôle logique de chaque élément dans le complexe propositionnel jugé, pour qu'elle puisse ainsi prévenir les substitutions illicites de symboles, il faut nécessairement lui adjoindre des *propositions* qui spécifient le type logique des composants figurant dans l'analyse. Par exemple, xΨy ne peut réellement exclure la possibilité de substituer à la variable de relation (Ψ) une constante d'individu (*a* ou *b*) et, inversement, une constante relationnelle (R) à un nom variable (*x* ou y) que si l'on ajoute au complexe analysé une proposition précisant que *a* et *b sont* des *objets* et que R *est* une *relation*[3]. Russell ne peut donc proposer (en 1913) de solution satisfaisante au problème de la direction du jugement (au sens large) sans introduire de *nouvelles prémisses* sous la forme de *jugements* portant sur le type logique des éléments figurant dans l'analyse du complexe jugé.

C'est justement ce point que vise Wittgenstein dans sa lettre de juin 1913 : Russell ne peut garantir dans sa nouvelle version l'impossibilité de

1. *L*, R. 12, p. 23.

2. Cf. *Theory of Knowledge*, *op. cit.*, 2e partie, chap. 1.

3. En notation logique, un jugement tel que « A juge que aRb » devra s'analyser comme suit : J (A, a, b, R, xΨy) ∧ aε t'x ∧ bε t'y ∧ Rε t'Ψ, et non pas, comme le croyait pourtant Russell, comme suit : J (A, a, b, R, xΨy). Voir sur ce point S. Gandon, *Logique et langage*, *op. cit.*, p. 87 et N. Griffin, « Russell's Multiple Relation Theory », art. cit.

jugements absurdes sans l'aide de nouvelles prémisses de type métalinguistique. Cette critique rejoint donc ici essentiellement la première dans laquelle Wittgenstein affirmait qu'une analyse correcte de la proposition élémentaire devait nous dispenser d'élaborer une théorie des types logiques. C'est encore vrai ici : une analyse correcte du jugement (atomique) doit nous dispenser de faire appel à des prémisses supplémentaires de type métalinguistique pour exprimer les contraintes typologiques qui s'imposent à tout jugement signifiant. Mais pourquoi l'adjonction de nouvelles prémisses doit-elle être évitée ? Pourquoi une *théorie* des types logiques ne peut-elle finalement jouer le rôle qu'on (Russell en particulier) voudrait lui faire jouer ?

Le moins que l'on puisse dire est que Wittgenstein n'est pas explicite ici. Mais il n'est pas difficile de deviner ce qui pose problème dans la nouvelle théorie russellienne du jugement. Le problème est celui d'une menace de régression à l'infini dans l'expression des conditions de tout jugement signifiant. Supposons en effet que l'impossibilité de jugements absurdes ne puisse être garantie que par la vérité d'autres jugements d'ordre supérieur dans lesquels seraient exprimées les conditions que doit satisfaire un élément du complexe pour pouvoir être considéré comme une valeur possible d'un type spécial de variable (telle est en tout cas l'hypothèse de Russell en 1913), dans ce cas il n'y a pas de raison que ces jugements échappent eux-mêmes aux contraintes qu'ils expriment. Si ces jugements sont de véritables jugements, autrement dit s'ils doivent pouvoir eux-mêmes exprimer un *sens*, celui-ci doit être garanti à son tour par la vérité d'autres jugements d'ordre supérieur qui portent sur les possibilités de combinaison des signes au sein de ces jugements et ainsi de suite *ad infinitum*. La conséquence de cette manière de traiter la détermination du sens de tout jugement est une conséquence absurde. Si la détermination du sens d'un jugement doit toujours être garantie par la vérité d'un jugement d'ordre supérieur, alors il s'ensuit ou bien qu'*aucun* jugement n'a de sens déterminé (puisque la régression fait que l'ambiguité typologique est simplement transférée au niveau supérieur et ceci indéfiniment) ou bien que le jugement-objet est déjà en lui-même logiquement bien ordonné et, dans ce cas, les prémisses ajoutées pour garantir la détermination de son sens sont simplement redondantes.

La seule alternative crédible à cette (double) conséquence absurde, selon Wittgenstein, est de postuler sans l'aide d'aucune autre prémisse que nos propositions ont déjà *par elles-mêmes* un sens déterminé et que les conditions qui font d'elles des jugements pourvus de sens ne peuvent être exprimées par quelque langage que ce soit, y compris par un langage prenant pour objet celui dans lequel nous exprimons nos jugements. Ce double postulat (celui du caractère logiquement bien ordonné de nos propositions et celui de l'inexprimabilité des conditions de tout jugement signifiant) permet, seul, de bloquer la menace de régression à l'infini précédemment décrite. C'est à notre avis ce que veut dire Wittgenstein lorsqu'il dit que, dans une théorie correcte du jugement la proposition « aRb ∨ ~aRb » doit s'ensuivre *directement* de la proposition « A juge que aRb » si celle-ci est correctement analysée.

Lieu et espace logiques

Nous sommes maintenant en mesure de voir ce qui motive l'introduction des notions de lieu et d'espace logique. Le problème de cette critique est qu'elle prend la forme d'une *reductio ad absurdum* plutôt que d'une argumentation positive. Il n'est donc pas étonnant que l'on soit généralement plus enclin à voir ce qui ne va pas dans la théorie de Russell que ce qui pourrait correspondre à la position de Wittgenstein. Les deux sont pourtant indissociablement liés. La critique des théories russelliennes du jugement a sa contrepartie positive. Celle-ci se dessine en creux dans les deux points que nous avons examinés. Wittgenstein introduit les notions de lieu et d'espace logiques en réponse aux difficultés identifiées dans la théorie de Russell. Mais quelles sont-elles justement et quelle est la réponse de Wittgenstein ?

Nous avons vu qu'un défaut majeur de cette théorie (dans sa première version tout au moins) est qu'elle ne parvenait pas à établir de distinction claire entre un jugement faux et un jugement absurde. Cette faiblesse est d'autant plus dommageable que Russell parvient pourtant bien, au moyen de sa théorie du jugement comme relation multiple, à rendre compte de la différence entre un jugement vrai et un jugement faux en termes de correspondance et de non-correspondance avec un fait de l'univers.

Mais il n'est pas en mesure de distinguer deux cas : 1) celui où rien ne correspond dans la réalité au jugement parce que rien ne *peut* ou ne *pourrait de toute façon* lui correspondre (comme dans le cas où Othello juge que aime Desdémone Cassio) et 2) celui où rien ne lui correspond effectivement (comme dans le cas où Othello juge que Desdémone aime Cassio) sans toutefois *exclure* que quelque chose *puisse* lui correspondre. Russell confond donc l'impossibilité de toute existence actuelle ou potentielle dans le cas d'un jugement absurde avec la non-réalisation d'une existence potentielle dans le cas d'un jugement faux. En d'autres termes, sa théorie ne permet pas d'expliquer un fait pourtant incontestable qui est qu'un jugement peut être faux tout en continuant à avoir un sens déterminé[1]. Il ne peut expliquer ce fait parce qu'il vise précisément à éliminer par sa théorie du jugement toute entité intentionnelle du type de celles invoquées par Meinong et Frege pour expliquer la propriété qu'a tout jugement d'être « dirigé vers » un état de choses déterminé même lorsque celui-ci n'a pas pour valeur de vérité le vrai.

Par contraste, Wittgenstein introduit justement l'idée de lieu logique pour pouvoir résoudre le problème de l'intentionnalité des jugements faux sans prémisses supplémentaires, c'est-à-dire sans avoir à faire appel à la vérité d'autres jugements[2]. Tout jugement (élémentaire), dans la mesure où il exprime un contenu propositionnel, doit *déjà* être en rapport avec des circonstances dans lesquelles il est vrai et des circonstances dans lesquelles il est faux[3]. Il doit posséder intrinsèquement des conditions de vérité déterminées du simple fait qu'il est une combinaison de signes *possible*. Cela vaut bien entendu pour les jugements vrais. Mais cela vaut également pour les jugements faux. Un jugement faux, pour Wittgenstein comme pour Russell, est un jugement auquel ne correspond aucun fait (atomique) dans la réalité. Mais un jugement faux, pour Wittgenstein et à la différence de Russell, n'est pas un jugement absurde parce que l'ordre intrinsèque des éléments au sein du complexe jugé détermine par exclusion quelle configuration d'éléments *rendrait* ce jugement faux. Cet ordre sélectionne un état de choses dans l'espace des états de choses possibles. Le jugement faux, à défaut de représenter un état de choses existant, détermine une existence potentielle non-actualisée. C'est cette existence potentielle visée par toute proposition élémentaire indépendamment de sa vérité ou de sa fausseté que concrétise la notion de lieu logique : « Même si aucun complexe n'occupe le lieu logique, il y en a pourtant un (qui l'occupe) : n'occupe pas ce lieu »[4].

Ce que veut dire ici Wittgenstein est à peu près la chose suivante : même lorsqu'aucun complexe n'occupe le lieu logique déterminé par la proposition (élémentaire), comme c'est justement le cas pour la proposition fausse, un complexe *doit* malgré tout occuper ce lieu pour rendre la proposition fausse, à savoir le complexe négatif $\sim$aRb (pour un jugement de la

1. Cf. *TLP*, 4.023.

2. C'est une « thèse » centrale du *TLP* et il est évident qu'elle constitue comme telle une réponse à la menace de régression identifiée dans la théorie russellienne du jugement. Cf. *TLP*, 2.0211.

3. Cf. *TLP*, 4.022-4.024.

4. *TB*, p. 113.

forme : A juge que aRb). Le lieu logique continue d'une certaine manière d'être « rempli » par un complexe négatif qui est ce qui correspond à la proposition lorsque celle-ci est fausse. Mais il ne faut pas confondre le fait qu'aucun complexe ne corresponde à la proposition fausse avec le fait que la proposition décrive et continue de décrire ce lieu indépendamment de sa vérité et de sa fausseté par ses coordonnées logiques intrinsèques. Cette dernière relation est une relation interne (nécessaire et indescriptible) tandis que l'autre est une relation externe (contingente et descriptible) :

> La relation interne entre la proposition et sa signification, le mode de désignation – est le système de coordonnées qui reproduit l'état de choses dans la proposition. La proposition correspond aux coordonnées fondamentales.
> On pourrait concevoir deux coordonnées a_p et b_p comme une proposition qui énonce que le point matériel P se trouve en (ab). Et pour que cet énoncé soit possible, il faut donc que les coordonnées *a* et *b* déterminent réellement un lieu. Pour qu'un énoncé soit possible, il faut que les coordonnées logiques déterminent réellement un lieu logique ! [1]
> La proposition et les coordonnées logiques : tel est le lieu logique [2].

Wittgenstein avait certes conscience du danger qu'implique, d'un point de vue philosophique, le fait de parler de « faits possibles », de « complexes négatifs » voire de « lieux logiques » dépeints par la proposition. Il n'en demeure pas moins que ces concepts ont bien un rôle à jouer du point de vue logique et sémantique. Et, de ce point de vue justement, cette triple réification paraît non seulement inévitable mais même, dans une certaine mesure, nécessaire pour garantir l'objectivité logique des notions de fausseté et de sens [3].

1. *TB*, p. 109.
2. *TB*, p. 120 ; *TLP*, 3.41.
3. Cet aspect du problème nous paraît souvent négligé par les lectures dites « résolues » (l'expression est de Goldfarb/Ricketts) du *Tractatus* qui ont tendance à souligner le caractère provisoire du vocabulaire philosophique utilisé par Wittgenstein sans toujours rendre compte du rôle joué par certaines notions, en particulier celles de lieu et d'espace, d'un point de vue logique et sémantique. Elles pourraient facilement donner l'impression que les problèmes auxquels s'attaque Wittgenstein dans le *Tractatus* ne sont pas de véritables problèmes et que ce dernier cherche moins à y apporter une solution qu'à s'en débarrasser ; ce qui est tout de même un peu gênant. Il existe aujourd'hui une littérature extrêmement abondante en faveur des, et contre les, lectures « résolues » du *Tractatus*. L'ouvrage de référence sur ce point (autour des travaux de C. Diamond et de J. Conant) reste : A. Crary, R. Read (eds.), *The New Wittgenstein*, New York, Routledge, 2000.

Wittgenstein reste en cela très proche du Russell de 1910 et 1913. Une proposition fausse n'est pas un objet existant dans l'univers indépendamment de notre jugement au même titre que la proposition vraie, mais ce à quoi ne correspond aucun complexe dans l'univers. Ce qui rend presque inévitable de parler d'un « complexe négatif » dans ce cas-là par contraste (mais aussi par analogie) avec le complexe positif dépeint par la proposition vraie est la nécessité de souligner que la vérité et la fausseté ne sont ni des propriétés inanalysables des propositions, ni des propriétés de notre esprit, mais des propriétés logiques de nos jugements en relation avec des faits extra-linguistiques. On parlera donc, dans le cas de la proposition fausse, de fait négatif correspondant ou, au niveau élémentaire, *d'états de choses* non-subsistants (*nicht bestehende Sachverhalte*[1]) même si cela risque de nous induire en erreur sur la nature-même de ces faits : un fait négatif n'est pas un objet d'une espèce différente du fait positif (qui, lui, rend vraie la proposition) mais signifie plutôt le fait que rien n'ait lieu à l'endroit visé par la proposition élémentaire lorsque celle-ci est fausse. Sur ce point, Wittgenstein semble plus proche de Russell que de Meinong alors qu'il utilise paradoxalement dans le *Tractatus* un vocabulaire qui rappelle celui des « objectifs » subsistants et non-subsistants de Meinong.

Mais ici Wittgenstein reste surtout proche de Frege. La notion de lieu logique est en quelque sorte l'équivalent de la notion frégéenne de sens. Elle lui permet de résoudre le problème de l'intentionnalité des jugements faux ; problème que ne permettait pas de résoudre la première théorie russellienne du jugement. Tout jugement élémentaire faux, à défaut de pointer en direction d'un fait du monde, doit décrire ou pointer en direction d'un fait possible. La notion de lieu logique permet non seulement de donner un sens à cette distinction mais elle donne, pour ainsi dire, un « fondement objectif », comme le dit très justement Hyder, à l'idée selon laquelle tout jugement doit, pour exprimer un sens, indiquer de façon non-ambiguë et sans prémisses supplémentaires sa « référence », même lorsque celle-ci n'est pas réalisée[2]. La réification du sens à travers la notion de lieu est la rançon inévitable de la recherche d'une solution logique interne au (double) problème de l'intentionnalité des jugements faux et de l'ambiguité typologique des constituants du jugement (élémentaire) : « Le lieu géométrique et le lieu logique s'accordent en ceci que les deux sont la possibilité d'une existence »[3].

1. Cf. *TLP*, 2.06, 2.062, 2.11.
2. D. Hyder, *The Mechanics*, *op. cit.*, p. 141.
3. *TLP*, 3.411.

Mais qu'en est-il à présent de la notion d'espace logique ? Qu'est-ce qui justifie à son tour son introduction ? De même que Wittgenstein introduit la notion de lieu logique pour des raisons purement logiques en déduisant son existence de celle de la proposition pourvue de sens, de même il introduit la notion d'espace logique en inférant son existence à partir du simple fait que nous sommes capables de comprendre et de définir les principaux connecteurs de la logique propositionnelle classique. Le lien entre l'espace logique et la possibilité de former des jugements complexes au moyen des connecteurs logiques est fait en *Tractatus*, 3.42. Wittgenstein écrit :

> Bien que la proposition ne doive pouvoir déterminer qu'un seul lieu de l'espace logique, l'espace logique doit pourtant être déjà donné par elle dans sa totalité.
> (Sinon, de nouveaux éléments seraient sans cesse introduits – en coordination – par la négation, la somme logique, le produit logique, etc. …)
> (La structure logique autour de l'image détermine l'espace logique. La proposition traverse la totalité de l'espace logique.)

Et aussi, à propos du connecteur logique de la négation :

> On pourrait dire : la négation se rapporte déjà au lieu logique que la proposition niée détermine.
> La proposition négative détermine un *autre* lieu logique que celui de la proposition niée.
> La proposition négative détermine un lieu logique au moyen du lieu logique de la proposition niée en décrivant le premier comme se situant en dehors du second.
> Que l'on puisse nier de nouveau la proposition niée montre déjà que ce qui est nié est déjà une proposition et pas seulement le préliminaire à une proposition[1].

Ces textes posent apparemment un sérieux problème. Comment Wittgenstein peut-il, d'un côté, introduire l'idée d'espace logique en référence aux connecteurs de la logique classique et à la possibilité de former des propositions complexes comme fonctions de vérité de propositions élémentaires – ce qui semble requérir, à tout le moins, un espace propre aux fonctions ou opérations de vérité, voire aux faits correspondant aux propositions complexes – tout en refusant, de l'autre, que des opérations logiques telles que la négation, la conjonction ou la disjonction puissent ajouter de « nouveaux éléments » à l'espace logique des propositions élémentaires et des états de choses – ce qui revient à nier qu'il puisse exister

1. *TLP*, 4.0641.

un autre espace que cet espace-là, un espace des propositions complexes et des faits moléculaires par exemple.

En réalité, ce dilemme n'en est pas vraiment un. Car s'il arrive parfois à Wittgenstein de parler *comme si* les propositions complexes dépeignaient des lieux logiques distincts de ceux que dépeignent les propositions élémentaires, comme si donc l'on devait admettre un autre espace distinct de l'espace des propositions élémentaires et des états de choses possibles, la principale caractéristique de la théorie logique du *Tractatus* est précisément d'éviter ce genre de dualisme. Si les propositions complexes dépeignent réellement quelque chose, elles ne le font, selon le *Tractatus*, qu'*à travers* leur relation aux propositions élémentaires et aux lieux logiques en direction desquelles elles pointent du simple fait que ce sont des combinaisons de signes possibles. Hyder appelle « espace logique-noyau » (*core logical space*) l'espace des propositions élémentaires et des états de choses au moyen duquel s'opère la référence des propositions complexes à des lieux dans l'espace logique. La proposition négative par exemple « détermine » certes un « autre lieu logique » que celui de la proposition niée – ce qui pourrait effectivement donner l'impression qu'elle « dépeint » un lieu distinct dans un autre espace, mais elle ne le fait en réalité, comme le souligne très nettement Wittgenstein, qu'« au moyen du lieu logique de la proposition niée en décrivant le premier comme se situant à l'extérieur du second ». Il existe, selon Wittgenstein, un rapport interne entre la proposition négative et la proposition niée en ce sens que la possibilité de la négation doit déjà être donnée avec la proposition niée. La négation ne fait qu'inverser les pôles de la proposition niée sans dépeindre quoi que ce soit par elle-même. Elle présuppose que la proposition niée est déjà intrinsèquement bipolaire, c'est-à-dire pointe en direction d'une existence possible dans l'espace des états de choses possibles.

Ainsi, la seule chose qui soit réellement nécessaire pour comprendre $\sim$p, de même que les autres fonctions de vérité (conjonction, disjonction, etc. ...), est simplement de comprendre le sens de la proposition niée. Si je comprends le sens de p (autrement dit, si je sais quel état de choses rendrait vraie cette proposition en se produisant), alors m'est donné du même coup le sens de $\sim$p mais aussi celui de $\sim\sim$p, $p \wedge q$, $p \vee q$, etc. À supposer donc que l'on admette l'existence d'un espace propre aux propositions complexes et aux faits (dépeints par elles), cet espace devrait déjà m'être donné avec les possibilités de vérité des propositions élémentaires (et corrélativement l'ensemble des états de choses possibles). Cette idée exprimée par Wittgenstein en 3.42 est fondamentalement liée à deux thèses importantes du Traité : 1) la thèse selon laquelle les « constantes logiques ne sont les représentants de rien » (*Tractatus*, 4.0312); 2) celle selon laquelle les fonctions de vérité doivent être elles-mêmes définies en termes d'accord et de désaccord avec les *possibilités* de vérité des propositions élémentaires (*Tractatus*, 4.4).

Variétés, multiplicité, dimensions : esquisse d'une théorie spatiale du symbolisme

Nous nous sommes attachés jusqu'ici à expliquer les raisons de l'introduction des notions de lieu et d'espace logiques sans interroger la pertinence de l'analogie spatiale pour penser les conditions de tout jugement signifiant. Or ceci ne peut être fait qu'en prenant en compte l'autre fil, néo-kantien, de l'héritage de la notion d'espace logique. Ce n'est qu'en réinterprétant les résultats obtenus dans le domaine de la philosophie de la logique à la lumière du concept mathématique de variété que Wittgenstein a pu donner une portée sémantique beaucoup plus large à ce concept. L'espace logique désigne alors non seulement l'ensemble des lieux entourant chaque lieu visé par une proposition élémentaire (dans l'espace des états de choses possibles), mais aussi plus généralement l'espace syntaxico-sémantique de projection d'une variété sur une autre (la variété-monde sur la variété-langage)[1].

Dans ce qui suit, nous nous proposons de montrer que ce qui fonde implicitement l'usage par Wittgenstein d'une analogie spatiale pour penser les conditions de tout jugement signifiant est son interprétation du langage et de ce qu'il représente comme deux variétés isomorphes. Wittgenstein développe dans le *Tractatus* ce qu'on pourrait appeler, à la suite de Hyder, une « théorie spatiale du symbolisme » fondée sur l'idée d'une correspondance systématique entre les propriétés logiques des signes et de ce

1. À vrai dire, il est plus facile de comprendre le rôle logique, sémantique ou ontologique de cette notion que de savoir à quoi réfère au juste l'expression « espace logique ». Par « espace logique », Wittgenstein désigne apparemment prioritairement l'espace que forment entre eux les états de choses possibles autour de l'objet en vertu-même de ses possibilités de combinaison (dans des états de choses). C'est explicite en 2.013 et implicite en 2.11, 2.202 et 3.4. En revanche, la proposition 3.42 semble suggérer autre chose. Elle suggère que l'espace logique est l'espace syntaxico-sémantique de projection qui entoure l'image et que l'image traverse (*durchgreift*) en pointant en direction d'un lieu unique dans l'espace des états de choses possibles. Cette acception de l'expression « espace logique » est négligée par Granger dans sa tentative de recensement des différents espaces logiques dans le *TLP*. *Cf.* G.-G. Granger, « L'espace logique dans le *Tractatus* », *L'âge de la science*, 3, 1968, p. 180-195; repris dans G.-G. Granger, *Invitation à la lecture de Wittgenstein*, Aix en Provence, Alinéa, 1990.

qu'ils signifient et les propriétés topologiques des variétés en relation de congruence (la variété-langage et la variété-monde).

Nous développerons trois points qui correspondent à notre avis aux principales caractéristiques de cette théorie. Le premier concerne le rôle du signe propositionnel et de sa structure. Wittgenstein défend dans le *Tractatus* l'idée selon laquelle le signe propositionnel sélectionne, par ses propriétés structurales (paradigmatiquement, par la disposition spatiale relative de ses éléments), un état de choses de même structure dans l'espace logique des états de choses. Cet état de choses correspond au *sens* de la proposition exprimé par les propriétés de structure du signe propositionnel. Le second point concerne ce que l'on pourrait appeler le double aspect, longitudinal et transversal, de l'analogie spatiale. Le signe propositionnel de la proposition élémentaire sélectionne, certes, par la disposition spatiale de ses éléments et leur corrélation terme à terme avec ceux du fait dépeint un fait possible de même structure dans l'espace des états de choses possibles (aspect *longitudinal* de l'analogie spatiale). Mais en tant que membre d'une classe de signes partageant les mêmes propriétés formelles (dénotées par les signes variables d'une notation quantificationnelle), il sélectionne une classe d'états de choses possibles partageant ces mêmes propriétés (aspect *transversal* de l'analogie). La thèse que nous défendrons est que le postulat de l'identité de multiplicité logique des deux « espaces » (que forment le langage et le monde) ne se met à avoir de réelle pertinence sémantique que lorsqu'on prend en compte ces deux aspects de l'analogie. Le dernier point concernera précisément le concept (d'identité) de multiplicité logique. Nous montrerons que c'est le parallèle entre le nombre, l'ordre et les dimensions d'une variété en mathématiques et le nombre, l'ordre et le type logique des éléments dans un jugement atomique en logique qui justifie implicitement l'usage de ce concept *logico-mathématique* comme concept sémantique central du *Tractatus*.

Nous avons vu que la seule façon, d'après Wittgenstein, d'éviter les difficultés identifiées dans les théories russelliennes du jugement, en particulier celles liées à l'expression des contraintes typologiques, est de développer une « théorie correcte du symbolisme » qui prévienne les substitutions illicites de signes et rende ainsi superflue toute *théorie* des types. La théorie du symbolisme qu'il développe à partir de 1914 a pour principale caractéristique de replacer le *signe* propositionnel au centre de sa réflexion sur les propriétés logiques de tout langage signifiant. Selon lui, la seule façon de bloquer la menace de régression à l'infini dans l'expression des conditions du jugement signifiant et, donc, de garantir *dès le départ* que chaque proposition élémentaire pointe en direction d'un lieu unique dans l'espace logique est de postuler que les propriétés formelles des objets et des faits dépeints s'expriment d'elles-mêmes dans les *propriétés de structure* du *signe* utilisé (pour les représenter) sans qu'il soit possible de les représenter à leur tour dans un langage de niveau supérieur[1]. Nous verrons plus loin quelles sont ces propriétés de structure. Pour le moment, voyons quel est leur rôle dans la théorie tractatuséenne du symbolisme.

En 3.1 et suivants, Wittgenstein distingue le « signe propositionnel » qui correspond à l'aspect sensible ou « sensiblement perceptible » de la proposition de la proposition elle-même qui correspond plutôt à l'ensemble du couple : signe propositionnel + relation projective de ce signe au monde (3.12). La proposition n'exprime réellement une pensée que lorsqu'on utilise le signe propositionnel comme projection d'une situation (*Sachlage*) possible (3.11). C'est l'application (*Anwendung*), au sens de la relation sémantique fondamentale de projection de la réalité sur le signe, qui fait du signe propositionnel l'expression d'un contenu sémantique déterminé. Si l'on admet cela, il semblerait que le signe propositionnel n'ait pas de rôle particulier à jouer d'un point de vue sémantique ou, tout au moins, pas d'autre rôle que celui de rendre sensible ce qui ne l'est pas et qui pourtant est seul susceptible d'une valeur de vérité : la pensée (3.1, 3.12). En réalité, ce n'est pas le cas. Le signe propositionnel a bien un rôle à jouer dans la « théorie » tractatuséenne du symbolisme. C'est même par la seule inspection de la nature du signe propositionnel que l'on peut parvenir, selon Wittgenstein, à se faire une idée précise du genre de chose qu'est une proposition (*Satz*) par distinction d'avec un nom.

Une proposition n'est pas pour Wittgenstein une *entité* linguistique (et *a fortiori* non-linguistique) qui se distinguerait d'un nom par un degré de complexité plus grand. La proposition est un *fait* qui se définit, à la différence du nom, par une articulation logique intrinsèque (3.141-3.142) et c'est cette articulation logique qui la rend susceptible d'une valeur de vérité. Les propositions, à la différence des noms, ont un sens (3.144). Ce sens coïncide avec la situation possible dépeinte par la proposition élémentaire dans l'espace des états de choses possibles (2.201-2.203, 2.221). Mais, et c'est là le point important, cette différence catégoriale des deux signes ne se manifeste qu'à la faveur d'une clarification de l'« essence » du *signe* propositionnel. Or il est frappant que, pour opérer cette clarification, Wittgenstein fasse usage d'une analogie entre la structure du signe propositionnel et la

1. Cf. *TLP*, 4.122.

disposition relative des objets les uns par rapport aux autres dans un *fait spatial* :

> L'essence du signe propositionnel devient très claire si nous l'imaginons composé d'objets spatiaux (par exemple, de tables, de chaises et de livres) au lieu de signes écrits.
> La position spatiale réciproque de ces choses exprime dans ce cas le sens de la proposition. (3.1431)
> Non pas : « Le signe complexe "aRb" dit que *a* est dans la relation R à *b* », mais : *que* "*a*" soit dans une certaine relation à "*b*" dit *que* aRb ». (3.1432)

Le raisonnement est à peu près le suivant : la différence de catégorie entre une proposition et un nom ne devient manifeste que lorsqu'on parvient à se faire une idée suffisamment claire de la nature du signe propositionnel. Or, de même que la nature dépictive de la proposition est masquée par sa forme linguistique apparente (4.011), de même la nature *factive* du signe propositionnel est masquée par l'aspect physique du signe. Le signe propositionnel correspond à l'aspect sensiblement perceptible du symbole (du signe pris avec ses règles d'usage). La proposition est elle-même un symbole (3.31). Le signe propositionnel correspond dans ce symbole à ce qui est immédiatement perceptible par la vue (les caractères imprimés sur le papier) ou par l'ouie (les sons du langage parlé). Mais cet aspect du symbole ne nous livre pas paradoxalement la *nature* du signe propositionnel. Celle-ci ne se laisse saisir que si l'on substitue en pensée aux éléments dont se compose le signe propositionnel (la suite linéaire des caractères imprimés sur le papier dans le cas du signe propositionnel écrit par exemple) des objets physiques (tables, chaises, livres) entretenant entre eux certaines relations spatiales non-linéaires (la chaise est appuyée *contre* la table, le livre est *sur* la table, la table est *derrière* la chaise). L'analogie spatiale a alors une fonction clarificatrice. Elle permet de se représenter le signe propositionnel comme ce qu'il est vraiment, à savoir non pas comme une suite ou une juxtaposition de caractères mais comme un arrangement déterminé d'éléments (3.14).

C'est toute la différence entre un fait et un complexe. Un complexe est un ensemble de choses reliées par une relation reliante. Cette relation reliante est symbolisée dans le symbole complexe par un nom de relation (R par « R »). Elle est un composant du complexe au même titre que les objets ou particuliers qui le composent. Un fait ne consiste pas en particuliers reliés par une relation reliante mais en un ensemble de composants (particuliers, propriétés) auxquels s'ajoute une certaine *manière* qu'ont ces composants de se rapporter les uns aux autres. Un fait a une *structure* (2.032). Cette structure est une *manière* et non un composant du fait lui-même[1].

Tel est le sens de la critique que Wittgenstein adresse dès 1913 à Russell. Russell confond fait et complexe en concevant tout fait sur le modèle d'un complexe spatial[2]. Wittgenstein renverse l'analogie : si l'on conçoit le signe propositionnel complexe sur le modèle d'un *fait* spatial, par exemple sur le modèle de la configuration déterminée d'éléments que forment un livre, une table et une chaise en étant disposés d'une certaine manière les uns par rapport aux autres, alors l'essence du signe propositionnel devient tout à fait claire. Il devient aussi tout à fait clair que la proposition se distingue d'un nom complexe en ceci que la position respective des éléments lui confère une potentialité de signification qui, si elle est réalisée, fait d'elle une proposition vraie. La proposition, à la différence du nom, a un sens; ce qui veut dire qu'elle pointe en direction d'un état de choses possible qui, selon qu'il s'accorde ou non en se produisant avec la forme de cette proposition, fait que cette proposition est vraie ou fausse. Le signe propositionnel *exprime* ce sens. Il le rend sensiblement perceptible par la disposition pour ainsi dire spatiale de ses éléments.

Tel est également le sens de l'exemple pris en 3.1432. Ce qui symbolise en effet, selon Wittgenstein, dans un signe complexe tel que « aRb », ce ne sont pas les éléments du complexe propositionnel pris séparément – puisque cela reviendrait à traiter, comme Russell, la relation comme un composant à part entière du complexe propositionnel – mais leur position spatiale relative dans le *signe propositionnel* « aRb ». Ce qui symbolise ici, c'est *le fait que*, dans le signe complexe en question, *a* se trouve *à la gauche* de *b* et *b à la droite* de *a*, et ce, dans un complexe de la forme *x*R*y* où « R » ne désigne rien par lui-même.

L'avantage de cette manière de concevoir les propositions atomiques est qu'elle fait du *sens* exprimé par le signe propositionnel (de la bipolarité) quelque chose d'intrinsèque à la proposition elle-même[3]. Mais le point décisif est la « réhabilitation » par cette théorie « des propriétés

1. Par où l'on voit que Wittgenstein adhère à une conception *compositionnelle* (par opposition à *linguistique*) du fait dont la principale caractéristique est d'éviter de réifier la structure en en faisant un composant réel du fait lui-même. Voir sur ce point A. Newman, *The Correspondance Theory of Truth : An Essay on the Metaphysics of Predication*, Cambridge, Cambridge UP, 2002, chap. 6.

2. Cf. *NL*, dans *NB*, p. 93, note 1.

3. Cf. *TLP*, 2.203 : « L'image *contient* la possibilité de la situation qu'elle présente »; 2.221 : « Ce que l'image présente est son *sens*. » (nous soulignons); voir aussi 4.061, 4.063 et 4.064.

structurales du signe propositionnel »[1]. C'est notamment en postulant que l'ordre intrinsèque des éléments (lui-même pensé sur le modèle de la position réciproque d'objets physiques dans l'espace) au sein d'un jugement atomique sélectionne un état de choses unique dans l'espace des états de choses possibles que Wittgenstein peut éliminer les problèmes liés chez Russell à la nécessité de recourir à une théorie des types pour garantir la référence non-ambiguë des éléments du jugement propositionnel.

Le rapport du signe propositionnel à un état de choses (possible) ne représente pourtant qu'un aspect de l'analogie spatiale : son aspect *longitudinal*. C'est sans doute celui auquel Wittgenstein fait le plus souvent référence dans le *Tractatus*. Mais ce n'est pas le plus décisif pour comprendre la pertinence de la notion d'espace logique d'un point de vue sémantique. Il est vrai qu'il ne dit jamais explicitement dans cet ouvrage que les propositions élémentaires forment entre elles un « espace » reflétant les possibilités de combinaison des objets au sein d'états de choses ou de situations possibles; encore moins que le langage et le monde forment deux *espaces isomorphes*.

On peut néanmoins estimer avec Hyder que les principaux points de sa théorie du jugement propositionnel *reviennent* à défendre une théorie spatiale des conditions de la représentation linguistique en un sens certainement beaucoup moins métaphorique que celui dans lequel nous avons parlé jusqu'ici des propriétés « spatiales » du signe propositionnel. Hyder recense cinq articles fondamentaux constitutifs de cette théorie :

> (i) Une proposition élémentaire est un fait qui, lorsqu'elle est vraie, se tient dans une relation de dépiction ou d'application à un fait correspondant.
> (ii) Des groupes de propositions élémentaires ont une forme en commun aussi bien que les groupes de faits correspondants.
> (iii) Cette forme est déterminée par les objets qui constituent les faits, d'un côté, et les noms qui constituent les propositions, de l'autre.
> (iv) Les objets et les noms sont, par conséquent, également organisés en groupes de sorte que toutes les combinaisons possibles de noms, d'un côté, et d'objets, de l'autre, forment des groupes isomorphes – les groupes de propositions et de faits de (ii).
> (v) Les objets, les noms et leur appartenance à un groupe sont invariants : si un nom appartient à un groupe donné et a une dénotation donnée, cette dénotation comme cette appartenance sont fixées[2].

1. La formule est de D. Hyder, *The Mechanics*, *op. cit.*, p. 110.
2. D. Hyder, *The Mechanics*, *op. cit.*, p. 50-51.

Il faut distinguer deux cas ici qui correspondent aux deux aspects de l'analogie spatiale précédemment distingués :

1) celui de la proposition élémentaire *individuelle* dans son rapport au fait atomique individuel correspondant dans l'espace logique des faits atomiques (aspect *longitudinal*) ;

2) celui de la proposition élémentaire individuelle dans son rapport à la *classe* des signes partageant les mêmes propriétés formelles et, corrélativement, de l'état de choses individuel à la *classe* des états de choses possibles partageant ces mêmes propriétés (aspect *transversal* de l'analogie).

Une proposition élémentaire individuelle sélectionne par sa *structure* (par l'arrangement « spatial » des éléments dont se compose le signe propositionnel) un fait atomique individuel de même structure dans l'espace logique des états de choses possibles (2.15, 3.21). Elle doit, en outre, partager avec le fait dépeint une forme (la forme logique de dépiction) que Wittgenstein définit comme la possibilité de l'identité structurale des deux faits (2.151) et qui est déterminée au niveau élémentaire par les possibilités syntaxiques de combinaison inhérentes aux noms (dans la proposition élémentaire) et aux objets (dans l'état de choses dépeint) (2.014-2.0141). Pour assurer la coordination univoque de chaque proposition élémentaire à *un* fait atomique possible (à un *lieu* unique de l'espace logique), chaque élément de l'image propositionnelle doit en outre être conventionnellement corrélé à un élément du fait dépeint (2.1514, 4.0311-4.0312). Wittgenstein résume tout cela en disant que la proposition (élémentaire) doit être logiquement (et non numériquement) identique au fait atomique dépeint (2.161). Elle doit posséder, en d'autres termes, la même multiplicité logique (4.04).

Mais il est tout aussi essentiel à une proposition élémentaire en tant qu'image de faire partie d'une classe de propositions équivalentes partageant les mêmes propriétés formelles, de même qu'il est essentiel à un état de choses (l'état de choses dépeint par la proposition élémentaire individuelle) de pouvoir être collecté comme membre d'une classe d'états de choses partageant ces mêmes propriétés. Hyder souligne à ce propos très justement la chose suivante :

> Dire qu'un complexe a une caractéristique structurale particulière implique une référence implicite à d'autres complexes possibles ayant cette structure, et cela vaut autant pour les signes propositionnels que pour les faits correspondants. [...] Être collecté avec d'autres symboles (et d'autres faits) de même structure n'est pas une caractéristique accidentelle mais essentielle du signe propositionnel élémentaire et de son corrélat : le *Sachverhalt*. Le fait élémentaire, comme le point spatial, peut être conçu

> comme un élément dans une variété d'éléments similaires, chacun d'entre eux partageant sa constitution essentielle; et la proposition élémentaire est située dans une variété isomorphe de propositions structuralement identiques [1].

Si l'on prend en compte ce second aspect de l'analogie spatiale (son aspect *transversal*), on voit alors que la condition qui s'appliquait à l'image propositionnelle individuelle dans son rapport au fait (atomique) individuel (à savoir, qu'ils possèdent la même multiplicité logique) s'applique aussi au rapport entre les deux variétés (*manifolds*) que forment, d'un côté, l'ensemble des propositions élémentaires et, de l'autre, l'ensemble des états de choses possibles par la possession de propriétés formelles communes.

Il faut bien le reconnaître : Wittgenstein ne s'exprime pas toujours aussi clairement dans le *Tractatus*. Il ne dit pas par exemple que le langage et le monde forment deux *espaces* au sens de deux *variétés isomorphes*. Il existe pourtant certains passages dans lesquels il exprime clairement l'idée qui sert implicitement de fondement à cette analogie. Cette idée est la suivante : il doit exister une relation *interne* entre une proposition élémentaire et la classe des propositions qui partagent la même forme et, aussi, entre un fait atomique et la classe de tous les faits atomiques de même forme analogue à celle qui existe entre l'élément d'une variété (le point spatial par exemple) et l'ensemble des éléments qui en partagent les propriétés essentielles (l'ensemble des points dans un système de coordonnées cartésien par exemple). Cette idée est au cœur de sa théorie des prototypes logiques (*logische Urbilder*), comme elle est au cœur de sa théorie de la quantification. Dans les deux cas, Wittgenstein postule qu'il existe une structure de classe commune à un ensemble d'éléments (l'ensemble des propositions élémentaires ou des faits atomiques de telle ou telle forme) au moyen de laquelle ceux-ci peuvent être sélectionnés sans que cette structure puisse elle-même être décrite. Elle *se montre* simplement dans les propriétés du symbole utilisé pour la représenter.

Dans le *Tractatus*, Wittgenstein insiste davantage sur le processus grâce auquel nous pouvons parvenir à générer un prototype logique (par la mise en variable progressive des parties constituantes de la proposition) que sur ce que présuppose la possibilité de parvenir à une telle image logique primitive [2]. Il est pourtant clair que ce que nous obtenons par la mise en variables de toutes les parties de la proposition est un symbole variable

1. D. Hyder, *The Mechanics*, *op. cit.*, p. 110-112.
2. Dans les *NL*, Wittgenstein insiste davantage sur ce dernier point. Cf. *NB*, p. 101.

décrivant toute une classe de propositions au moyen d'une propriété formelle commune à l'ensemble des membres de cette classe (3.315). Les différents membres de cette classe sont les valeurs de la variable propositionnelle, la variable dénotant quant à elle cette caractéristique formelle commune (3.317). Pour que le prototype logique puisse sélectionner une classe de propositions d'un certain type, il faut donc supposer que ces propositions se caractérisent essentiellement par une certaine structure de classe reflétée par les propriétés de l'*Urbild*. Cette supposition est particulièrement nette en 3.311 même si elle concerne davantage les parties dont se compose la proposition (élémentaire) que la proposition élémentaire elle-même. Wittgenstein définit l'expression ou le symbole à la fois comme ce qui « caractérise le sens » de la proposition dont il est une partie et comme « ce que des propositions peuvent avoir en commun les unes avec les autres » (3.31). La proposition élémentaire se compose de parties qui, si elles sont déterminantes pour son sens, doivent pouvoir figurer dans d'autres propositions (d'autres contextes propositionnels atomiques) dont elles contribuent aussi à déterminer le sens. Chaque proposition élémentaire est ainsi en relation interne (via l'expression) avec toute une classe de propositions qui ont en commun une certaine forme syntaxique (*i.e.* certaines possibilités de combinaisons de leurs éléments) mais aussi un certain contenu du fait qu'elles sont des combinaisons de signes possibles. Chaque symbole (proposition) possédant cette forme peut donc dépeindre n'importe quel fait la possédant : « L'expression présuppose les formes de toutes les propositions dans lesquelles elle peut figurer. Elle est la marque caractéristique commune d'une classe de propositions » (3.311).

Le deuxième passage dans lequel cette idée se trouve impliquée est un passage dans lequel Wittgenstein passe sans explication d'une série de remarques sur les propriétés logiques de la proposition (élémentaire) individuelle à une remarque sur les propriétés qui devraient être celles d'une notation de généralité. Nous avons déjà partiellement cité ce passage. En voici une version plus complète :

> Il doit y avoir exactement autant [d'éléments] à distinguer dans la proposition que dans la situation qu'elle dépeint.
> Les deux doivent posséder la même multiplicité logique (*mathématique*). (Comparer avec la « Mécanique » de Hertz sur les modèles dynamiques). (4.04)
> Cette multiplicité *mathématique* [*mathematische Mannigfaltigkeit*] ne peut naturellement pas être à son tour dépeinte. On ne saurait se placer en dehors d'elle pour la dépeindre. (4.041)
> Si nous voulions, par exemple, exprimer ce que nous exprimons au moyen de « (x)fx » en utilisant un indice devant « fx » – quelque chose comme :

> « Gén.fx » –, cela ne serait pas satisfaisant – nous ne saurions pas ce qui a été généralisé. Si nous voulions l'indiquer par un indice « g » – comme par exemple dans : « f(x_g) – cela ne serait pas non plus satisfaisant – nous ne connaîtrions pas la portée de la notation de généralité.
> Si nous voulions essayer (de le faire) par l'introduction d'une marque dans les places d'argument – disons : « (G, G). F(G, G) » – ce ne serait pas satisfaisant – nous ne pourrions fixer l'identité des variables. Etc. …
> Toutes ces notations sont insatisfaisantes parce qu'elles n'ont pas la multiplicité mathématique nécessaire [*die notwendige mathematische Mannigfaltigkeit*]. (4.0411)

Le moins que l'on puisse dire est que la transition entre ces deux séries de remarques (4.04-4.041 et 4.0411) n'est pas explicite. En quoi une réflexion sur les propriétés d'une notation de généralité s'impose-t-elle ici ? Quel rapport y a-t-il entre les propriétés de la notation quantificationnelle (dont Wittgenstein considère ici qu'elle est la *bonne* notation[1]) et les propriétés qui doivent être celles de toute proposition élémentaire individuelle en tant qu'image d'une situation possible ?

L'argument, une fois reconstruit, se présente comme une simple variante de celui qui concerne la bonne façon de garantir la détermination du sens du jugement propositionnel élémentaire[2]. Notons qu'il prend, une nouvelle fois, la forme d'une *reductio ad absurdum* comme dans le cas de la critique de la théorie russellienne des types appliquée à sa théorie du jugement. Mais ce n'est pas tant sur la forme de l'argument que nous voudrions ici insister que sur la conclusion que Wittgenstein en tire en rapport avec les conditions énoncées en 4.04-4.041 à propos de la proposition élémentaire individuelle.

Wittgenstein est tout à fait clair ici sur le fait qu'aucune des différentes notations de généralité envisagées n'est réellement satisfaisante parce qu'aucune ne remplit la condition que doit remplir toute proposition élémentaire individuelle, à savoir avoir la multiplicité logique (mathématique) de la situation dépeinte. Cette conclusion négative peut être exprimée sous une forme plus positive : de même qu'une proposition élémentaire doit posséder individuellement autant d'éléments que la situation dépeinte pour pouvoir en être l'image, de même une notation de

1. Anscombe parle à juste titre de « l'excellence » de la notation quantificationnelle pour Wittgenstein dans *An Introduction to Wittgenstein's Tractatus* (désormais cité *An Introduction*), London, Hutchinson University Library, 1959, p. 139.

2. Nous nous inspirons ici du travail de reconstruction déjà effectué par Hyder. Pour un commentaire détaillé et minutieux de ce passage, *cf.* D. Hyder, *The Mechanics*, *op. cit.*, p. 131-151.

généralité, pour être réellement satisfaisante, doit avoir la multiplicité de ce qu'elle représente. Mais précisément, que représente-t-elle? Et surtout, quel est le rôle d'une notation de généralité?

Le rôle d'une notation du général (comme la notation quantificationnelle par exemple) est étroitement lié dans l'esprit de Wittgenstein à son interprétation des propositions générales comme descriptions d'une classe de propositions au moyen d'une propriété formelle commune à tous les membres de cette classe. Une proposition universellement quantifiée telle que « (x)fx » ne doit pas être interprétée, selon lui, de la manière suivante : pour tout *x*, *x* a la propriété *f* mais plutôt comme la description de toute une *gamme* de propositions qui sont les valeurs possibles d'une fonction (d'une *variable*, pour le Wittgenstein du *Tractatus*) propositionnelle (3.317, 5.501)[1]. Dans un symbole tel que « (x)fx », la fonction *fx* décrit une classe de propositions : la classe de toutes les fonctions prédicatives (fa.fb.fc…fz). La notation de généralité opère donc une coupe au sein de la variété-langage en sélectionnant des phrases d'une certaine forme que rend visible le schéma (prototype) logique obtenu par la mise en variable des parties de la proposition[2]. Elle montre de cette manière quelles propositions peuvent être obtenues comme valeurs possibles de la fonction propositionnelle en question[3].

Ce que veut donc dire Wittgenstein en 4.0411 est qu'une notation de généralité ne peut réellement être considérée comme satisfaisante que si elle permet de réaliser la tâche d'une notation quantificationnelle, à savoir sélectionner une classe de propositions au moyen d'une caractéristique formelle commune. Et elle ne peut le faire que si elle *partage* avec la pluralité de propositions dépeintes (par la fonction *fx*) les mêmes propriétés logiques. La même condition s'applique donc rigoureusement à la proposition élémentaire individuelle dans son rapport à la situation dépeinte et à une notation de généralité dans son rapport à la classe des propositions

1. *Cf.* également, *WL 30-32*, p. 10-11.

2. En 3.1432, il est clair que le prototype logique obtenu permet de sélectionner toute une classe de propositions qui ont pour propriété formelle commune d'être des propositions *relationnelles* (elles ont en commun une forme qui est celle des complexes dyadiques : xRy) ; tandis qu'en 5.5261, la généralisation complète de la proposition permet de sélectionner la classe des propositions de forme *prédicative* : (∃x, ϕ).ϕx. Cette sélection est arbitraire parce que le choix des parties de la proposition est affaire de convention. (3.315) Ce qui ne l'est pas, en revanche, est que toute une classe de propositions aient en commun cette forme une fois fixé ce que l'on tient pour *parties* de la proposition généralisée.

3. Elle ne dit rien, en revanche, de la valeur de vérité de ces propositions. Seule leur *forme* est concernée.

sélectionnées par le signe de généralité. Dans les deux cas, elles doivent posséder la multiplicité logique (mathématique) de ce qui est dépeint. Ceci présuppose bien entendu que chaque proposition atomique individuelle soit en rapport interne avec une classe de propositions de la même forme et, corrélativement, que chaque fait atomique dépeint fasse partie d'un espace de faits partageant les mêmes propriétés de structure. Mais précisément que sont ces propriétés de structure? Que recouvre exactement le concept de multiplicité (*Mannigfaltigkeit*) ou plutôt d'identité de multiplicité logique en tant que concept sémantique fondamental?

Wittgenstein reste relativement évasif sur ce point dans le *Tractatus*. En 4.04, il affirme simplement qu'il «doit y avoir exactement autant [d'éléments] à distinguer dans la proposition que dans la situation qu'elle dépeint». Il est pourtant clair que le concept d'identité de multiplicité logique inclut davantage que l'équinuméricité des deux faits – le fait propositionnel (atomique) et le fait (atomique) dépeint. Une étude génétique de la proposition 4.0411 montre que ce concept inclut non seulement le nombre des éléments mais aussi leur type logique – les éléments doivent être, de part et d'autre, du type approprié – et leur ordre – ils doivent être, de part et d'autre, dans la même disposition «spatiale»[1]. Ce que veut dire ainsi Wittgenstein en 4.0411 est que toute notation de généralité satisfaisante doit déterminer, au moyen d'une liste préfixée de termes variables, le type, le nombre et l'identité des variables sur lesquelles s'opère la quantification pour que la proposition généralisée ait un sens parfaitement déterminé; pour qu'elle puisse, en d'autres termes, accomplir sa tâche qui est de sélectionner une classe de propositions ayant les mêmes propriétés logiques formelles. Et c'est justement parce qu'*aucune* des trois notations envisagées en 4.0411 ne remplit cette condition (n'a «la multiplicité mathématique nécessaire») qu'elles ne peuvent être considérées comme satisfaisantes[2].

1. Pour une étude génétique détaillée de la proposition 4.0411, *cf.* D. Hyder, *The Mechanics*, *op. cit.*, p. 106-107.

2. D'après les indications de l'auteur, il est clair que la première notation a le défaut de ne pas préciser *quelle* partie de la fonction est généralisée – laquelle est constante et laquelle est variable; que la deuxième remplit bien cette fonction mais n'indique pas la portée de la généralisation – on se sait pas par exemple si, dans une expression du type : $fx_a \vee gx_a$, la quantification porte seulement sur le premier ou sur les deux membres disjoints – et que la troisième présente le défaut de ne pas fixer l'identité ou la non-identité des variables qui figurent aux places d'argument de la fonction et dans la parenthèse de quantification [(G, G) F(G, G)]. Elle ne permettrait pas, par exemple, de distinguer $(x, y)\phi(x, y) \vee \psi(x, y)$ de $(x, y)\phi(x, y) \vee \psi(y, x)$. Sur ces points, *cf.* E. Anscombe, *An Introduction*, *op. cit.*, p. 140; D. Hyder, *The Mechanics*, *op. cit.*, p. 146.

Il existe donc bien un présupposé commun à la théorie des prototypes logiques et à la théorie de la quantification. Wittgenstein postule qu'il existe un ensemble de propriétés formelles communes à tous les membres d'une même classe (de propositions élémentaires, d'un côté, de faits atomiques, de l'autre) et que les propriétés de ces *espaces* (au sens mathématique du terme) font partie des propriétés que la proposition élémentaire individuelle doit intrinsèquement posséder pour pouvoir dépeindre de façon univoque un fait atomique dans l'espace des faits atomiques. Ces propriétés que Wittgenstein regroupe sous l'expression générique de « multiplicité logique » sont essentiellement celles de *variétés mathématiques*. C'est pourquoi lorsqu'il parle des propriétés formelles qui doivent être généralement celles des deux espaces que forment entre elles les propositions élémentaires et, corrélativement (entre eux) les faits atomiques, Wittgenstein utilise plutôt le concept *mathématique* de multiplicité.

Ce qui justifie en dernière instance l'utilisation d'une analogie spatiale pour penser le rapport du langage au monde est le parallèle qu'effectue constamment Wittgenstein de façon implicite dans le *Tractatus* entre les propriétés logiques des signes et des faits (en tant que membres d'une classe de signes et de faits) et les propriétés internes des éléments d'une variété mathématique de quelque nature que ce soit (perceptive, physique ...). Une variété est, rappelons-le, un système de différences dont les éléments sont déterminables de multiples fois au moyen de *n* coordonnées variables. Parmi les propriétés internes d'une variété figurent la propriété d'avoir des dimensions (la dimensionalité), le nombre de ses éléments et les relations d'ordre entre ces éléments. À ces différentes propriétés correspondent *en logique* le nombre des éléments dans un jugement propositionnel atomique, leur ordre au sein du complexe propositionnel jugé et le type logique de ces éléments. Ces propriétés sont incarnées respectivement par les noms et leurs référents (il doit y avoir autant de noms dans la proposition élémentaire que d'objets dans le fait atomique dépeint), la configuration (ou structure) qu'ils forment au sein du jugement atomique et du fait dépeint (ils doivent être, de part et d'autre, dans la même position réciproque les uns par rapport aux autres) et leurs types (les types de noms) symbolisés par des variables différentes. Ces variables dénotent, comme dans le cas d'une variété mathématique, les dimensions de l'espace en question. Les types ou dimensions correspondent, quant à eux, à une classe de termes intersubstituables, c'est-à-dire à l'ensemble des valeurs possibles d'une variable. Ils servent de coordonnées de la variété tandis que le prototype logique (*Urbid*) correspond à la totalité de cette variété, c'est-à-dire à l'ensemble de tous les faits possibles[1].

Ce jeu de correspondances reste largement implicite dans le *Tractatus*. Il existe pourtant un passage dans lequel celui-ci transparaît nettement :

> Il ne s'agit que de ceci : construire un système de signes d'un nombre déterminé de *dimensions* – d'une multiplicité *mathématique* déterminée[2].

L'introduction de la notion d'espace logique permet paradoxalement à Wittgenstein de résoudre par un argument entièrement *a priori* les difficultés auxquelles est pourtant censée répondre l'idée d'un langage élémentaire (d'un calcul de base) reflétant isomorphiquement la structure topologique de l'espace des faits élémentaires. En déduisant simplement de l'existence de la proposition pourvue de sens celle de lieux logiques dépeints univoquement par les propositions élémentaires (indépendamment de leur valeur de vérité) et, plus généralement, de deux variétés isomorphes (la variété-langage et la variété-monde) dont la structure topologique de l'une reflète celle de l'autre, Wittgenstein peut résoudre dans le *Tractatus* le problème de la détermination du sens sans avoir pour cela à faire appel ni à une capacité épistémique spéciale du sujet (l'accointance avec des faits de la forme logique de nos propositions), ni à une théorie interdisant les combinaisons illicites de signes (la théorie des types de Russell). Si tout ce qui est pertinent pour garantir cette détermination sont les caractéristiques générales de l'espace logique, alors il est non seulement impossible mais même totalement superflu de spécifier la nature épistémologique ou catégorie sémantique des constituants de cet espace. Il importe peu, en d'autres termes, de savoir si les *termini* de l'analyse *sont* des objets d'expérience immédiate ou, au contraire, les résidus d'une analyse physicaliste des corps et/ou de l'expérience sensorielle en points. Puisque les seules propriétés pertinentes d'un point de vue sémantique sont les propriétés *logiques et mathématiques générales* du langage et du monde, il suffit de postuler que ces deux variétés possèdent le même nombre d'éléments, la même structure catégoriale (typologique) et les mêmes possibilités d'arrangements (de leurs termes) pour en inférer l'idée qu'il doit exister des objets qui correspondent au terme d'une analyse complète.

Pour autant, cette manière de résoudre le problème n'exclut pas que la nature des constituants de l'espace logique *puisse* être requalifiée *après*

1. *Cf.* sur ce point, D. Hyder, *The Mechanics*, *op. cit.*, p. 112.
2. *TLP*, 5.475. *Cf.* également *TB*, p. 149 ; *PT*, 5.3072.

coup en référence à tel ou tel modèle épistémologique d'analyse[1]. Mais qu'est-ce qui détermine dans ce cas l'exemplarité des exemples ? Qu'est-ce qui rend des « choses » aussi différentes que les points du champ visuel ou des taches monochromes aptes à exemplifier l'idée du simple ?

OBJETS, TACHES COLORÉES, POINTS MATÉRIELS
L'EXEMPLARITÉ DES EXEMPLES

Une des questions le plus souvent débattues dans la littérature sur le *Tractatus* est celle de la nature épistémologique et ontologique des objets. Cette question surgit pour des raisons qu'il n'est apparemment pas trop difficile de comprendre. Wittgenstein introduit le concept d'objet comme l'un des concepts-clefs de sa métaphysique de l'atomisme logique sans toutefois préciser ce qu'il faut entendre par-là. La seule indication qui pourrait s'apparenter à une tentative d'explication est au mieux circulaire, au pire fallacieuse : « L'état de choses est une liaison d'objets (choses, entités) » (2.01). Circulaire parce que la synonymie invoquée (objets = choses = entités) présuppose l'identité de signification qu'elle est censée expliquer ; fallacieuse parce que cette synonymie pourrait facilement donner l'impression que ce que vise ici Wittgenstein est quelque chose comme une entité saturée désignée par un nom propre alors que les remarques concernant la forme de l'objet (2.011-2.014) tendent plutôt à

1. Cela suppose un changement d'attitude radical de la part de Wittgenstein par rapport à la position qui était la sienne dans le *TLP* et cela implique également la révision de certaines « thèses » fondamentales comme celle de l'indépendance mutuelle des propositions élémentaires. *Cf.* sur ce point, *SRLF* et l'introduction de notre 2ᵉ partie. Mais il est important de voir que ces différents changements s'incrivent malgré tout dans une certaine continuité avec le *TLP*. Si ce dernier a pu servir de cadre à l'élaboration du projet phénoménologique de la fin des années 1920 (comme nous le verrons un peu plus loin), c'est sans doute parce que la notion d'*espace logique* se prêtait *déjà* à une relecture en termes phénoménologiques. Ceci expliquerait que Wittgenstein ait spontanément réinterprété en 1929 l'idée qu'il doit exister un calcul de base dans lequel doivent pouvoir être retraduits tous les énoncés de la langue usuelle comme un langage dont les énoncés et les termes (non-logiques) réfèrent directement à des données sensorielles immédiates (cf. *WWK*, p. 254 *sq.*). Notre conviction est que la *possibilité* d'une telle relecture (mais la possibilité seulement) était déjà contenue dans le *TLP* pour des raisons qui ne sont pas celles généralement invoquées par les tenants d'une lecture phénoménologique ou empiriste radicale du *Traité*. La section suivante a pour but d'indiquer ces raisons.

faire de lui une entité *insaturée* dont l'expression symbolique appropriée seraient les places vides d'une fonction[1].

Il n'est donc pas étonnant que la question de savoir ce que sont ou plutôt ce que *pourraient être* les objets du *Tractatus* ait pu devenir au fil du temps un enjeu majeur des différentes lectures possibles de l'ouvrage. Notre intention ici n'est pas de prendre position pour ou contre certaines lectures fondées sur une conception déterminée de leur nature, mais plutôt de clarifier les termes d'un débat qui nous semble reposer, dans une large mesure, sur un faux dilemme. La notion d'espace logique telle que Wittgenstein l'introduit en 1.13 puis en 2.013 et telle que nous l'avons explicitée dans la section précédente doit justement nous permettre d'opérer cette clarification. Mais quels sont précisément les termes du débat?

Deux types de position s'affrontent généralement sur cette question. Le premier, que l'on pourrait qualifier de *dogmatique*, affirme que Wittgenstein non seulement avait une conception tout à fait déterminée de leur nature mais avait en outre délibérément opté, sinon dans les *Carnets* du moins dans le *Tractatus*, pour une conception épistémologique déterminée des objets. Appartiennent à cette catégorie toutes les lectures qui *affirment* que les objets *sont* :

1) les résidus d'une analyse physique des corps matériels (les points matériels)[2];

2) les résidus d'une analyse physicaliste des données sensorielles (les points du champ visuel)[3];

3) des données sensorielles ou entités phénoménales immédiatement perçues (des *sense data*) dont la nature mentale ou physique n'est pas déterminée[4].

En dépit de différences significatives – les deux premières peuvent être qualifiées de *physicalistes* quoiqu'en un sens différent – ces lectures ont au

1. Nous sommes d'accord sur ce point avec S. Gandon qui a parfaitement souligné l'importance de l'héritage frégéen de la notion de forme pour la conception wittgensteinienne de l'objet. Cf. *Logique et langage*, *op. cit.*, p. 62.

2. Cette lecture est défendue notamment par J. Griffin dans *Wittgenstein's Logical Atomism*, Oxford, Clarendon Press, 1964.

3. C'est la lecture défendue par T. Lampert dans *Wittgensteins Physikalismus*, *op. cit.*

4. Ce sont les lectures phénoménologiques et néo-empiristes radicales défendues notamment par M. et J. Hintikka dans *Investigating Wittgenstein*, Oxford, Basil Blackwell, 1986, chap. 3; J. Hintikka, dans *On Wittgenstein*, Belmont (Ca), Wadsworth, 2000; D. Pears dans *The False Prison : A Study of the Development of Wittgenstein's Philosophy*, vol. 1 & 2, Oxford, Clarendon Press, 1987-1988; et par J. Cook dans *Wittgenstein's Metaphysics*, Cambridge, Cambridge UP, 1994 et, plus récemment, dans *Wittgenstein, Empiricism, and Language*, Oxford, Oxford UP, 2000.

moins deux points communs. Elles ne tiennent pas du tout compte, d'une part, de la neutralité revendiquée par Wittgenstein en matière de questions épistémologiques. Ces questions (comme celle justement de savoir quelle est nature des objets simples) relèvent de ce qu'il appelle « la philosophie de la psychologie » et ne concernent pas en tant que telles le philosophe-logicien. À l'instar de Frege, Wittgenstein sépare nettement dans le *Tractatus* le logique du psychologique (4.1121). Toutes ces lectures procèdent, d'autre part, par généralisation abusive à partir d'*un* exemple *possible* d'objet simple. Wittgenstein mentionne, certes, dans le *Traité* les taches colorées du champ visuel et autres données sensorielles (auditives, tactiles) comme exemples possibles de ce qu'il entend par « objet spatial ». Mais précisément parce que ces exemples ne sont *que* des exemples, parce qu'ils n'excluent pas en droit que le même concept (« objet ») puisse être utilisé pour désigner des choses aussi différentes que les points matériels d'une analyse physique[1] ou les points du champ visuel[2], il semble tout simplement abusif d'affirmer que les objets du *Tractatus sont* des *sense data* au sens de Russell (les référents du démonstratif « ceci ») ou que ce *sont* des points matériels ou encore les résidus d'une analyse physicaliste des données sensorielles[3].

Le deuxième type de position peut être qualifié, par contraste avec le premier, de *pyrrhonien*. Il nous paraît plus proche de l'esprit et, dans une certaine mesure aussi, de la lettre du *Tractatus*. Il consiste simplement à observer que, puisque Wittgenstein ne se prononce pas en faveur d'une interprétation épistémologique déterminée de la nature des objets, puisqu'il donne comme exemples d'objets *spatiaux* des choses aussi différentes qu'une tache colorée, un point du champ visuel ou une donnée de l'espace auditif sans qu'aucune de ces choses ne corresponde à un usage strict du mot « objet »[4], nous n'avons dans ce cas aucune raison de nous prononcer

1. Cf. *TB*, p. 161; *PT*, 2.0141.

2. Cf. *WL* 30-32, p. 120.

3. Pour une critique textuelle et conceptuelle pertinente des lectures (néo-)empiristes et phénoménologiques du *TLP*, *cf.* A. Garcia Suarez, « Are the Objects of the *Tractatus* Phenomenological Objects? », dans I. Angelelli, M. Cerezo (eds.), *Studies on the History of Logic. Proceedings of the Third Symposium on the History of Logic*, Berlin-New York, Walter de Gruyter, 1996, p. 343-356. Pour une critique des lectures physicalistes, voir notre chapitre 1.

4. En 4.123, Wittgenstein parle d'un « usage fluctuant » du mot « objet » analogue à celui qui est fait des mots « propriété » et « relation » dans les paragraphes où il est question de propriétés et relations *internes* entre deux objets dans l'espace des couleurs. On peut considérer que cela vaut aussi dans une certaine mesure pour son propre usage du mot « objet » en 2.01 et suivants. Nous reviendrons sur ce point un peu plus loin.

nous-mêmes sur la nature des objets en question. L'attitude la plus prudente à cet égard et en même temps la plus conforme à l'esprit du *Tractatus* consiste simplement à suspendre son jugement, comme le fait ici Wittgenstein. Voilà pourquoi nous avons parlé du « pyrrhonisme » caractéristique de cette position. Cette position ne nie pas naturellement que Wittgenstein ait *pu* avoir une conception épistémologique déterminée de ce qu'il appelle « objet » dans le *Tractatus*. Elle nie simplement (à juste titre, selon nous) que cette conception ait pu jouer un quelconque rôle dans ses arguments en faveur de l'existence d'éléments terminaux de l'analyse. Garcia Suarez parle, à propos de la position qui est celle de Wittgenstein dans le *Tractatus*, d'un « détachement calculé » par contraste avec son « indécision » dans les *Carnets*[1]. Wittgenstein aurait délibérément choisi dans le *Tractatus* de ne pas se prononcer sur cette question après avoir longtemps hésité entre plusieurs options possibles.

Cette interprétation nous paraît d'autant moins contestable qu'elle est confirmée par certains témoignages postérieurs de l'auteur. Mais elle ne rend pas suffisamment compte, à notre avis, de l'équivocité de sa position sur le rôle des exemples. Nous avons déjà souligné, pour notre part, cette équivocité dans les *Carnets*. Dans le *Tractatus*, Wittgenstein avance un argument qui lui permet une nouvelle fois de poser l'existence d'objets simples (2.02) indépendamment de tout exemple épistémologique d'analyse : le fameux argument dit de la « substance du monde » (2.0211-2.0212)[2]. Mais, d'un autre côté, il est clair que ce concept, celui d'objet (simple), doit pouvoir être exemplifié par n'importe quelle entité phénoménale dans son rapport à la totalité de l'espace sensoriel qui l'entoure. D'où les exemples d'objets « spatiaux » donnés en 2.0131.

Le problème n'est donc pas tant de savoir quelle est leur nature (*sont*-ils des objets de perception immédiate ou des entités inobservables et inétendues comme les points dont se composent les corps matériels ou ceux du champ visuel ?) que de savoir ce qui détermine leur exemplarité en tant qu'exemples possibles de simples. Aucune des deux positions ne nous paraît, de ce point de vue, satisfaisante parce que leur opposition repose en réalité sur un faux dilemme : ou bien l'on estime que les objets du *Tractatus* *sont* effectivement des objets physiques ou de nature phénoménale et, dans

1. « Are the Objects of the *Tractatus* Phenomenological Objects ? », dans *Studies on the History of Logic*, *op. cit.*, p. 346.

2. Pour une analyse minutieuse de la forme de cet argument et de son rôle pour l'ontologie du *Traité*, *cf.* I. Proops, « Wittgenstein on the Substance of the World », *European Journal of Philosophy*, vol. 12, n° 1, 2004, p. 106-126.

ce cas, ils perdent littéralement leur fonction *d'exemples*; ou bien l'on estime que ce ne sont *que* des exemples, qu'ils n'impliquent en tant que tels aucune prise de position sur leur nature épistémologique ou ontologique et, dans ce cas, on s'interdit précisément de penser ce qui en détermine la représentativité en tant qu'exemples. C'est un faux dilemme parce qu'on peut très bien maintenir que les taches colorées ou les points du champ visuel ne sont que des *exemples* sans toutefois renoncer à penser ce qui fait leur valeur représentative[1]. Tout dépend justement de ce que l'on entend par «objet» et, plus généralement, par «espace» lorsqu'on parle d'un *espace* des données sensorielles de la vue. C'est ici que la notion d'espace logique au sens précédemment vu joue un rôle décisif.

Dans cette section, nous nous proposons de montrer qu'une tache colorée ou un point du champ visuel ne peut servir d'exemple de ce que Wittgenstein appelle «objet» que parce qu'il (elle) est lui (elle)-même le composant ultime d'un espace au sens logique et mathématique du terme. L'espace visuel doit déjà être organisé comme un espace de possibilités isomorphe aux possibilités expressives de notre langage pour que ses éléments (les taches colorées ou les points) puissent être considérés comme des exemples *possibles* d'objets simples.

Cette idée reste, il est vrai, largement implicite dans le *Tractatus* mais c'est elle qui fonde, à notre avis, la représentativité des exemples. Elle se décompose en deux idées distinctes de la combinaison desquelles résulte celle d'exemplarité de l'espace phénoménal de la vue comme exemple possible d'espace logique :

1) L'idée d'insaturation ou d'incomplétude essentielle de l'objet à laquelle correspond l'insaturation essentielle de la tache ou du point comme éléments simples des états de choses visuels. Le point spatial, comme le dit

1. Granger a parfaitement identifié le problème dans son article sur l'espace logique, en dépit du prisme kantien de sa lecture. D'un côté, l'espace n'est, dans le *TLP*, qu'« une forme parmi d'autres » (« L'espace logique », art. cit., p. 139). Il n'est qu'une modalité possible de la relation logique d'un terme à l'ensemble des états de choses dans lesquels il peut figurer; de l'autre, cette modalité a manifestement valeur exemplaire – l'espace n'est donc pas, en un sens, une forme *parmi d'autres* – puisque la relation de l'objet logique à l'ensemble des états de choses possibles est *elle-même* pensée par Wittgenstein à l'aide d'une métaphore spatiale, celle de *l'espace* logique. Selon Granger, la « valeur métaphysique exemplaire » (*ibid.*) de la spatialité tient au fait qu'elle est sans doute plus propre que n'importe quelle autre forme (temporelle, chromatique) à montrer ce qui caractérise toute forme, à savoir « la possibilité d'établir un référentiel » (*ibid.*, p. 141) pour la connaissance de tout objet. Mais le problème n'est pas tant en réalité un problème epistémologique d'objectivité de la connaissance qu'un problème logique de *détermination du sens* de nos propositions.

Wittgenstein en 2.0131, est une « place d'argument » symbolisée par les places vides d'une fonction. C'est à ce titre et à ce titre seulement qu'une tache monochrome de notre image visuelle ou un point coloré peut incarner l'idée d'objet simple.

2) L'idée selon laquelle il existe une relation interne entre un objet et la classe de tous les objets partageant les mêmes propriétés formelles. C'est cette idée – l'idée que les objets sont groupés en classes par la possession de propriétés formelles communes – qui fonde, nous l'avons vu, l'usage d'une analogie spatiale transversale pour penser les conditions de tout jugement signifiant. C'est elle qui détermine également l'exemplarité des objets phénoménaux comme composants ultimes d'une variété sensorielle à *n* dimensions.

Deux textes sont généralement invoqués à l'appui d'une lecture phénoménologique du *Traité*[1]. Le premier est un texte du *Tractatus*. Le second, un témoignage rétrospectif de l'auteur datant de la période des années 1930. Examinons ces deux textes pour voir ce qui y est réellement en jeu.

En 2.0131, Wittgenstein donne une série d'exemples d'objets spatiaux qui sont tous des objets phénoménaux appartenant aux différentes modalités sensorielles (la vue, l'ouïe, le toucher). Ce texte *semble* constituer une preuve d'autant plus incontestable en faveur d'une lecture phénoménologique que la référence à des objets matériels ou physiques, encore présente dans les versions antérieures, a manifestement disparu. Dans le *PT*, Wittgenstein écrivait :

> Admettons que la chose soit le point matériel avec l'espace infini autour de lui. Il est clair que le point matériel n'est pas pensable sans espace infini. (2.0141)
>
> Le point spatial est, d'après cette conception, une place d'argument. (2.01411)
>
> La tache dans le champ visuel n'a certes pas besoin d'être rouge mais elle doit avoir *une* couleur; elle a pour ainsi dire l'espace des couleurs autour d'elle. Le son doit avoir *une* hauteur, l'objet du toucher *une* dureté etc. ... (2.0142)

1. Nous laissons délibérément de côté ici les lectures néo-empiristes fondées sur une interprétation du « solipsisme de Wittgenstein » (si cela a du sens de s'exprimer ainsi) en termes phénoménologiques. Sur ce point, voir P. Sarkar, « Wittgenstein's Solipsism », dans W. Leinfellner *et alii* (eds.), *The Tasks of Contemporary Philosophy : Proceedings of the 10th International Wittgenstein Symposium*, Vienna, Hölder-Pichler-Tempsky, 1986 ; M. et J. Hintikka, *Investigating*, *op. cit.*, p. 87-90.

Tandis qu'il écrit dans le *Tractatus* :

> L'objet spatial doit être situé dans l'espace infini. (Le point spatial est une place d'argument).
> La tache dans le champ visuel n'a certes pas besoin d'être rouge, mais elle doit avoir une couleur : elle a pour ainsi dire l'espace des couleurs autour d'elle. Le son doit avoir *une* hauteur, l'objet du sens tactile *une* dureté etc. (2.0131)

L'autre texte est un texte de la période 1930-1931 dans lequel Wittgenstein explique rétrospectivement les premières propositions du *Tractatus*. À propos de la proposition 2.01, il explique à Desmond Lee que, parmi les choses susceptibles d'être désignées par le mot « objet » tel qu'il l'utilise dans cette proposition, figurent les couleurs et les points du champ visuel. Cette déclaration est généralement considérée là encore comme une preuve du bien-fondé d'une interprétation des objets en termes phénoménologiques :

> 2.01 « Un fait atomique est une combinaison d'objets (entités, choses) ». Objets, etc. ... est employé ici pour des choses telles qu'une couleur, un point de l'espace visuel, etc. ... : voir aussi *supra*, « Un mot n'a de sens que dans une proposition ». « Objets » inclut aussi les relations ; une proposition n'est pas deux choses reliées par une relation. « Chose » et « relation » sont au même niveau. Les objets sont reliés pour ainsi dire tels les maillons d'une chaîne [1].

Mais peut-on conclure à partir de ces (seuls) textes que les objets du *Tractatus sont* des *sense-data* au sens de Russell et de Moore, c'est-à-dire des particuliers sensibles référents du démonstratif « ceci » ? Il est vrai que Wittgenstein se concentre en 2.0131 sur des exemples d'objets spatiaux qui sont tous des exemples phénoménaux : une tache du champ visuel, un son dans l'espace auditif, un objet dans l'espace du toucher. Pour autant, il n'affirme pas que les « objets » *sont* de *nature* phénoménale, ni même que l'objet spatial mentionné en 2.0131 *est* un *quale* dans un espace de *qualia* [2]. Les données des différents espaces sensoriels sont tout au plus des illustrations possibles de l'utilisation du mot « objet » en un sens spécifiquement spatial ici. Or Wittgenstein est tout à fait conscient que cette utilisation correspond à un « usage fluctuant » (*schwankend*) du mot « objet » (4.123).

1. *WL* 30-32, p. 120.

2. En revanche, c'est bien ce qu'il affirmera à la fin des années 1920 au moment de « l'épisode » phénoménologique : « Un objet spatial est une couleur. » (Ms 105, p. 43) Mais cela marque une évolution par rapport au *TLP*.

Lorsque nous disons par exemple que deux nuances de la même couleur (disons, du même bleu) sont dans une « relation » interne de plus clair à plus foncé et lorsque nous disons, pour expliquer ce qu'est une relation *interne*, qu'il est impensable que ces deux « objets » (*Gegenstände*) ne soient dans cette relation, nous faisons alors du mot « objet » un usage que Wittgenstein qualifie de « fluctuant » parce qu'il ne correspond pas à l'usage que nous faisons habituellement de ce mot en logique. Parler de « propriétés » *internes*, et pareillement, d'« objets » en « relation » interne les uns avec les autres dans l'espace des couleurs pourrait facilement nous induire en erreur sur la nature de ce qui est dénoté au moyen de ces mots parce qu'une propriété dont il n'est pas possible de penser que l'objet à laquelle elle est attribuée ne la possédât pas n'est pas une *véritable* propriété. De même, une relation dont il n'est pas possible d'imaginer qu'elle ne subsistât pas entre deux objets n'est pas une authentique relation[1]. Enfin deux « objets » dont on ne peut imaginer qu'ils puissent être distingués par la possession de deux propriétés (matérielles) distinctes ne sont pas de véritables objets au sens de deux entités distinctes ou distinguables (2.02331). Donc, à supposer qu'une tache colorée du champ visuel ou un son de l'espace auditif puisse illustrer l'usage du mot « objet », il resterait encore à penser *quel sens* du mot « objet » ces « choses » sont précisément susceptibles d'exemplifier. Nous verrons un peu plus loin quel est ce sens. Pour le moment, concentrons-nous sur le deuxième texte.

Celui-ci est, en un sens, beaucoup plus impressionnant parce que Wittgenstein y affirme explicitement qu'« objets » est employé en 2.01 « pour des choses telles qu'une couleur, un point de l'espace visuel etc. ». D'où l'apparente légitimité des lectures phénoménologiques. Deux objections peuvent cependant être formulées à l'encontre de ces lectures. Premièrement, outre le fait que la liste des candidats potentiels au titre d'objet n'est pas close, les deux exemples mentionnés par Wittgenstein n'ont pas le même statut épistémologique. Une couleur peut, en tant que phénomène psychologique, très certainement être considérée comme un objet de *nature* phénoménale. Elle est une donnée de l'expérience sensorielle. En revanche, les points de l'espace visuel ne sont pas des entités phénoménales puisqu'ils tombent, comme nous l'avons vu, sous le seuil extensif de la perception. En tant que parties inétendues de notre image

1. *TLP*, 4.122 : « J'introduis ces expressions [« propriétés » et « relations internes ou formelles »] pour montrer la raison de la confusion très largement répandue chez les philosophes entre les relations internes et les relations *proprement dites* (externes) » (nous soulignons).

visuelle, ils ne sont pas eux-mêmes directement perçus. Ils font l'objet d'une connaissance descriptive (indirecte) plutôt que d'une connaissance par accointance (directe). Wittgenstein se réfère ici à un autre modèle que le modèle introspectionniste ou phénoménologique d'analyse : le modèle physicaliste qui analyse les données sensorielles en points. Il est donc illégitime d'affirmer à partir de ces seuls exemples que les objets du *Tractatus sont* des objets d'expérience immédiate. Deuxièmement, Wittgenstein insiste une nouvelle fois sur *l'usage* du mot « objet ». Or rien n'indique que, lorsque ce mot est utilisé pour désigner des « choses » aussi différentes qu'une couleur ou un point de l'espace visuel, il le soit au sens où nous l'employons habituellement en logique, c'est-à-dire pour dénoter une entité autonome ou séparée. Il reste donc à déterminer quel sens du mot « objet » les couleurs et les points du champ visuel sont susceptibles d'exemplifier.

La suite du texte donne de précieuses indications sur ce point. Wittgenstein passe apparemment sans transition d'une remarque sur la nature épistémologique des objets à une remarque sur leur nature *logique*, et ce, dans un contexte où il est explicitement fait référence au principe frégéen de signification des noms en contexte[1]. En réalité, il existe bel et bien un lien entre ces deux remarques. Ce lien, nous semble-t-il, est le suivant : si le mot « objet » peut être employé pour des « choses » aussi différentes qu'une couleur ou un point de l'espace visuel, ce n'est pas paradoxalement parce que ceux-ci constituent de bons exemples de « choses » au sens que nous donnons habituellement à ce terme. Une couleur ou un point du champ visuel ne sont pas les porteurs (*bearers*) de prédicats chromatiques et spatiaux symbolisables par des noms propres. Ce sont des entités incomplètes différenciables en partie au moyen de coordonnées variables, en partie de coordonnées constantes. Un objet au sens où l'entend Wittgenstein correspond plutôt aux valeurs de coordonnées (spatiales et chromatiques) constantes ou variables. C'est à ce titre qu'une couleur ou qu'un point spatial du champ visuel peut être considéré comme une instance du concept d'objet[2].

Wittgenstein adhère manifestement ici à une conception du terme ou du composant propositionnel directement héritée de la conception frégéenne

1. Pour la reprise de ce principe dans sa version ontologique, cf. *TLP*, 2.0122 et *TLP*, 3.3 pour sa version proprement sémantique.

2. Helmholtz avait largement anticipé cette manière d'analyser les énoncés qui indiquent la position d'une couleur dans l'espace visuel par sa théorie des variétés perceptives dans « Die Anwendbarkeit der Axiome auf die physische Welt », dans H. von Helmholtz, *Vorträge und Reden*, Bd. 2, Braunschweig, Vieweg, 1896, p. 403.

des propriétés de la fonction[1]. C'est ce que laisse clairement transparaître l'allusion au principe frégéen de signification des noms en contexte. De même que le nom ne peut avoir de sens, selon Wittgenstein et Frege, que dans le contexte de la proposition dans laquelle il figure, de même l'objet n'est pas pensable, selon Wittgenstein, indépendamment de son lien avec un état de choses dans lequel il peut faire occurrence (2.0121). Cette version ontologique du principe de signification contextuelle découle tout naturellement de sa conception de l'objet comme entité incomplète sur le modèle de la fonction frégéenne. Une autre conséquence de cette conception est l'admission d'universaux comme les relations parmi les référents possibles du mot « objet ».

Le lien est maintenant clair : on ne peut admettre les relations (outre les particuliers) parmi les référents possibles du mot « objet » que parce que l'objet en tant qu'entité incomplète contient déjà en lui la possibilité de son lien (de sa « relation ») avec d'autres objets dans des états de choses. La relation n'est pas un composant réel de l'état de choses parce que sa possibilité est déjà contenue intrinsèquement dans les composants[2]. Le rapport entre les deux remarques s'établit donc *via* la conception de l'objet comme entité incomplète symbolisable par les places d'argument d'une fonction. Si une couleur ou un point du champ visuel doit pouvoir exemplifier l'usage du mot « objet », c'est donc à ce titre et non parce qu'il (elle) correspondrait *en tant que particulier sensible* à l'usage du démonstratif « ceci ».

Dans le *Tractatus*, cette idée prend une forme bien précise. Les différentes « entités » phénoménales (taches colorées, sons, tactilia) ne sont mentionnées comme exemples possibles de l'utilisation du mot « objet » que parce qu'elles exemplifient la conception que se fait plus généralement Wittgenstein de la relation entre un objet au sens *logique* à l'ensemble des états de choses dans lesquels il peut figurer, relation qui découle directement de sa conception des objets comme entités incomplètes. 2.0131 est un commentaire de 2.013 qui stipule que :

> Chaque chose est, pour ainsi dire, dans un espace d'état de choses possibles. Cet espace, je peux l'imaginer vide, mais pas la chose sans l'espace.

1. *Cf.* sur ce point S. Gandon, *Logique et langage*, *op. cit.*, chap. II, notamment, p. 53-70. C'est particulièrement net en *TLP*, 2.0122 où Wittgenstein définit l'objet par une « forme de non-indépendance » qui rappelle l'insaturation de la fonction frégéenne.

2. C'est ce que figure l'image de la chaîne en 2.03. Elle permet de penser l'unité propositionnelle et de l'état de choses sans avoir à faire de la relation un composant réel. Le lien propositionnel se fait *via* la forme intrinsèque des composants.

Le rapport de l'objet *spatial* à l'espace infini autour de lui (2.0131) n'est lui-même qu'une modalité de la relation interne et nécessaire de l'objet au sens *logique* aux états de choses dans lesquelles il peut figurer en vertu de sa forme. Le temps en est une autre. La couleur, encore une autre (2.0121, 2.0251). Enfin, le rapport de chaque donnée sensorielle aux états de choses dans lesquels elle peut figurer et qui sont propres à une modalité sensorielle particulière (visuelle, auditive ou tactile) est un exemple possible du rapport entre l'objet au sens logique et les états de choses dans lesquels il peut se combiner avec d'autres objets. Tel est, à notre avis, le lien profond entre 2.0131 et 2.013.

Les états de choses visuels avec leurs composants simples (tache monochrome ou point spatial) ne sont eux-mêmes des exemples possibles de la relation entre l'objet spatial et les états de choses spatiaux que parce que cette relation exemplifie *à son tour* celle entre l'espace *logique* des états de choses possibles et leurs composants simples. Ces composants ne sont pas des *choses* au sens d'unités discrètes mais d'éléments d'une variété continue déterminables au moyen d'une fonction dont une partie est constante et l'autre variable.

Le choix de ce que l'on considérera alors comme parties constantes et variables de la fonction est arbitraire[1]. Je peux, par exemple, choisir de représenter la présence d'une certaine couleur (disons, la couleur rouge) en un lieu déterminé de l'espace visuel en utilisant une coordonnée de couleur constante et trois coordonnées spatiales variables. Dans ce cas, la couleur en question déterminera une fonction propositionnelle dont les arguments sont des points spatiaux et les valeurs, les propositions élémentaires qui leur attribuent la couleur rouge. Mais je peux très bien choisir de représenter le même fait atomique en utilisant comme valeur constante un point spatial et comme variables trois coordonnées de couleur. Dans ce cas, le point spatial déterminera une fonction dont les arguments sont des couleurs et les valeurs de la fonction propositionnelle, les propositions élémentaires qui indiquent la présence de certaines couleurs particulières en un lieu déterminé de l'espace visuel[2]. Dans le premier cas, les objets simples sont des points spatiaux : ce sont les arguments d'une fonction propositionnelle ayant pour prédicat constant un prédicat chromatique – ( ) est rouge; dans le second, des taches colorées (monochromes) arguments d'une fonction propositionnelle ayant pour prédicat constant un prédicat spatial – ( ) se trouve au point P.

1. Cf. *TLP*, 3.315.

2. Sur ce point, *cf.* D. Hyder, *The Mechanics*, *op. cit.*, p. 109.

Mais ni les uns ni les autres ne sont à proprement parler des « choses » au sens de porteurs de propriétés spatiales et chromatiques. Ce sont plutôt des *adresses* au sein d'un système de points. C'est ce qui explique que Wittgenstein ait pu dire dans les années 1930 que le mot « objets » était employé, dans le *Tractatus*, pour des « choses » aussi différentes que des taches colorées ou les points de l'espace visuel. Couleurs et points correspondent seulement à deux manières possibles de spécifier la relation logique des termes aux états de choses dans lesquels ils peuvent figurer. Il existe autant de manières de spécifier cette relation que de formes constituant l'espace en question. Couleur et espace sont deux modalités de la forme logique des objets (2.0232, 2.0251). Et de la combinaison de ces deux formes spécifiques résulte l'espace visuel en tant qu'exemplification possible d'un espace logico-algébrique à *n* dimensions[1].

Résumons. Si par « objet », on entend non pas une entité saturée, une « chose » porteuse de propriétés spatiales et chromatiques externes, mais une entité insaturée dont le repérage s'effectue au sein de la variété à l'aide d'une fonction propositionnelle dont une partie reste constante tandis que l'autre est variable (le nombre de variables utilisées correspondant au nombre de *dimensions* de l'espace en question), alors une tache colorée (monochrome) ou un point de l'espace visuel peuvent effectivement illustrer l'usage qui est fait de ce mot dans cet ouvrage. Mais ceci ne correspond qu'à un aspect de l'exemplarité des objets phénoménaux dans le *Tractatus*. L'autre aspect concerne l'usage du mot « espace ».

Wittgenstein fait, dans le *Tractatus*, un double usage du mot « espace » puisqu'il désigne à la fois une modalité particulière de la relation de l'objet aux états de choses dans lesquels il peut figurer – c'est en ce sens, par exemple, que l'adjectif et le nom sont utilisés en 2.0131 – et, en un sens beaucoup plus général et abstrait, la totalité ou le système que forment *entre elles* les possibilités de combinaison des objets dans des états de choses – c'est le sens dans lequel il l'utilise en 2.013. Selon ce dernier sens, il n'est ni un espace au sens physique du terme, ni même un espace sensoriel ou phénoménal au sens métaphorique. Les objets qui le composent et leurs

1. *Cf.* Ms 105, p. 53/*PB* § 207, p. 257 : « Couleur et espace se saturent l'un l'autre. Et la façon dont ils s'interpénètrent constitue le champ visuel ». Cette idée, développée pour elle-même par Wittgenstein à la fin des années 1920, n'est que l'exploration d'une ligne de pensée déjà contenue potentiellement dans le *TLP*. On propose souvent de (re)lire le *TLP* à la lumière des textes des années 1920-1930 – c'est ce que proposent de faire, en tout cas, les lectures dites « phénoménologiques ». Mais on pourrait tout aussi bien et peut être plus fructueusement faire l'inverse. C'est ce que nous avons fait ici en concevant l'espace visuel comme un exemple possible d'espace logique (mathématique) à *n* dimensions.

formes ne sont pas qualifiés. C'est un espace logique analogue à l'espace algébrique de Riemann défini comme variété continue à *n* dimensions. L'espace physique des corps matériels et les différents espaces sensoriels (visuel, auditif, tactile, etc.) ne sont eux-mêmes que des instanciations possibles d'une même structure logico-mathématique générale. Telle est la bonne façon d'interpréter, selon nous, le rapport de 2.013 à 2.0131.

Si, donc, l'on veut comprendre ce qui fait qu'une tache ou un point du champ visuel peuvent être un exemple de l'utilisation du mot « objet », il faut aussi comprendre ce que signifie, pour un objet logique, être situé dans un *espace logique* d'états de choses possibles. Ceci doit également nous permettre de comprendre en quel sens le rapport d'une donnée à l'ensemble de la variété sensorielle peut exemplifier celui de l'objet logique à l'espace logique des états de choses possibles.

Nous avons vu que ce qui justifiait, en dernière instance, l'utilisation d'une analogie spatiale pour penser le rapport de chaque élément à l'ensemble dont il fait partie est l'idée qu'il doit exister un rapport interne entre cet élément et la classe de tous les éléments partageant les mêmes propriétés formelles. L'idée que les objets sont groupés en classes par la possession de propriétés internes communes est suggérée en 2.0233 et 2.02331 [1]. C'est elle qui sous-tend par exemple l'affirmation selon laquelle la connaissance des propriétés internes de l'objet me donne *ipso facto* celle de tous les états de choses dans lesquels il peut figurer et celle des objets, de la totalité de l'espace des états de choses possibles (2.01231-2.0124). Par exemple, un objet coloré appartient à la classe de toutes les « choses » qui partagent la même propriété formelle d'avoir *quelque* couleur. La connaissance de cette propriété me donne potentiellement celle de tous les objets partageant la même propriété et ainsi de la totalité de l'espace que déterminent ces objets par leurs possibilités intrinsèques de combinaison dans des états de choses – de l'espace des couleurs, pour les objets partageant la propriété d'avoir quelque couleur.

Être situé dans un « espace » d'états de choses possibles signifie donc, pour un objet logique quelconque, appartenir à une classe d'éléments partageant les mêmes propriétés formelles, l'ensemble de la classe correspondant à une *dimension* de l'espace en question ; ici de l'espace logique. Selon

1. Waismann est beaucoup plus explicite dans sa présentation de la notion tractarienne d'espace logique : « Si l'on remplace, de quelque manière possible, les éléments d'un état de choses par des éléments de même forme, il en résulte alors une classe d'états de choses dont chacun peut exister ou ne pas exister. La totalité des états de choses existants et non-existants reçoit le nom d'*espace logique* » (*WWK*, p. 260).

Wittgenstein, la condition la plus générale et en même temps la plus fondamentale pour qu'un système d'éléments puisse être considéré comme la représentation d'un autre est que ce système possède le même nombre de dimensions que celui qu'il reproduit, qu'il ait, en d'autres termes, la multiplicité mathématique de ce dernier[1]. La même idée vaut au fond pour le rapport d'une variété mathématique (logique) quelconque à une variété mathématique qualifiée (phénoménale). L'espace visuel ne peut exemplifier l'idée d'un espace logique des états de choses possibles que parce qu'il est lui-même structuré en variété à plusieurs dimensions. Ses éléments (les taches ou points du champ visuel) sont groupés en classes qui correspondent aux *dimensions* de cette espace et ce sont les dimensions de cet espace que n'importe quel système symbolique doit reproduire pour pouvoir être considéré comme un système de représentation logiquement approprié de la variété en question. Tel est le sens, à notre avis, de la série d'exemples donnée en 2.0131 :

> La tache dans le champ visuel n'a certes pas besoin d'être rouge, mais elle doit avoir une couleur : elle a pour ainsi dire l'espace des couleurs autour d'elle. Le son doit avoir *une* hauteur, l'objet du sens tactile *une* dureté etc. ...

L'espace visuel a toutefois ceci de spécifique (par rapport à l'espace des couleurs) qu'il existe deux manières de grouper les éléments de cette variété en classes de termes intersubstituables. Chaque élément de la variété visuelle peut être groupé avec d'autres objets en deux classes de termes similaires (selon deux « formes », dirait Wittgenstein) : la coloréité et la spatialité. Ces deux formes « diversifient » la relation de similitude (formelle) globale entre les termes d'une même classe en une similitude selon la qualité (couleur) et selon le lieu (espace). C'est ce qui fait, d'après Nicod, la « richesse de structure » du champ visuel en tant qu'illustration possible d'un ordre géométrique complet et autonome[2].

Nous avons déjà souligné le caractère arbitraire du choix des parties constantes et variables de la fonction propositionnelle au moyen de laquelle est collectée toute une classe de propositions élémentaires attribuant soit une propriété chromatique à des points spatiaux, soit une propriété spatiale à des couleurs dans le champ visuel. Mais que l'on opte pour l'un ou l'autre de ces deux modes d'analyse, l'essentiel est que dans les deux cas le système de coordonnées utilisé ait un nombre de coordonnées (variables ou

1. Cf. *TLP*, 4.04, 5.475 et notre section précédente sur la notion de multiplicité logique (mathématique).

2. Voir, plus loin, chapitre 3.

constantes) approprié au nombre de dimensions de chacune des deux formes (couleur et espace) de la combinaison desquelles résulte l'espace visuel. Si l'on considère par exemple que les couleurs (phénoménales) forment entre elles un espace à trois dimensions – qu'elles sont déterminables de trois manières différentes : selon leur degré de luminosité, de teinte et de saturation, alors on devra faire usage d'un système à *trois* coordonnées pour représenter les dimensions de « l'espace » en question (l'espace des couleurs). De même, si l'on considère que les lieux de l'espace visuel forment une variété continue à trois dimensions, la présence d'une tache colorée en un lieu de cet espace s'effectuera au moins de trois coordonnées représentant les dimensions de cet espace. En principe donc, la représentation d'un objet dans l'espace visuel doit pouvoir s'effectuer au moyen d'un système de *six* coordonnées (constantes et/ou variables) : trois pour la couleur et trois pour le lieu spatial[1].

Wittgenstein n'est jamais aussi explicite. Mais si l'on doit prendre au sérieux l'affirmation selon laquelle une couleur ou un point de l'espace visuel sont des exemples possibles de ce qu'il appelle « objet » dans le *Tractatus* – et il n'y a pas de raison de ne pas la prendre au sérieux – et, de même, si l'on doit prendre au sérieux celle selon laquelle la question de leur nature épistémologique n'est pas du ressort du logicien, alors on doit bien admettre que l'espace visuel et ses composants ultimes (taches monochromes, points) ne l'intéressent dans cet ouvrage qu'en tant qu'exemples possibles d'un espace au sens logico-mathématique, d'une variété à *n* dimensions.

Ceci expliquerait en tout cas qu'il n'ait pas attaché d'importance particulière à la question de savoir quel nombre de dimensions possède cet espace (quelle est sa structure topologique réelle, par exemple). La conception de la dimensionalité qui sous-tend l'analyse des énoncés sur l'espace visuel étant une conception extrêmement *générale* et *variable*, il est très difficile de deviner, d'après cette analyse, quelle serait pour lui la géométrie de cet espace.

Le moins que l'on puisse dire est qu'il ne semble pas soucieux, en tout cas à cette époque, de préciser ce qu'il entend par « espace visuel », ni *a fortiori* le nombre de dimensions de cet espace. On trouve bien ici et là quelques remarques suggérant qu'il adhère tacitement à une conception berkeleyienne plutôt que jamesienne ou à la Poincaré de l'espace visuel; à une conception de l'espace visuel, donc, comme continuum

1. Nous sommes d'accord sur ce point avec D. Hyder (*The Mechanics*, *op. cit.*, p. 109).

bi-dimensionnel plutôt que *tri-dimensionnel*[1]. Témoin, cette remarque des *Carnets* : « Il est clair que mon espace visuel est autrement constitué dans sa longueur que dans sa largeur »[2]. Mais ces remarques restent pour le moins évasives parce que ce qui compte pour lui à cette époque n'est pas tant la structure effective de cet espace et la nature de ses composants que les propriétés internes les plus générales des variétés sensorielles ou phénoménales que notre langage est censé pouvoir reproduire ; bref leur caractère d'espaces *logico-mathématiques*.

La situation est différente, en revanche, dans les années 1920-1930 ; d'une part, parce que Wittgenstein pense qu'il est désormais nécessaire d'entrer dans l'étude de la structure effective de ces espaces (les espaces phénoménaux) ; d'autre part, parce que le problème est désormais celui de savoir si et, si oui, *en quel sens* nos concepts *géométriques et spatiaux* (par exemple, le concept de distance) peuvent trouver une application immédiate dans l'expérience visuelle différente de celle qu'ils ont dans l'espace physique. La question devient alors la suivante : est-il nécessaire de postuler l'existence d'un espace phénoménal distinct de l'espace physique euclidien pour rendre compte de ces différences d'application ? C'est elle qui nous servira de fil conducteur dans les deux prochaines parties.

1. Pour Berkeley, les idées (ou objets immédiats) de la vue forment une étendue bi-dimensionnelle, une sorte de mosaïque de couleurs, dans laquelle les concepts de distance et de profondeur ne trouvent aucune application immédiate (*cf.* G. Berkeley, *An Essay Towards a New Theory of Vision* (1709), dans A.A. Luce, T.E. Jessop (eds.), *The Works of George Berkeley, Bishop of Cloyne*, Nendeln, Klaus Reprint, 1919 ; trad. fr. G. Brykman, *Œuvres*, vol. 1, Paris, PUF, 1985.) James (dans *The Principles*, *op. cit.*, vol. II, p. 211 *sq.*) considère, au contraire, que la voluminosité et le sentiment de profondeur que l'on associe généralement à la troisième dimension sont des données primaires de la perception visuelle. Poincaré (dans *La valeur de la science*, Paris, Flammarion, 1970, p. 75) attribue, quant à lui, le sentiment de la troisième dimension au rôle des sensations liées à la convergence des yeux et à l'effort d'accomodation nécessaire à l'identification de sensations visuelles que rien ne distingue qualitativement.

2. *TB*, p. 181.

DEUXIÈME PARTIE

DE LA DESCRIPTION PHÉNOMÉNOLOGIQUE À LA GRAMMAIRE DE L'ESPACE VISUEL

Les écrits de la période intermédiaire sont marqués entre autres choses par l'apparition de deux nouvelles notions dans le corpus wittgensteinien : celles de phénoménologie et de grammaire[1]. L'apparition de la première est liée au projet de construction d'une « langue phénoménologique », c'est-à-dire d'une langue susceptible de décrire les vécus de l'expérience immédiate dans toute la diversité de leurs formes logiques; la seconde, à l'abandon de ce projet et à son remplacement par un autre que Wittgenstein qualifie d'investigation « grammaticale » des règles d'utilisation des mots dans la langue physique usuelle[2]. Afin de saisir les enjeux afférants à l'apparition de ces deux notions, nous commencerons par décrire en termes assez généraux les changements qu'elles impliquent pour préciser ensuite le rôle joué par la notion d'espace visuel dans ces bouleversements.

Premier point frappant : l'une et l'autre témoignent d'une évolution par rapport à l'approche du *Tractatus* tout en s'inscrivant, paradoxalement, dans la continuité de certaines des « thèses » du *Traité*. Il existe en particulier un lien de filiation direct et très net entre la notion de phénoménologie et celle d'espace logique. En 1921, l'espace logique désignait, rappelons-le, l'espace de possibilités que forment entre eux les états de

1. On trouve, il est vrai, une première occurrence de la notion de *grammaire* (logique) dans le *Tractatus* qui est très proche, par son sens, de celui qu'elle aura dans les années 1929-1930 puisqu'elle désigne les règles auxquelles doit obéir une écriture conceptuelle logique pour pouvoir exclure les confusions sémantiques et catégoriales dont la philosophie est pleine. Cf. *TLP*, 3.325.

2. *Cf.* Ms 107, p. 205-206 ; *PB* § 1, p. 51 ; *BT* § 94, p. 295.

choses dépeints par les propositions élémentaires et qu'exemplifient aussi bien les différents espaces sensoriels que l'espace physique. En 1929, Wittgenstein donne le nom de « phénoménologie » à cette discipline censée étudier les propriétés de structure (la « multiplicité ») des différents espaces sensoriels dont l'ensemble forme ce que nous appelons, d'un mot, *l'*expérience. Il écrit ainsi dans les « Some Remarks on Logical Form » :

> Si à présent, nous tentons de parvenir à une analyse réelle, nous trouvons des formes logiques qui ont très peu de ressemblance avec les normes du langage ordinaire. Nous rencontrons les formes de l'espace et du temps avec toute la diversité des objets spatiaux et temporels, comme les couleurs, les sons, etc. avec leurs degrés, transitions continues et combinaisons en proportions variées [...] [1].

Deux points ressortent de ce texte. Wittgenstein insiste d'abord sur la diversité des formes logiques découvertes par une analyse réelle de la forme logique commune aux propositions élémentaires et aux états de choses qu'elles dépeignent. Le mot « phénoménologie » n'est certes pas utilisé ici mais il fait peu de doute que l'idée est présente sous une forme bien précise : celle du projet d'analyse des formes logiques de l'expérience. En 1929, Wittgenstein estime cependant que ces formes (en particulier, les formes logiques spatiale et temporelle) ne peuvent plus être anticipées ou prédites à partir des normes du langage ordinaire[2]. D'autre part, il apparaît tout aussi clairement que les formes ainsi découvertes sont celles de données appartenant à des modalités sensorielles différentes (visuelle, auditive, etc.) organisées en *variétés continues* : « comme les couleurs, les sons etc. avec leurs degrés, transitions continues et combinaisons en proportions variées ». Si, donc, la phénoménologie a pour tâche d'analyser et de décrire la forme logique réelle des phénomènes, c'est en fait de la structure des *espaces* que forment entre elles ces différents types de données sensorielles qu'elle doit traiter et non des régularités sensorielles qui y ont lieu. Ceci est un héritage direct des notions tractatuséennes d'espace et de multiplicité logiques[3].

D'un autre côté, l'idée que nous pourrions parvenir, par une analyse réelle de la forme des propositions élémentaires, à connaître la structure effective de l'espace logique et la nature de ses composants représente une

1. *SRLF*, dans *PO*, p. 31.

2. *SRLF*, dans PO, p. 30-31. Comparer avec *TLP*, 5.55-5.556.

3. À notre connaissance, le seul à avoir souligné ce point est Hyder dans *The Mechanics*, *op. cit.*, p. 197-199.

évolution majeure par rapport au *Tractatus*. Nous avons vu que Wittgenstein avait posé, dans cet ouvrage, l'existence d'un lieu logique dépeint par la proposition élémentaire et celle d'un espace logique entourant chaque « chose » au moyen d'un argument transcendantal sans avoir à faire appel à une capacité épistémique spéciale du sujet connaissant. En 1929, il revient sur ce qui semblait pourtant être un acquis durable du *Tractatus*. Non seulement la structure effective de l'espace logique n'est plus inconnaissable mais connaître les constituants de cet espace fait désormais partie de la tâche de la logique. Il appartient, en effet, à la logique de s'assurer que notre langue (la langue ordinaire) a la multiplicité requise pour représenter adéquatement l'expérience. Cette multiplicité ne peut plus être simplement *supposée adéquate* comme en 1921 mais doit être découverte par une analyse de la forme réelle des propositions élémentaires et des états de choses correspondants. Il ressort de cette caractérisation que la phénoménologie n'est ni une investigation empirique des régularités au sein des différents espaces sensoriels, ni une discipline purement logique qui ne traiterait que des propriétés les plus générales des variétés logico-mathématiques que sont le langage et le monde [1]. Il s'agit en réalité d'une discipline à mi-chemin entre la logique et la science censée traiter de la multiplicité *réelle* et non supposée, des différents espaces que forment entre elles les données de l'expérience immédiate [2].

Il existe de ce point de vue un lien étroit entre phénoménologie et grammaire. Ce lien est double. D'une part, la phénoménologie peut elle-

1. Wittgenstein donne parfois le nom de « théorie de la connaisssance » (*SRLF*, dans *PO*, p. 29; Ms 107, p. 160; *PB* § 57 et 60) à cette nouvelle discipline chargée de faire l'inventaire des différentes formes logiques des contenus psychologiques de l'expérience sensorielle. Or, comme le remarque Russell – dont Wittgenstein reprend manifestement le concept ici – « il est impossible d'assigner à la théorie de la connaissance une province distincte de celle de la logique et de la psychologie » (*Theory of Knowledge*, *op. cit.*, p. 46; trad. fr., p. 67). La théorie de la connaissance ou phénoménologie est une investigation *logique* des contenus psychologiques de la perception. C'est pourquoi, il fait désormais partie de la tâche de la logique d'étudier les propriétés de structure des différents espaces perceptifs. Ceci représente une évolution majeure par rapport au *Tractatus* puisque Wittgenstein y effectuait, comme nous l'avons vu, une séparation nette entre la logique et la psychologie. Sur le russellianisme du Wittgenstein de 1929, voir J. Sackur, « Théorie de la connaissance et solipsisme. Des *Remarques philosophiques* au *Cahier Bleu* », dans C. Chauviré, S. Laugier, J.-J. Rosat (éds.), *Wittgenstein : les mots de l'esprit. Philosophie de la psychologie*, Paris, Vrin, 2001, p. 73-103.

2. Ce statut hybride de la phénoménologie – il s'agit d'une discipline, en un sens, *a priori*, en un autre, *a posteriori* – sera souligné par Wittgenstein dans *BüF*, II, § 3 : « Ici, la tentation est très grande de croire à une phénoménologie, à quelque chose d'intermédiaire entre science et logique ».

même être considérée comme une (sorte de) grammaire. D'autre part, l'investigation phénoménologique des propriétés de structure des espaces sensoriels doit justifier, pour le Wittgenstein de 1929, un élargissement de la syntaxe logique aux règles qui valent pour la structure interne des propositions élémentaires[1]. Le premier point ressort nettement de la lecture du Ms 105. Wittgenstein identifie purement et simplement la phénoménologie à la grammaire en les opposant toutes deux à la physique. La physique traite, selon lui, des régularités à l'intérieur de l'espace de l'expérience. Elle vise à établir des lois lui permettant d'opérer des prédictions sur les événements futurs. Ses énoncés sont donc susceptibles d'être confirmés ou infirmés par l'expérience. Les « énoncés » de la phénoménologie, en revanche, n'ont pas ce statut. Ils ne traitent pas de ce qui a lieu *à l'intérieur* de cet espace mais des propriétés de structure *de* l'espace lui-même. La phénoménologie ne fait, comme le souligne Wittgenstein, « qu'établir les possibilités »[2]. En ce sens, ses énoncés ont plutôt le statut de règles. Ces règles déterminent la structure de l'espace de possibilités à l'intérieur duquel la physique déploie ses explications : « La physique se distingue de la phénoménologie en ceci qu'elle veut établir des lois. La phénoménologie ne fait qu'établir les possibilités. La phénoménologie serait ainsi la grammaire de la description des faits sur lesquels la physique construit ses théories »[3]. La phénoménologie ainsi conçue s'apparente davantage à une grammaire qu'à une science empirique puisque ses « énoncés », comme ceux de la grammaire, sont des déterminations de sens[4].

Mais la phénoménologie n'est pas simplement grammaire. Elle doit aussi justifier, dans l'esprit de Wittgenstein, la grammaire de notre langage. Cette conclusion résulte, dans les « Some Remarks », de la nécessité de *décrire* les formes logiques effectives des propositions élémentaires pour s'assurer que notre langage a la multiplicité requise pour représenter les phénomènes de l'expérience immédiate dans toute la diversité de leurs formes. Si, donc, la phénoménologie s'occupe de possibilités, les possibi-

1. Cf. *SRLF*, passim ; *PB* § 82, p. 109.

2. Ms 105, p. 3. Wittgenstein parle d'une « multiplicité du sens » en la distinguant de la « multiplicité des lois ». Il est clair que cette première multiplicité est celle dont traite la phénoménologie et la seconde, la physique. Si le mot « multiplicité » désigne, comme nous l'avons vu, les propriétés de structure que *l'espace* du langage (des propositions élémentaires) doit partager avec celui des états de choses *possibles*, alors la phénoménologie traite bien de la structure nécessaire des différents espaces sensoriels en tant qu'espaces d'événements *possibles*.

3. Ms 105, p. 5 ; *PB* § 1, p. 51.

4. Ms 105, p. 3.

lités dont elle s'occupe doivent correspondre à des possibilités *effectives* (et non simplement à des « possibilités *a priori* »), c'est-à-dire à des combinaisons de signes permises par la structure interne des propositions élémentaires. Sans une investigation effective de leur structure (*i.e.* finalement de la structure de l'espace dont font partie les éléments des états de choses correspondants), nous ne pourrions prévenir certaines formations de signes illégitimes que ne permet pas de prévenir, pour sa part, la notation vérifonctionnelle. Wittgenstein est très clair, sur ce point, à la fin de l'article de 1929[1]. Il existe donc en 1929 un rapport entre phénoménologie et grammaire qui est un rapport d'identité (la phénoménologie *est* grammaire) et de justification de l'une par l'autre – la phénoménologie comme description *a posteriori* des formes logiques des phénomènes doit justifier l'extension des règles de la grammaire à la partie interne des propositions élémentaires.

Le deuxième changement significatif intervenu au cours de cette période est lié à la découverte par Wittgenstein de l'autonomie du grammatical et au remplacement du projet phénoménologique par un projet de description des règles de l'usage de nos mots dans la langue physicaliste usuelle. Ce changement peut lui aussi être décrit en termes spatiaux. Wittgenstein découvre au cours de l'année 1930 qu'aucune recherche, y compris une recherche portant sur la multiplicité réelle des différents espaces sensoriels (une recherche phénoméno-logique, donc) ne peut justifier les différences de catégorie logique qui structurent la grammaire de notre langage. La thèse dite de « l'autonomie » ou de « l'arbitraire » des règles grammaticales est ainsi clairement affirmée dans un passage manuscrit datant des 3 et 4 mars 1930 :

> La grammaire est une « Theory of logical types ».
> Je ne donne pas le nom de convention à la règle de représentation qui peut être justifiée par des propositions, lesquelles propositions décrivent le représenté et montrent que la représentation est adéquate. Les conventions de la grammaire ne peuvent être justifiées par une description du représenté. Toute description de ce genre présuppose déjà les règles de la grammaire. Cela veut dire que ce qui est non-sens dans la grammaire à justifier ne peut pas non plus avoir un sens dans les propositions justifiantes[2].

Wittgenstein retrouve ici une position qui était déjà la sienne dans le *Tractatus* et qui est radicalement opposée à la nouvelle ligne de pensée inaugurée en 1929 avec le projet phénoménologique : de même qu'il n'y

1. Cf. *SRLF*, dans *PO*, p. 35.
2. Ms 108, p. 104 ; *PB* § 7, p. 54-55.

avait pas, dans le *Tractatus*, de description possible de la catégorie logique ou sémantique des termes d'un jugement élémentaire, de même les règles grammaticales qui gouvernent l'usage de telle ou telle sorte de mots ne peuvent être justifiées par des énoncés décrivant des *faits* de la catégorie correspondante sans présupposer les règles mêmes qu'ils sont censés justifier. On retrouve ici un écho de l'argument avancé, dans le *Tractatus*, pour bloquer la menace de régression à l'infini dans l'expression des conditions de tout jugement signifiant. Mais il est évident qu'une des conséquences de cette thèse est la disparition de l'idée d'une discipline intermédiaire entre la logique et l'investigation empirique dont le rôle serait de fonder, par ses descriptions, les distinctions catégoriales inhérentes à la grammaire de notre langage. Avec la disparition du projet phénoménologique, c'est finalement l'idée d'un espace de l'expérience possible décrit par une langue qui en partagerait les propriétés formelles qui disparaît au profit de l'idée que les possibilités expressives de notre langage sont déterminées par des règles conventionnelles portant sur l'usage de nos mots. Le remplacement de la phénoménologie par la grammaire marque la fin de la supposition d'un univers de possibilités indépendant du langage et que le langage ne ferait que *refléter* par ses possibilités expressives. La thèse fondamentale de Wittgenstein désormais est que toutes les possibilités sont déjà contenues dans la grammaire de notre langage au sens où celles-ci sont fixées par des règles autorisant ou au contraire excluant certaines combinaisons de signes, et ce, indépendamment de ce que révèlerait l'étude de tel ou tel espace de possibilités.

Mais quel rôle joue, à présent, la notion d'espace visuel dans ces multiples changements? Cette notion est au cœur du projet phénoménologique de 1929, comme elle est au cœur de l'autocritique grammaticale de ce projet. L'espace visuel désigne *une* modalité sensorielle particulière, par distinction d'avec les modalités auditive, tactile, etc. Il n'est *qu'un* des « espaces » dont la phénoménologie a pour tâche d'étudier les propriétés de structure. Mais « espace » ici a le sens mathématique général d'une variété à *n* dimensions, et non le sens spécifiquement *spatial* dans lequel nous parlons, par exemple, de distances entre objets, d'orientation, de taille (des figures) etc. Selon ce dernier sens, l'expérience visuelle jouit d'un certain privilège dans la mesure où nos concepts géométriques et spatiaux ordinaires y trouvent une application directe – *i.e.* sont directement instanciables par les propriétés géométriques et spatiales des données appartenant à cette modalité sensorielle-là. L'espace de la vue peut être considéré en ce sens comme un espace à la fois complet et autonome, sans relation systématique avec l'espace physique. C'est à ce titre qu'il doit pouvoir faire l'objet, selon Wittgenstein, d'une description phénoménologique séparée. La description phénoménologique, telle qu'il la conçoit en 1929, est prioritairement une description de la multiplicité logique de cet espace sensoriel-là et, le langage dans lequel doit s'opérer cette description, une langue possédant la multiplicité de cet espace (l'espace visuel). Alors qu'il ne pensait ni possible, ni même nécessaire en 1921 de spécifier la nature des composants de l'espace logique, ceux-ci sont explicitement identifiés en 1929 aux éléments simples de la variété visuelle dont il s'agit de décrire les combinaisons possibles: «La multiplicité de la description spatiale est donnée par avance en ceci que la description a la bonne multiplicité lorsqu'elle permet de décrire toutes les configurations pensables»[1].

La langue phénoménologique ayant fondamentalement pour objet la multiplicité spatiale que forment entre elles les données de la vue, il n'est pas étonnant que l'idée d'un espace propre à ces données se retrouve au cœur de la critique grammaticale du projet phénoménologique de 1929. Nous avons déjà indiqué le principe de cette critique. Notre objectif, dans cette partie, est de montrer comment s'est opérée concrètement la transition, chez le Wittgenstein de la période intermédiaire, d'un projet justificationniste de description de la structure de l'espace visuel dans lequel celle-ci est traitée comme un *quasi-fait* à une investigation des règles de l'usage de nos mots dans laquelle toute différence grammaticale (en particulier, la différence entre espace visuel et espace physique) ne saurait être exprimée qu'en termes de positions respectives des différentes sortes de règles au sein de cette grammaire. Nous procéderons, pour cela, en deux temps. Nous nous demanderons d'abord ce qui justifie le privilège donné à la modalité visuelle dans l'investigation phénoménologique de la structure logique des différentes modalités sensorielles, pour nous pencher ensuite sur la critique grammaticale des imageries spatiales qui sous-tendent l'idée d'un espace temporel propre aux données de la vue.

1. Ms 106, p. 69. Le contexte de cette remarque montre clairement que l'espace des configurations en question est l'espace visuel et le langage de la description spatiale, ce que Wittgenstein appelle plus loin la « langue phénoménologique ».

CHAPITRE III

L'ESPACE VISUEL, OBJET PROPRE DE LA LANGUE PHÉNOMÉNOLOGIQUE

PRIVILÈGE DU VISUEL

Que faut-il entendre par « langue phénoménologique » ?

Le concept de langue phénoménologique se laisse prendre en deux sens : un sens général, directement lié au postulat d'une analyse complète unique de la proposition dans le *Tractatus* et à l'idée que son auteur s'y faisait déjà du rôle d'une notation conceptuelle logique, et un sens plus spécifique, lié à la nécessité de spécifier désormais la nature des états de choses dépeints par les propositions élémentaires. Ces deux sens, quoique distincts, sont liés. Dans les *Quelques remarques sur la forme logique*, bien que Wittgenstein ne fasse pas explicitement référence à l'idée d'une langue phénoménologique, le projet de trouver un symbolisme adéquat permettant de décrire de façon claire et non-ambiguë la structure logique réelle (et non simplement, *supposée*) des états de choses décrits par les propositions élémentaires prend naturellement pour cadre l'atomisme logique du *Tractatus* même si ce projet aboutit finalement à une remise en cause du cadre lui-même avec la découverte de l'existence de relations logiques d'exclusion entre les propositions élémentaires que ne permet pas de rendre la notation vérifonctionnelle[1]. Et dans sa présentation des « Thèses » du *Tractatus*, Waismann précise que les états de choses dépeints par les propositions du calcul de base postulé dans le *Tractatus* sont désormais « le(s)

1. Le cas paradigmatique est celui des attributions de degrés à une qualité – à une couleur apparaissant à tel ou tel endroit du champ visuel. Cf. *SRLF*, dans *PO*, p. 32-35.

contenu(s) de notre expérience», les propositions moléculaires obtenues vérifonctionnellement à partir de celles-ci n'étant «qu'un développement de ce contenu»[1].

Sans avoir suffisamment souligné le rôle qu'aurait dû jouer, dans le projet phénoménologique de 1929, une notation conceptuelle formellement adaptée à la multiplicité logique des états de choses réels, Pears a néanmoins parfaitement vu ce double sens (général et spécifique) de la langue phénoménologique en montrant que ce que rejette Wittgenstein en décembre 1929 n'est pas tant ce que cette langue a de spécifiquement «phénoménologique» que le postulat tractatuséen tout à fait général selon lequel l'ensemble des énoncés de notre langage *devraient* pouvoir être retraduits dans une langue unique de référence qui fournirait pour ainsi dire «l'analyse intégrale du discours factuel». Et c'est justement parce que ce sens général «n'épuise pas», selon Pears, «le sens du mot "phénoménologique"» que Wittgenstein peut maintenir, même après le rejet de la langue phénoménologique au sens strict, la référence aux contenus de l'expérience primaire[2].

Il y a pourtant un point que nous voudrions discuter ici et qui nous semble capital. Pears estime que ce qui justifie l'emploi plus spécifique de l'adjectif «phénoménologique» en 1929 est la nécessité de prendre en compte le rôle que joue, dans la communication réussie, un certain type de contenu d'expérience: les sensations corporelles. Au fond, le véritable problème pour Wittgenstein ne serait pas tant celui de la description de l'expérience immédiate au moyen des prédicats de la langue physique usuelle que celui de «l'esprit d'autrui», c'est-à-dire à la fois l'impossibilité pour autrui d'identifier le type de sensation qui est le mien sur la base de sa propre expérience, et l'impossibilité pour moi, *l'ego*, de le faire indépendamment d'un cadre public de référence. Selon lui:

> La raison pour laquelle Wittgenstein en vint à s'intéresser à la catégorisation des phénomènes n'est pas qu'il se crût obligé, sous la pression du problème du monde extérieur, d'adopter une théorie philosophique de la perception, mais simplement le constat que nous ne faisons pas que parler ordinairement du monde extérieur mais aussi des données des sens externes et, de façon plus naturelle encore, de nos sensations corporelles. [...] S'il y a, dans ce domaine, un problème qui a tenu en haleine Wittgenstein, c'est celui de l'esprit d'autrui[3].

1. *WWK*, p. 254.
2. Toutes les citations sont issues de *The False Prison*, *op. cit*; trad. fr., p. 255.
3. *Ibid.*

Deux points nous paraissent difficilement contestables dans cette interprétation. Le premier concerne justement le sens spécifique du concept de langue phénoménologique. Si par « langue phénoménologique » ou « primaire », Wittgenstein n'entend pas simplement en 1929 un vocabulaire analytique de base, miroir parfait de la réalité factuelle, mais une langue conçue pour la description d'une certaine catégorie de phénomènes dont la caractéristisque essentielle est d'être immédiatement *donnés*, par opposition à *inférés* ou *construits*, alors les sensations font assurément partie de ce qui devrait en principe pouvoir être décrit par une telle langue. Même s'il ne s'étend pas, dans les textes manuscrits de la fin de l'année 1929 repris aux § 61-65 des *Remarques philosophiques*[1], sur le rôle que devrait jouer une telle langue dans la description des sensations corporelles en tant que données primaires, il nous semble que le vocabulaire utilisé (« *Gefühlsdatum* », « *Sinnesdatum/-en* », « *das Primäre* ») pour souligner le non-sens des propositions attribuant la propriété exclusive de l'expérience du mal de dent au sujet de cette expérience est suffisamment marqué phénoménologiquement pour qu'il soit raisonnable d'admettre : 1) que cette langue aurait *également* à décrire ce type de sensations-là ; 2) que devrait en principe se poser, pour ces sensations, le même problème que celui qui se posait déjà pour la recherche d'une description phénoménologique de l'expérience visuelle, à savoir l'impossibilité d'appliquer à cette expérience les formes de description de la langue physique usuelle.

Il est vrai – c'est le deuxième point sur lequel nous rejoignons Pears – que l'utilisation d'un vocabulaire phénoméniste ne signifie pas pour autant que Wittgenstein a cru nécessaire d'adhérer à la thèse métaphysique idéaliste de l'existence des seules données sensorielles, ni même d'élaborer une théorie épistémologique de la perception directe d'objets sensoriels (les *sense data*) sur la base de laquelle pourrait être opérée la (re)construction de notre connaissance du monde extérieur. Comme le note très justement Pears, même si Wittgenstein a « parfois suggéré que les phénomènes sont des *sense data* », il n'a « jamais voulu dire par-là que les *sense data* sont des choses situées sur la ligne d'entrée perceptive entre notre esprit et le monde, faisant ainsi écran à notre vision du monde »[2]. En fait, la source du nouvel intérêt de Wittgenstein pour la « catégorisation des phénomènes » (objets d'expérience immédiate, par opposition à objets physiques « inférés » ou « construits ») réside ailleurs. C'est le rôle joué par la référence aux contenus de l'expérience primaire dans la communication avec autrui

1. Ms 107, p. 216-218 ; Ts 209, p. 23-26.

2. *The False Prison*, *op. cit* ; trad. fr. modifiée, p. 248.

qui « justifie » en quelque sorte la référence à ces contenus, même si Wittgenstein en vient très rapidement à la conclusion que, s'agissant des sensations corporelles tout au moins, celles-ci ne peuvent jouer un rôle fondateur dans la communication sans littéralement *disparaître* de ce qui est communiqué à autrui. Est-ce à dire que la description de ces contenus « primaires » au moyen de la langue physique « secondaire » n'a pu être considérée par le Wittgenstein de 1929 comme un *authentique* problème ?

De deux choses l'une. Ou bien l'on estime, avec Pears, que Wittgenstein part dans ses analyses – dans son analyse du solipsisme notamment – d'un fait concret et familier qui est que nous parvenons généralement bien à nous faire comprendre d'autrui à propos de ce que nous éprouvons au moyen de la langue physique secondaire sans avoir à fonder ce que nous disons sur des références indépendantes à nos sensations, mais alors on voit mal ce qui fait que Wittgenstein aurait pu être tenté, ne serait-ce que temporairement, d'expliquer ce fait en le fondant sur la possibilité d'un langage primaire, quitte à revenir ensuite sur cette explication; ou bien l'on estime au contraire que Wittgenstein s'est d'abord véritablement heurté au problème de savoir comment nous pouvons réussir à parler de ce qui réellement « est primaire » dans une langue, la langue physique « secondaire », dont les formes d'expression ne sont pas adaptées à la fin poursuivie et, dans ce cas, il reste à comprendre comment, de ce problème initial, il a pu passer au diagnostic grammatical des années 1930 sans que cela implique nécessairement la disparition de toute référence à l'expérience primaire[1].

L'interprétation de Pears, en dépit de ses nombreux mérites, présente un inconvénient majeur. En faisant des sensations corporelles l'objet privilégié de la langue phénoménologique au sens *spécifique*, elle est conduite presque immanquablement à minimiser l'importance du problème initial – celui de la possibilité d'une description phénoménologique du donné immédiat – au profit d'un autre problème – celui des critères d'identité des sensations et de leurs types – qui suppose en un sens que le premier ait été déjà résolu. Or il ne fait aucun doute, d'une part, que Wittgenstein a réellement été confronté au problème de l'inadaptation des formes d'expression de la langue physique usuelle à la description du donné immédiat[2] et, d'autre part, que ce problème s'est prioritairement (quoique non-

1. Nous pouvons continuer, en effet, de nous référer aux contenus de l'expérience primaire sans que la référence à ces contenus joue un rôle fondateur dans la communication. C'est d'une certaine manière ce que veut dire Wittgenstein lorsqu'il accorde la possibilité de descriptions phénoménologiques ponctuelles au sens de compte rendus non-biaisés (car non-hypothétiques) de l'expérience. Cf. *PB*, § 53.

2. Voir par exemple Ms 107, p. 160; *PB* § 57, p. 86-87.

exclusivement) posé pour lui à propos de l'expérience visuelle et de ses propriétés structurales. Pears reconnaît d'ailleurs au passage un intérêt constant et soutenu de Wittgenstein pour « le champ visuel et ce qu'il contient »[1] tout au long de la période intermédiaire – des premiers manuscrits de l'année 1929 jusqu'aux cours des années 1934-1936 sur le langage et l'expérience privés[2]. Mais parce que les recherches phénoménologiques de 1929 sur la structure de l'expérience visuelle tombent directement sous le coup de la critique ultérieure de la tendance qu'ont les philosophes à réifier les sensations extéroceptives[3], il était presque inévitable que le problème initial apparaisse finalement et rétrospectivement comme le type même d'un pseudo-problème qui, en un sens, ne devrait pas et n'aurait même pas *dû* se poser[4]. Parmi les trois options de lectures envisagées par Pears[5], celui-ci opte finalement pour la première, l'interprétation faible, parce qu'elle permet manifestement de faire l'économie d'une réification excessive tout en préservant le rôle des références à l'expérience primaire dans la communication avec autrui. C'est cette interprétation qui justifie également, selon lui, le choix des sensations corporelles comme objet privilégié de la langue phénoménologique au sens spécifique.

Il semble pourtant qu'à vouloir éviter à tout prix les risques de contradiction entre ce que dit Wittgenstein de l'espace visuel en 1929 et ce qu'il en dit vers 1934-1936, on risque de s'interdire de comprendre la véritable nature des changements qui l'ont conduit à adopter un point de vue grammatical sur cette question. L'on ne peut en particulier comprendre la signification et la portée de l'abandon fin 1929 du projet de recherche d'une langue primaire au sens général sans comprendre d'abord ce qui rend

1. *The False Prison*, *op. cit.*, p. 281-282.

2. Il s'agit des notes d'abord publiées par R. Rhees et republiées récemment par D. Stern dans leur version complète : *NLPESD* et *LSDPE*, dans PO.

3. Cf. *BB*, p. 70 ; *PU* § 400-401.

4. J. Bouveresse semble être aussi de cet avis puisqu'il estime que les questions dont traite Wittgenstein au chapitre XX des *Remarques philosophiques* « sont précisément des questions du genre de celles dont il déplore ici [*i.e.* dans les passages du *BB* et des *PU* précédemment mentionnés] l'apparition » (*Le mythe de l'intériorité. Expérience, signification et langage privé chez Wittgenstein*, Paris, Minuit, 1987, p. 369).

5. Pears (dans *The False Prison*, p. 284-285) fait trois « offres » (*bids*) à propos des significations possibles de l'adjectif « phénoménologique » dans l'expression « langue phénoménologique ». La première correspond à l'interprétation faible : la langue phénoménologique comme simple mode de représentation de l'expérience – non-hypothétique par opposition à hypothétique. La seconde, plus forte, est celle d'une différence de nature entre la logique des énoncés phénoménologiques et celle des descriptions d'objets physiques. La troisième correspond à la thèse phénoméniste classique de l'existence d'un genre spécial d'entités (les *sense data*) faisant l'interface entre l'esprit percevant et le monde.

celle-ci apte à jouer le rôle d'une langue unique de référence dans laquelle pourraient être retraduits tous nos énoncés ordinaires. Le postulat atomiste du *Tractatus* a sans doute servi provisoirement de cadre à la recherche d'une telle langue. Mais il ne suffit pas, comme tel, à expliquer l'autonomie supposée de cette langue et de l'espace qu'elle est censée décrire. La langue phénoménologique de 1929 n'est pas seulement la langue dans laquelle est censée s'effectuer l'analyse intégrale du discours factuel. Cette langue ne peut fonctionner comme langue unique de base qu'à condition d'admettre 1) qu'il existe une analyse complète de l'ensemble de nos énoncés ordinaires[1]; 2) que la langue ou notation dans laquelle devrait pouvoir en principe s'effectuer cette analyse possède la multiplicité logique (mathématique) des phénomènes de l'expérience visuelle; 3) que la possibilité d'une telle langue est garantie en profondeur par l'existence d'une structure spatiale distincte de l'espace physique.

Autant la première condition est directement héritée du *Tractatus*, autant la deuxième et la troisième supposent la prise en compte d'un nouvel élément qui a trait à la nature et surtout à la structure des contenus décrits. La langue phénoménologique peut certes être définie de façon générique comme une langue conçue pour la description des contenus primaires et de leur(s) forme(s) logique(s). Mais cette dernière condition ne peut en réalité être satisfaite que par un type beaucoup plus spécifique de contenus primaires, les contenus de l'expérience visuelle, dans la mesure où la vision est la modalité sensorielle qui illustre paradigmatiquement la possibilité d'une instanciation de nos prédicats géométriques et spatiaux par les habitants d'un univers purement psychologique distinct et indépendant du monde physique.

Isoler un espace

Disposons-nous de preuves textuelles suffisamment solides à ce sujet ? À première vue, rien ne semble justifier la restriction des contenus de l'expérience primaire à ceux de cette modalité sensorielle particulière qu'est la vue. Wittgenstein prend souvent l'adjectif « phénoménologique » en un sens très général. Par « langue phénoménologique », il faut alors entendre une langue qui se limite à la description du « donné immédiat »[2], de « l'expérience immédiate », des « données des sens »[3] ou encore de la

1. Cf. *PB* § 1, p. 51.
2. *WWK*, p. 97.
3. Ms 107, p. 249 ; *PB* § 226, p. 283.

« perception sensible immédiate »[1] sans adjonction hypothétique superflue. L'investigation phénoménologique englobe en ce sens tous les types d'impressions sensorielles (visuelles, auditives, tactiles, etc.)[2]. C'est pourtant un fait qu'il lui arrive aussi de lier si étroitement la recherche d'une description phénoménologique à celle d'une description de l'expérience primaire sous sa modalité visuelle que la question de savoir si une langue phénoménologique est possible en vient finalement à se confondre purement et simplement avec celle de savoir si une description de *l'espace visuel* l'est également. Cette identification du phénoménologique au visuel est particulièrement nette au début du Ms 107. Wittgenstein écrit :

> Et pourtant il peut y avoir une langue phénoménologique. (Où celle-ci doit-elle s'arrêter ?)
> Il est manifestement possible de décrire l'espace visuel. Car ce qui se passe habituellement en lui est si compliqué que cela même signifie déjà que cette description est possible par principe. Et il est aisé d'imaginer dans cet espace des processus suffisamment simples de sorte que ceux-ci se laissent (facilement) décrire[3].

S'agit-il d'une simple coïncidence ou faut-il supposer que le champ visuel jouit d'une forme de priorité dans l'investigation de la structure des différentes modalités sensorielles ? Qu'est-ce qui pourrait, dans ce cas, justifier un tel primat du visuel ? La question n'est pas simple et n'est peut-être pas susceptible d'être tranchée en référence aux seuls textes de Wittgenstein. Une chose en revanche est à peu près sûre : ce dernier s'occupe presque exclusivement à la fin des années 1920 et au début des années 1930 du champ visuel non seulement parce que cette modalité sensorielle lui paraît constituer un bon exemple de complexité phénoménale inanticipable à partir des normes du langage physique usuel, mais parce qu'il pense avoir trouvé, avec l'investigation de cet espace sensoriel-là, un domaine de questions et de réponses autonome, propre à fonder sa recherche d'une solution au problème des divers modes de signification de notre langage[4].

La recherche d'une langue phénoménologique prend ainsi, en 1929, la forme de la recherche d'une description séparée du champ visuel. Ou plutôt, à supposer qu'une telle langue soit tout simplement possible,

1. Ms 113, p. 123r.
2. *Cf.* Ms 108, p. 115-116 ; *PB* § 224, p. 281.
3. Ms 107, p. 3.
4. *Cf.* Ms 108, p. 30 ; *PB* § 50.

celle-ci devrait (ou aurait dû) prendre la forme d'une description séparée de la modalité visuelle. C'est tout au moins ce que laisse entendre ce passage :

> Ou bien voici ce qu'il en est: notre langage usuel est également phénoménologique, seulement il ne permet pas de dissocier conceptuellement les régions sensorielles de leur multiplicité d'ensemble [*nur erlaubt sie es begreiflicherweise nicht die Sinnesgebiete deren gesamte Mannigfaltigkeit die ihre ist zu trennen*].
> Son espace est l'espace combiné de la vue, du toucher, de la sensation musculaire ; c'est pourquoi je peux me « retourner » dans cet espace et voir « ce qui se passe derrière moi » etc.[1].

Wittgenstein commence manifestement à avoir des doutes sur la nécessité de distinguer les deux langues (phénoménologique vs. physique ou physicaliste) en référence à deux univers d'objets ontologiquement distincts; ce qui le conduit à anticiper l'idée qu'il n'y aurait finalement qu'une seule langue, la langue physique usuelle, pouvant jouer le rôle d'une langue phénoménologique. Toujours est-il que cette dernière se voit conserver certaines prérogatives, comme celle de pouvoir présenter de façon conceptuellement distincte les différentes « régions » ou espaces sensoriels (visuel, tactile, proprioceptif) en se limitant pour sa part à la description de la multiplicité logique des processus visuels. Cette prérogative de la langue phénoménologique comme langue de l'analyse détermine ce qu'on pourrait appeler la *méthode* du Wittgenstein de 1929. Cette méthode consiste plus généralement à isoler une structure en la séparant conceptuellement de tout ce qui résulte du mélange avec des hypothèses. Celle-ci vaut avant tout pour cet espace phénoménologique particulier qu'est l'espace des sensations visuelles – espace qu'il s'agit alors de décrire séparément des autres espaces sensoriels – mais aussi pour le temps phénoménologique ou « temps de la mémoire » qu'il s'agit de distinguer conceptuellement de celui auquel réfèrent les prédicats temporels de la langue physique usuelle. Wittgenstein décrit parfois cette méthode d'isolement du noyau phénoménologique de la signification en des termes très imagés :

> Si trois liquides : un noir, un rouge et un jaune, s'écoulent chacun dans un tube pour se rejoindre en un point où ils forment un liquide brun, le liquide qui en résulte possède alors un état de fluidité qui lui est propre ; mais tout ce que je veux dire est que chacun des liquides colorés primaires a également un état de fluidité et mon intention est de l'examiner au point où les trois liquides ne se sont pas encore mélangés[2].

1. Ms 107, p. 3.
2. Ms 107, p. 6; *PB* § 75, p. 104.

Décrire « le phénomène » comme on décrirait un liquide de couleur avant mélange, c'est-à-dire avant que son propre état de fluidité ne se transforme par contact avec d'autres liquides de couleur différente en un nouvel état que décrit quant à elle la langue physique usuelle – le liquide brun qui en résulte, revenir donc au point où les significations primitives de nos termes ne sont pas encore altérées par leur incorporation dans une structure étrangère (la structure hypothétique de la langue physique usuelle), voilà une manière aussi précise (que trompeuse) de décrire la fonction qui devrait être celle d'une langue phénoménologique. Cette langue jouerait, on le voit, le rôle d'un vocabulaire analytique de base mais elle ne serait pas n'importe quel vocabulaire analytique de base. La langue phénoménologique est un vocabulaire spécialement conçu pour la description des contenus de l'expérience visuelle selon leur forme logique temporelle propre – celle du présent fluant[1], la méthode d'isolement du noyau phénoménologique de la signification s'appliquant aussi bien aux termes spatiaux de la langue physique usuelle qu'à ses termes temporels :

> Si à présent la langue phénoménologique distingue (variante : isole) l'espace visuel et ce qui se passe en lui de tout ce qui est autre [que lui], que fait-elle du temps ? Le temps des phénomènes « visuels » est-il le temps de notre mode d'expression physicaliste usuel[2] ?
> Et cela ne signifie rien d'autre que ceci : le temps de ma mémoire dans ce cas est justement le temps que je décris.
> Ce temps n'est pas le même que celui de la conception courante. Celui-ci admet toutes les sources possibles comme par exemple les récits des autres personnes etc. Mais il s'agit là encore d'isoler l'un des deux temps[3].

Ces textes soulèvent deux interrogations : 1) comment expliquer que la langue phénoménologique fasse l'objet d'une qualification si spécifique que l'idée même d'une description séparée des processus de l'expérience visuelle survit à l'abandon du projet phénoménologique au sens strict[4] ? 2) Comment expliquer, en outre, que la méthode d'isolement du noyau expérientiel de la signification concerne aussi bien les déterminations spatiales de l'expérience que ses déterminations temporelles ? Comment expliquer, en d'autres termes, que cette méthode puisse être conçue comme

1. Voir sur ce point l'excellent livre de D. Perrin, *Le flux et l'instant. Wittgenstein aux prises avec le mythe du présent*, Paris, Vrin, 2007.

2. Ms 107, p. 4 ; *PB* § 75, p. 103.

3. Ms 107, p. 6.

4. *Cf.* Ms 113, p. 123v-124r : « D'un autre côté, nous avons besoin d'un mode d'expression qui présente les processus de l'espace visuel en les séparant d'autres types d'expérience ». Cette remarque est la reprise d'une remarque de 1929 issue du Ms 105, p. 118.

une méthode holistique d'investigation des formes logiques (spatiale et temporelle) de l'expérience visuelle ?

Ces deux questions sont en réalité étroitement liées puisqu'elles s'inscrivent l'une comme l'autre dans le cadre d'une interprétation déjà déterminée du langage usuel dont la langue phénoménologique est censée *être* l'analyse. C'est que le langage dont la langue phénoménologique fournit l'analyse n'est pas n'importe quel langage. C'est un langage dont les énoncés et les termes (non-logiques) se rapportent originairement à la position des corps rigides dans l'espace physique[1]. C'est pourquoi le langage de l'analyse n'est pas lui-même sémantiquement neutre. Ses termes et ses énoncés réfèrent aux objets d'un des espaces phénoménaux à partir duquel s'opère la construction de l'espace physique commun par coordination des différents espaces sensoriels – l'espace ou champ visuel[2]. Le rapport entre les deux langues et, corrélativement, entre leurs objets respectifs est un rapport interne en ce sens que les propriétés de structure de l'« objet » d'une supposée langue phénoménologique correspondent *mutatis mutandis* à celles des situations visuellement perçues que nous décrivons ordinairement dans la langue de départ (la langue physique usuelle) au moyen d'éléments hypothétiques. Wittgenstein exprime souvent ce rapport au moyen d'une métaphore empruntée à la géométrie projective :

> Espace visuel et rétine. Comme lorsqu'on projette orthogonalement une sphère sur un plan – un peu à la façon dont les deux hémisphères de la terre sont représentés dans un atlas. On pourrait alors croire que ce qui se passe dans le plan en dehors des deux projections de sphères correspond malgré tout encore à une extension possible de ce qui se trouve sur la sphère. Ici, c'est justement un *espace complet* qui est projeté sur une *partie* d'un autre espace ; le cas est analogue à celui des limites du langage dans le dictionnaire[3].

L'intérêt de cette métaphore est qu'elle permet de donner un sens à l'idée selon laquelle il doit exister une relation nécessaire ou interne entre la forme des figures de l'ensemble de départ (ici, un objet spatial tri-dimensionnel : la sphère) et celle des figures de l'ensemble d'arrivée (sa représentation en deux dimensions dans un atlas) déterminée par les règles du mode de projection particulier choisi (ici, les règles de la projection orthogonale) tout en maintenant celle d'une différence de structure entre

1. Voir, par exemple, Ms 107, p. 160 ; *PB* § 57, p. 88.
2. Cf. *WWK*, p. 55-61.
3. Ms 108, p. 80 ; *PB* § 66, p. 96.

ces deux ensembles, les règles de la géométrie projective étant justement des règles de *transformation* systématique des propriétés des figures du plan de départ en un ensemble de propriétés correspondantes, mais non identiques, dans le plan d'arrivée.

Wittgenstein a abondamment exploité les ressources de cette métaphore à l'époque de son retour à la philosophie pour expliquer plus généralement la différence qui existe entre ce qu'il appelle parfois le système I (ou système des données primaires) et le système II (ou systèmes des objets physiques secondaires) comme une différence de « plan », c'est-à-dire finalement comme une différence de catégorie qui n'exclut cependant pas l'existence d'une relation de correspondance entre les éléments de chacun des deux systèmes [1]. Mais il est évident ici que cette métaphore lui sert plus spécifiquement à mettre en lumière ce qu'il considère comme une autre sorte de spatialité distincte de celle des objets physiques et décrite par une autre langue que la langue physicaliste usuelle – celle des sensations visuelles qu'est censée décrire la langue phénoménologique. Ce qui caractérise cette application apparemment inédite du mot « espace » est que les données visuelles forment par elles-mêmes un espace sans être situées *dans* un espace. Ainsi, ce qui est représenté dans le plan (*i.e.* dans l'espace physique d'arrivée) comme *partie* d'un espace plus grand, donc en un sens comme un espace lacunaire, doit être interprété selon les lois de la géométrie projective comme un espace à la fois *autonome* et *complet* dans l'ensemble de départ (*i.e.* dans le plan de l'expérience primaire). L'espace visuel se définit lui-même comme un espace catégorialement et structuralement distinct de l'espace physique et en même temps comme le strict « corrélat » de cet espace dans le domaine du primaire. C'est à ce titre que Wittgenstein pense pouvoir l'isoler de toute structure hypothétique adventice en en faisant l'objet d'une description séparée. La langue phénoménologique, à supposer qu'elle soit tout simplement possible, serait une langue destinée à décrire prioritairement ce qui, dans l'ensemble de départ (système I), correspond à ce que nous nommons « espace » dans l'ensemble d'arrivée (système II). Simplement, le mot « espace » n'a pas le même sens dans les deux cas.

On sait que Wittgenstein se montrera très critique à l'égard de cette première tentative de caractérisation d'une différence syntaxique dans les termes d'une différence entre *deux* espaces; comme si nous avions découvert avec « l'espace visuel » un nouvel objet aux propriétés distinctes de

1. Voir en particulier *SRLF* dans *PO*, p. 30; Ms 106, p. 107-109; Ms 112, p. 135r-v; *PB* § 93, p. 118-119.

celles de l'espace physique. On ne peut toutefois comprendre les enjeux de la critique grammaticale des années 1930-1932 sans comprendre d'abord ce qui pourrait permettre de faire droit à l'idée d'une spatialité propre aux données de la perception visuelle puisque c'est à ce titre que Wittgenstein pense pouvoir en faire l'objet d'une description phénoménologique séparée.

WITTGENSTEIN ET NICOD : LA LANGUE PHÉNOMÉNOLOGIQUE COMME LANGUE DE LA DESCRIPTION DES LIEUX SENSIBLES

Il faut bien le reconnaître : peu d'éléments dans les textes de Wittgenstein permettent de juger du bien-fondé de l'identification qu'il opère pourtant de façon manifeste en 1929 entre le phénoménologique et le visuel. La métaphore projective nous a sans doute permis de nous faire une meilleure idée des raisons pour lesquelles il en est finalement venu à privilégier *une* modalité sensorielle particulière (la vue) dans une investigation qui aurait dû en principe porter sur la totalité des différentes modalités sensorielles[1]. Mais elle n'explique pas, ou tout au moins pas complètement, sa tendance à privilégier la spatialité de la vision au détriment de celle des autres modalités – si jamais il y a un sens à parler, à propos des autres modalités, d'« espaces » sensoriels[2].

Une des difficultés que posent les textes de 1929 tient précisément à l'absence de véritables arguments pour justifier le privilège donné au visuel dans la recherche d'une description phénoménologique séparée de ce type d'expérience. Cela ne veut pas dire que Wittgenstein n'avait pas d'idée précise de sa forme logique spatiale. Cela veut seulement dire que cette idée reste largement implicite et opératoire à cette époque, alors même qu'elle joue un rôle décisif dans certains de ses arguments en faveur de la possibilité d'applications alternatives sensées de nos concepts spatiaux à l'expérience visuelle. Aussi mérite-t-elle d'être explicitée à la lumière de polémiques qui constituent l'arrière-plan de la caractérisation wittgensteinienne complète et spécifique de la langue phénoménologique comme langue de la description des *lieux* (ou places) du champ visuel ; en particulier celle qui oppose Nicod à Poincaré sur le rôle joué par les données

1. Cf. *PB* § 224, p. 281.

2. À notre connaissance, Wittgenstein n'a jamais pris explicitement position sur la question de savoir si d'autres modalités, comme l'audition par exemple, sont ou non des modalités *intrinsèquement* spatiales.

visuelles dans la reconstruction d'un ordre illustrant les axiomes d'une géométrie complète et autonome.

Nicod, critique de Poincaré

L'ouvrage de Nicod, intitulé *La géométrie dans le monde sensible* et publié pour la première fois en 1924[1], est resté célèbre pour la critique qu'il contient de l'analyse par Poincaré de la genèse de la notion d'espace géométrique à partir de la combinaison des différents espaces sensoriels ou « représentatifs » de la vue, du toucher et de la sensation musculaire. Nicod s'inscrit dans une tradition épistémologique d'analyse logique, la tradition dite « de Cambridge »[2], qui prend pour base de la reconstruction formelle des objets de la science le contenu fourni par les énoncés de la physique. Wittgenstein n'est pas tout à fait étranger à cette tradition. On peut même considérer qu'il accepte en 1929 comme une prémisse indiscutable la partie analytique-réductive de ce genre de programme. C'est particulièrement net dans le passage précédemment cité où la prérogative de la langue phénoménologique (être capable de présenter séparément les différentes régions sensorielles) est réaffirmée par contraste avec l'état de mélange et d'indistinction de l'objet de la langue physicaliste usuelle. Le lien avec l'analyse de Poincaré et sa critique par Nicod est donc beaucoup plus direct qu'on pourrait le penser. Mais avant d'en préciser la nature, examinons d'abord les principes sur lesquels repose la critique de Nicod.

Dans la Troisième Partie de la *Géométrie*, ce dernier montre comment l'on peut générer, à partir des différentes relations sensibles élémentaires perçues dans la réalité (relations temporelles de succession et de simultanéité, ressemblance globale et ressemblances partielles) et en fonction également du type de données sensibles prises pour base de la construction logique (données « externes » ou « internes »), différentes sortes de géométries qui constituent autant « d'aperçus utiles » sur la structure géométrique universelle de l'expérience.

En insistant pour sa part sur la possibilité de construire une variété de géométries s'illustrant dans des trames d'ordre et des types de données sensibles différents, Nicod s'oppose aux « généralisations fausses »[3] dont s'est rendu coupable, selon lui, Poincaré dans sa propre analyse de la génèse de la notion d'espace géométrique. Au chapitre IV de la deuxième

1. *La géométrie*, *op. cit.* Toutes nos références sont à la deuxième édition de 1962.

2. *Cf.* R. Simili (ed.), *L'epistemologia di Cambridge 1850-1950*, Bologna, Il Mulino, 1987.

3. *La géométrie*, *op. cit.*, p. 157.

partie de *La science et l'hypothèse*[1], Poincaré constate en effet que l'idée d'espace n'a pu naître des seules données externes (notamment *visuelles*) en raison de la nécessité où nous sommes, lors de la perception des mouvements d'un objet dans l'espace, de compenser les modifications d'impression qu'ils produisent par des mouvements musculaires correspondants – des mouvements d'accomodation de l'œil par exemple. Ces mouvements volontaires, dont la fonction est de restaurer le système d'impressions initial, sont eux-mêmes accompagnés de sensations spécifiques : les sensations musculaires. L'importance de ce dernier type de sensations pour la genèse du concept géométrique d'espace explique que Poincaré insiste davantage sur le rapport de la géométrie à l'action, *la* géométrie s'illustrant d'après lui *exclusivement* dans la « réciprocité »[2] ou « l'alternance »[3] des données externes (visuelles, tactiles) *et* internes (les sensations musculaires)[4].

Ce qui est présenté ici comme une vérité générale à propos du rapport de la géométrie à l'expérience procède en fait, selon Nicod, d'une surestimation du rôle des données kinesthésiques et proprioceptives (internes, donc) dans la genèse de la notion d'espace et, corrélativement, d'une « lacune » dans l'examen des autres types de données sensorielles (externes), pourtant susceptibles selon lui d'illustrer *par elles-mêmes* un ordre géométrique complet et autonome[5]. La stratégie de Nicod va ainsi consister à combler cette lacune en montrant, par une étude des relations sensibles qu'elles mettent en jeu, que les données visuelles ont bien la richesse de structure nécessaire pour qu'un ordre géométrique puisse trouver en elle une illustration intuitive immédiate. Mais pourquoi les données *visuelles*, et pas d'autres données sensorielles externes comme par exemple les données auditives ? La réponse de Nicod mérite d'être rappelée dans son principe parce qu'elle est particulièrement significative dans la perspective qui est la nôtre ici – celle de la caractérisation par Wittgenstein de la langue phénoménologique comme langue de la description des lieux de l'espace visuel.

Entendons-nous bien. Il ne s'agit pas de nier que les données auditives puissent *elles aussi* permettre la construction d'une géométrie. Dans sa première schématisation de l'expérience, Nicod montre, à propos d'un être dont la perception aurait été arbitrairement réduite aux sensations éprou-

1. H. Poincaré, *La science et l'hypothèse*, Paris, Flammarion, 1968.
2. *La science et l'hypothèse*, *op. cit.*, p. 87.
3. *La géométrie*, *op. cit.*, p. 93, note 1.
4. Cf. *La science et l'hypothèse*, *op. cit.*, p. 80, 84.
5. *La géométrie*, *op. cit.*, p. 107, 157.

vées lors de ses déplacements le long d'une ligne divisée en sections – ou sur une surface divisée en cases, que ses expériences du retour des mêmes notes à travers la succession des sons suffiraient comme telles à illustrer les axiomes d'une géométrie. Simplement, celle-ci serait limitée à « cette partie amorphe de la géométrie qu'est l'*analysis situs* »[1].

Il en va pourtant tout autrement dans le cas des données visuelles puisque la géométrie construite à partir des relations perçues entre ces données (relations de ressemblance globale, partielle et relations de position) est susceptible, au contraire, de former par elle-même une géométrie complète dont les axiomes et entités primitives (les points et la relation de congruence entre couples de points) sont immédiatement interprétables en termes visuels[2]. Mais qu'est-ce qui rend justement ces données aptes à une telle interprétation sensible ?

La construction de Nicod a ceci de remarquable qu'elle confère, d'un côté, aux données visuelles un certain privilège fondé en partie sur la reconnaissance de leur nature intrinsèquement spatiale tout en refusant, de l'autre, de faire la part trop belle à ce genre d'illustration intuitive lorsqu'il s'agit de reconstruire la structure monadologique d'ensemble de l'expérience en prenant en compte le point de vue temporel de la succession des différentes « vues »[3]. Toujours est-il que, d'un point de vue strictement monadique, c'est-à-dire en considérant uniquement l'organisation interne à chaque « vue », les données visuelles présentent la particularité de mettre en jeu des relations sensibles élémentaires qui différencient et diversifient les relations de ressemblance globale généralement perçues entre les données sensibles. Alors qu'une donnée auditive ne participe que d'un seul universel (*la* classe des termes groupés par ressemblance globale) sur la base duquel s'opère son identification – le son perçu comme le retour de la même note, une donnée visuelle participe à la fois de *deux* universels (ou classes de termes), ce qui permet son identification selon deux modalités de ressemblance : *qualitative* et *locale*. C'est ce « croisement » de deux espèces divergentes de ressemblance partielle (selon la qualité et selon le lieu) en lesquelles se divise la ressemblance globale qui confère aux

1. *La géométrie*, *op. cit.*, p. 107. Rappelons que l'« *analysis situs* » – c'est le nom que donnait Leibniz à cette branche des mathématiques pures que l'on appelle aujourd'hui la topologie – traite des propriétés *qualitatives* du continuum (notamment, de l'ordre et de la position), par distinction d'avec ses propriétés métriques.

2. *La géométrie*, *op. cit.*, p. 111-112.

3. Sur les deux parties (« monadique » et « monadologique ») de la construction de Nicod, voir J. Vuillemin, *La logique et le monde sensible. Étude sur les théories contemporaines de l'abstraction*, Paris, Flammarion, 1971, p. 241-242.

données visuelles la « richesse de structure » nécessaire pour former de soi-même un ordre géométrique complet[1].

Pour bien comprendre ce qui fonde le privilège des données visuelles, par contraste avec les données auditives, précisons tout de même qu'il est possible de percevoir des relations de ressemblance qualitative entre les données auditives. Il existe même de ce point de vue une analogie de structure frappante avec les données visuelles. Car s'il est vrai que je peux saisir, comme le souligne Nicod, entre un son *b* et un son *a* dont il est la reproduction, différents degrés de ressemblance *globale* sans nécessairement saisir ce qui les distingue ou au contraire les rapproche *qualitativement*, je peux aussi percevoir entre ces deux sons certains degrés de ressemblance *partielle* dans lesquels interviennent des modes de variation qualitatifs (hauteur, timbre, intensité) analogues à ceux qui interviennent dans le cas des données visuelles (teinte, luminosité et saturation). L'analogie ne peut cependant être poussée au-delà de certaines limites. Elle ne peut être étendue par exemple sans difficultés à l'autre espèce de ressemblance partielle qu'est la ressemblance *selon le lieu*.

Il est sans doute possible de trouver, dans un monde purement auditif, un équivalent à l'idée d'une dimension spatiale dans laquelle seraient « hébergées » (*housed*) les données auditives non-actuellement perçues – avant de reparaître. Strawson a, comme on le sait, imaginé une expérience de pensée permettant de donner un sens à l'idée d'un analogue de la distance visuelle dans le cas des particuliers sensibles auditifs[2]. Seulement, cette analogie ne peut remplir toutes les conditions qui nous autorisent à parler dans ce cas d'un « espace » auditif au sens où nous parlons, semble-t-il, plus naturellement d'un « espace » de la vue. Elle ne peut en particulier remplir la *condition de simultanéité spatiale* ou de *simultanéité de présentation des places sensibles* qu'impose l'analogie avec le visuel. Comme le souligne lui-même Strawson dans un esprit proche de celui de Nicod :

> L'important est que, eu égard à la dimension spatiale, les relations entre les éléments soient présentées simultanément, toutes à la fois – nous n'avons nullement besoin de tache-maîtresse changeante pour nous donner l'idée de cette dimension. Or, dans le cas de l'analogue auditif de la dimension spatiale, les relations entre les éléments ne peuvent être présentées simultanément, toutes à la fois. Elles reposent essentiellement sur le changement. En gros, on peut voir à la fois deux éléments visuels situés à une

1. *La géométrie*, *op. cit.*, p. 66-68.

2. Cf. *Individuals*, *op. cit.*, 1re partie, chap. 2.

> certaine distance visuelle l'un de l'autre ; tandis qu'on ne peut pas entendre à la fois deux éléments auditifs situés à une certaine distance auditive l'un de l'autre. Ou, pour le dire autrement, les états momentanés des taches de couleur d'une scène visuelle donnent à voir à un instant précis entre eux des relations spatiales; tandis que les états momentanés des taches sonores de la scène auditive ne donnent pas à entendre à un instant précis l'analogue auditif des relations spatiales [1].

On le voit, ce n'est à proprement parler ni l'impossibilité de les identifier qualitativement (selon l'une des deux modalités de ressemblance partielle), ni même celle de leur appliquer des prédicats spatiaux sur la seule base de cette expérience qui font que les données auditives ne peuvent permettre la construction d'un ordre géométrique aussi riche et complet que celui qu'il est possible d'obtenir à partir des données visuelles. Le « point important », pour Nicod comme pour Strawson, réside en fait ailleurs [2]. Il concerne une propriété logique de l'espace dans lequel doit pouvoir s'opérer la réidentification des données sensibles en tant que particuliers. Certaines qualités sensibles particulières (telle ou telle donnée colorée par exemple) apparaissent, disparaissent, réapparaissent, en un mot *passent*, mais ce changement qualitatif s'opère sur le fond d'un ensemble de places sensibles qui, elles, doivent demeurer simultanément présentes à la manière d'une « scène » ou d'une « toile de fond » pour en permettre le repérage. Nicod avait déjà décrit, avant Strawson, cette propriété comme une propriété logique appartenant intrinsèquement et de façon privilégiée aux données de l'expérience visuelle. Il écrit :

> De plus, si les qualités sont capricieuses dans leur fréquence se laissant parfois longtemps oublier, toute place sensible – du champ visuel par exemple – m'est continuellement présente par quelque donnée : une pierre, une feuille d'arbre, une région d'ombre, un fragment de ciel, et ainsi de suite du matin au soir. Les qualités – le rouge, le bleu, le vert – me visitent et me quittent, mais les places sensibles me sont toujours représentées au grand complet. Cela leur donne un privilège. Par leur ensemble toujours présent, elles constituent comme un fond où les qualités se détachent, comme une toile sur laquelle elles passent, comme une scène dont elles

1. *Individuals*, *op. cit.*, trad. fr. modifiée, p. 88. *Cf.* aussi, *ibid.*, trad. fr., p. 89 pour l'idée selon laquelle la condition de simultanéité (*i.e.* de présentation simultanée des places sensibles) n'est satisfaite à proprement parler que par le système des relations spatiales fournies par la vue.

2. Sur le rapport de Nicod à Strawson, nous renvoyons à l'excellent article de J.W. Swanson, « On a Problem of Nicod and Strawson », *Philosophy and Phenomenological Research*, vol. 28, n° 1, 1967, p. 222-229.

> sont la troupe. Un terme visuel ne disparaît pas, comme un son, tout entier : il laisse derrière soi un héritier d'un de ses caractères. Sa localité sensible lui survit dans un nouveau terme. Cela enlève quelque chose à l'absolu du devenir. L'apparition ou la disparition d'une donnée vient seulement réaliser ou défaire un certain arrangement possible, dont l'un des deux facteurs, la place sensible, le *ici* ou *là*, me demeure toujours présent.
> Ce jeu de ressemblances diverses à travers de vastes ensembles de termes simultanés, cette combinaison de deux groupes de caractères dont l'un est constamment représenté en son entier, voilà ce qui caractérise l'univers de la vue, et ce qui nous manque si fort dans les sens plus rudimentaires [1].

Sans cette présence simultanée de l'ensemble des places sensibles à chaque moment déterminé du temps, aucun sens ne pourrait être donné en particulier à l'idée qu'une qualité non-actuellement perçue peut malgré tout être réidentifiée comme la même après avoir disparu pendant un certain laps de temps de mon champ de vision. La réidentification des données sensibles ne peut s'effectuer que si ces données forment entre elles un réseau constant et simultané de *possibilités logiques* qui ont trait à la localisation des données dans l'espace de la perception visuelle. Or c'est précisément parce que les données visuelles, contrairement aux données auditives, sont susceptibles de former *par elles-mêmes* un tel réseau logique de lieux, un « espace » visuel au sens logique du terme donc, qu'elles jouissent d'un certain privilège dans la construction d'un ordre illustrant les axiomes d'une géométrie. Ce privilège des données visuelles est même ce qui fait qu'elles peuvent servir, selon Nicod, implicitement de modèle pour la construction d'autres géométries sensibles [2].

Si la langue phénoménologique, au sens où l'entend Wittgenstein en 1929, a partie liée avec l'idée qu'il doit être possible de décrire l'espace visuel séparément des autres espaces sensoriels et si cette idée présuppose à son tour une certaine autonomie logique du visuel par rapport aux autres modalités sensorielles [3], on comprend alors que l'argument développé par Nicod contre Poincaré ait pu jouer tacitement un rôle dans son propre projet. Nous pourrions même aller jusqu'à soutenir que l'idée que Wittgenstein se fait en 1929 de la forme logique spatiale et temporelle de l'expérience visuelle – idée déjà présente chez certains philosophes contemporains comme Nicod – est à l'origine de la caractérisation plus spécifique de la langue phénoménologique comme langue de la description des lieux du champ visuel.

1. *La géométrie*, *op. cit.*, p. 108-109.
2. *Ibid.*, p. 109.
3. Cf. *PB* § 50, p. 83.

GÉOMÉTRIE DES RELATIONS DE POSITION, ABSOLUITÉ DE L'ESPACE VISUEL ET DESCRIPTION DES LIEUX SENSIBLES

L'idée selon laquelle Wittgenstein aurait eu une conception déterminée de la structure de l'« objet » d'une supposée langue phénoménologique n'est généralement pas prise au sérieux, lorsqu'elle n'est pas tout simplement ignorée [1], parce qu'on considère que son intérêt pour le champ visuel en 1929 ou bien se borne à la question de ses limites envisagée désormais dans une perspective explicitement phénoménologique, ou bien se manifeste pour l'essentiel à travers sa volonté de « rééditer l'exploit » (supposément) déjà réalisé dans le cas de la description de l'espace des couleurs – à savoir, celui de parvenir à une description phénoménologique pure des relations « spatiales » entre les éléments de cet espace [2].

Il existe pourtant de nombreux indices dans les manuscrits de son intérêt pour les problèmes liés à la structure de l'espace visuel et du rôle joué par ce genre de considérations dans le destin du projet phénoménologique de 1929. Une remarque du début de la même année montre que Wittgenstein entend, par « champ visuel », non pas simplement l'unité d'un domaine ou d'une région sensorielle distincte d'autres régions sensorielles, mais bien une structure relationnelle déterminée à propos de laquelle la question se pose de savoir par exemple si le concept de distance peut légitimement s'y appliquer en un sens différent de celui auquel il s'applique à l'espace physique des corps rigides. Parler du « champ » visuel et des relations de distance entre ses points pourrait avoir dans ce cas un sens analogue à celui dans lequel nous parlons par exemple d'un « champ de force » (*Kraftfeld*) en physique [3].

Les Hintikka ont raison, à cet égard, de souligner que « c'est son enquête sur la nature de l'espace perceptif et sa relation à l'espace physique qui a graduellement poussé (Wittgenstein) à se concentrer sur l'opposition entre langage phénoménologique et langage physique » [4], à ceci près que, dans l'opposition entre espace visuel et espace physique, l'accent semble davantage mis début 1929 sur la possibilité d'appliquer en un sens inédit

1. À l'exception notable, cependant, de J. et M. Hintikka dans *Investigating*, *op. cit.*, chap. 5, sec. 6.

2. Telle est la ligne d'interprétation adoptée par J. Sackur dans *Opération et description. La critique par Wittgenstein des théories de la proposition de Russell*, Thèse de doctorat, Université de Paris I-Panthéon-Sorbonne, 2000 et dans « Théorie de la connaissance et solipsisme… », dans *Wittgenstein : les mots de l'esprit*, *op. cit.*, p. 73-103.

3. Ms 105, p. 51.

4. *Investigating*, *op. cit.*, trad. fr., p. 189.

les concepts spatiaux à la description de l'expérience visuelle que sur les erreurs et contradictions qui naissent de l'application des modes d'inférence propres au langage de l'un – l'espace physique euclidien – aux phénomènes de l'autre – l'espace visuel. Sa stratégie argumentative (pour justifier la possibilité d'une application alternative sensée et inédite de nos prédicats spatiaux à l'expérience visuelle) consiste tout à fait généralement à invoquer une expérience visuelle arbitrairement simplifiée qui n'est pas sans rappeler les descriptions d'expériences sensibles fictives de Nicod dans la troisième partie de son ouvrage.

Ce que Wittgenstein considère comme un exemple de description possible ou imaginable du champ visuel (attestant du même coup la possibilité de principe d'une langue phénoménologique) n'est pas foncièrement différent de ce que Nicod considère, pour sa part, comme une géométrie « aussi simple, aussi complète et aussi parfaite que possible », à savoir celle obtenue à partir de la perception des *relations de position* entre des trios d'étoiles. Il suffit, pour s'en convaincre, de comparer la réponse de Wittgenstein à la question précédente – une description du champ visuel est-elle tout simplement possible? –: « on peut certainement dire : si tu regardes dans cette lunette, tu verras trois points lumineux à égale distance les uns des autres. Ceci est bien la description d'une image visuelle » [1] avec la description suivante de Nicod :

> Je saisis d'un seul regard le ciel plein d'étoiles. Parmi les trios qu'elles forment, je puis me désigner ceux dont les trois termes paraissent en alignement. Les triangles formés de trois étoiles non alignées, je puis les classer en scalènes, isocèles, et ainsi de suite. Je puis reconnaître que ces deux écarts sont égaux, que ces deux autres ne le sont pas. Certes, je serais plus sûr de ces classements si je me servais d'instruments. Mais même à l'œil nu, je saisis grossièrement les ressemblances et les différences des figures formées par les étoiles des diverses régions du ciel. N'y a-t-il pas là une géométrie ramassée dans l'instant [2] ?

Il est vrai que, dans sa propre description, Wittgenstein se contente d'indiquer de façon relativement sommaire le contenu d'une expérience visuelle fictive sans analyser plus en détail, comme le fait Nicod, la façon dont se transmet par exemple la relation d'alignement ou d'égalité d'écartement entre les trios d'étoiles perçus dans le champ visuel. On peut toutefois considérer les analyses de Nicod comme une version plus développée et approfondie de ce qui se présente également chez Wittgenstein comme

1. Ms 105, p. 5-7.
2. *La géométrie*, *op. cit.*, p. 111.

une sorte de géométrie intuitive complète « ramassée dans l'instant ». Le fait, notamment, qu'une analyse de l'expérience visuelle en termes topologiques soit possible permet sans doute de donner un sens à l'idée d'une description phénoménologique autonome de l'espace visuel.

Le parallèle ne s'arrête pourtant pas là. Il s'étend à une autre caractéristique majeure de la langue phénoménologique au sens où l'entend Wittgenstein en 1929, à savoir la possibilité d'éliminer les relations temporelles de cette langue. D'après lui, une présentation « phénoménologique » de l'expérience doit nécessairement être une description de l'expérience *présente* puisque la référence à des événements passés ou futurs ferait de celle-ci une présentation seulement *hypothétique* du donné[1]. Or Nicod montre, pour sa part, que la variété de géométrie qui se rapproche le plus de l'idée que l'on se fait naturellement de la multiplicité spatiale – à savoir, celle d'un ordre dont les termes seraient donnés simultanément – est précisément celle qui se fonde sur la perception des relations de position entre les données sensibles *indépendamment des rapports temporels de succession* :

> Admettons provisoirement que ces relations de position des points brillants qu'un regard me montre dispersés dans le ciel soient en effet des rapports enfermés tout entiers dans l'instant, *sans référence intrinsèque à des perceptions passées ou futures*. C'est poser l'existence d'une géométrie sensible intuitive. [...] L'esprit que nous supposons a dès lors devant lui une infinité de données sensibles distinctes et simultanées, correspondant terme pour terme aux points de notre espace physique. C'est là le maximum d'une perception intuitive de l'espace[2].

Le cas de l'application des prédicats spatiaux à l'expérience visuelle est encore plus significatif, non seulement parce que la géométrie des relations de position y joue à nouveau un rôle central pour chacun des prédicats en question, mais surtout parce que cette illustration intuitive présuppose une conception déterminée de la structure de l'espace de la vue – structure qu'une langue phénoménologique a justement pour tâche de restituer.

Considérons, par exemple, la double thèse selon laquelle « il y a, dans l'espace visuel, position absolue, d'où aussi mouvement absolu »[3]. La première partie de la thèse est établie par Wittgenstein à l'occasion d'une réflexion sur des cas de prédication méréologique, c'est-à-dire d'énoncés consistant à attribuer à une partie d'une surface uniformément colorée une

1. *PB* § 67, p. 97.
2. *Ibid.*, nous soulignons.
3. Ms 108, p. 100/*PB* § 206, p. 254.

couleur identique à celle-ci – typiquement, « cette partie d'une surface rouge est rouge », ou encore, « le centre de mon champ visuel uniformément jaune est jaune »[1]. La possibilité de telles prédications, ou plutôt, le fait même qu'il y ait un *sens* à former ce genre d'énoncés à propos du rapport entre une partie du champ du visuel et le champ visuel en tant que tout présuppose, à titre de condition, qu'il soit possible d'identifier des positions dans ce champ indépendamment de ce qui peut effectivement les occuper. La tache décrite étant, par hypothèse, qualitativement identique à la surface dont elle est une partie, sa localisation ne saurait s'opérer relativement à une autre tache ou partie qualitativement distincte. Il y a bien pour Wittgenstein « position absolue » dans le champ visuel dans la mesure où nous avons une perception directe des lieux, indépendamment de la perception des « choses » (ou données) qui les occupent[2].

Mais c'est surtout avec l'argument dit « du mouvement »[3] que le rôle d'une conception déterminée de la structure de l'espace visuel et le parallèle avec l'analyse de Nicod deviennent plus prégnants. L'expérience de pensée invoquée par Wittgenstein n'est d'ailleurs pas différente de celle imaginée par l'auteur de la *Géométrie* mais aussi, notons-le, par Strawson puisqu'il s'agit d'un cas de réidentification dans une situation de discontinuité perceptive. Le fait qu'il soit possible d'identifier et même de *ré*identifier une donnée colorée identique à une surface monochrome tantôt au même endroit, tantôt en un lieu différent présuppose la possibilité de fixer l'identité d'un lieu dans l'espace visuel indépendamment de la présence effective d'une couleur en ce lieu. On reconnaît ici le principal résultat de l'analyse nicodienne de la structure de l'espace visuel en termes d'« arrangements » que viennent « réaliser » ou « défaire » les données chromatiques en se produisant sur, ou en disparaissant de, la scène visuelle. Ce parallèle est loin d'être fortuit puisque la conception de l'espace qu'elle présuppose correspond en tous points à la double condition structurale énoncée par Nicod pour justifier le privilège des données visuelles dans la partie monadique de sa construction. L'espace visuel doit également être pour Wittgenstein :

1. Ms 106, p. 67/*PB* § 206, p. 253.

2. *PB* § 206, p. 253-254. Sur la thèse de la perception directe des lieux, *cf.* J. Campbell, *Reference and Consciousness*, Oxford, Clarendon Press, 2002, p. 46-48 ; J. Dokic, « L'espace de la perception et de l'imagination », dans J. Bouveresse et J.-J. Rosat (dir.), *Philosophies de la perception. Phénoménologie, grammaire et sciences cognitives*, Paris, Odile Jacob, 2003, p. 82-83.

3. R. Casati, « Notes on Phenomenology and Visual Space », dans R. Egidi (ed.), *Wittgenstein : Mind and Language*, Dordrecht, Kluwer, 1995, p. 187.

1) Une structure *localement diverse* au sens où il doit être possible d'y distinguer différents lieux sensibles individuels.

2) Un système ou réseau de places *simultané*, donné d'un seul coup en totalité dans l'expérience.

Cette double condition sous-tend très clairement la thèse de l'applicabilité des déictiques spatiaux (« ici », « là ») à l'expérience sur la seule base de la perception visuelle et prend, chez lui, la forme d'une analogie entre la structure de l'espace visuel et celle d'une surface de courbure différente en chacun de ses points :

> Imaginons une tache qui disparaît puis réapparaît, nous pouvons pourtant dire si elle réapparaît au même lieu ou en un autre lieu.
> On peut donc réellement parler de certains lieux dans le champ visuel et ce du même droit que l'on parle de lieux différents sur la rétine.
> Un tel espace serait-il à comparer à une surface qui aurait une courbure différente en chacun de ses points de sorte que chaque point serait un point remarquable ?
> Si chaque point dans l'espace visuel est un point remarquable, alors cela a assurément un sens de parler d'*ici* et *là* dans l'espace visuel [...] [1].

Nul doute que ce genre de « présentation » corresponde à l'idée que se fait Wittgenstein en 1929 d'une langue phénoménologique, même lorsque celle-ci ne porte pas explicitement son nom. Nous en voulons pour preuve l'articulation très nettement repérable dans les manuscrits entre la thèse de l'absoluité de l'espace visuel (dont nous venons d'étudier un aspect[2]) et le problème de la possibilité d'une description des objets visuels par l'indication de leurs localités. Contrairement à ce que pourrait laisser croire la composition ultérieure des *Remarques*, cette thèse n'est pas traitée isolément. Elle est directement issue de l'examen d'une difficulté inhérente au mode de description phénoménologique des objets visuels.

Le problème est le suivant : comment rendre compte de la présence *en deux endroits* du champ visuel de deux objets que rien ne distingue qualitativement puisqu'ils ont la même forme et sont de même couleur ? D'abord traité dans le cadre de la doctrine tractatuséenne de la nomination des objets, ce problème est ensuite directement appliqué à la description

1. Ms 105, p. 29-31, 45-47/*PB* § 206, p. 253-254.

2. D'autres aspects de cette thèse concernent la possibilité d'appliquer les prédicats spatiaux d'orientation et de distance également de façon absolue (cf. *PB* § 206-208). Pour une étude plus systématique de ces différents aspects dans une perspective sémantique modale, voir L. Wiesenthal, « Visual Space From the Perspective of Possible-Worlds Semantics. I », *Synthese*, n° 56, 1983, p. 199-238.

d'objets de perception qualitativement identiques mais numériquement distincts :

> Supposons que mon image visuelle se compose de deux cercles rouges de même taille sur fond bleu : qu'est-ce qui existe ici en deux exemplaires et qu'est-ce qui n'existe qu'en un seul ? Et que signifie tout simplement cette question ?
> On pourrait dire que nous avons ici une couleur, une forme, mais deux localités. Mais peut-on donc parler de localités sans les imaginer remplies, donc comme de simples possibilités ?
> Il y aurait apparemment une issue qui serait bien sûr de dire que rouge, circulaire sont les propriétés (externes) de deux objets que l'on pourrait appeler par exemple des taches et que ces taches ont, outre cela, entre elles certaines relations spatiales ; mais cela n'a pas de sens [1].

Wittgenstein met manifestement en concurrence deux modes de description des objets visuels, un mode interne et un mode externe, dont seul le premier lui paraît légitime puisque le second présente la forme, la couleur et la spatialité comme des propriétés accidentelles (externes) des objets décrits. Or il est clair que l'on ne peut penser la présence dans le champ visuel d'un objet sans forme, ni couleur, ni relation spatiale à d'autres objets. Couleur et spatialité sont des propriétés internes et nécessaires des objets visuels et en aucun cas des propriétés externes et contingentes attribuables à ceux-ci sur le modèle de la prédication de propriétés aux objets physiques dans le langage ordinaire.

Pour autant, la description des données visuelles par l'indication de la présence d'une même couleur et d'une même forme en deux lieux différents du champ n'est pas sans poser problème puisqu'elle suppose qu'il y ait du sens à identifier les places du champ visuel indépendamment de ce qui peut éventuellement les remplir. Autrement dit, la possibilité de ce mode de description présuppose justement le bien-fondé de la thèse selon laquelle « il y a, dans l'espace visuel, position absolue, d'où aussi mouvement absolu ». On voit donc bien que tous les arguments développés par Wittgenstein en faveur de cette thèse non seulement sont étroitement liés au problème de la possibilité d'une description phénoménologique mais donnent à cette langue le sens spécifique d'une langue de la description des lieux du champ visuel.

1. Ms 105, p. 29.

CHAPITRE IV

TEMPS ET ESPACE : LA CRITIQUE GRAMMATICALE DE L'IDÉE D'UN ESPACE TEMPOREL PROPRE À LA VISION

La notion d'espace visuel occupe, nous l'avons vu, une position centrale dans le projet phénoménologique de 1929. D'une part, elle permet de donner sens à l'idée d'une description phénoménologique séparée du donné immédiat; d'autre part, elle concrétise celle d'une possible élimination des relations temporelles externes de la description du phénomène. Autrement dit, cette notion illustre, d'un côté, l'idée d'une complète indépendance du donné immédiat par rapport au physique – ce qui ne saurait être le cas, par exemple, des sensations corporelles; de l'autre, celle d'une temporalité réduite au « présent pur », c'est-à-dire au présent phénoménologique sans rapport au passé, ni au futur[1]. Indépendance et instantanéité sont les deux caractéristiques essentielles du donné immédiat sous sa modalité visuelle. C'est à ce titre en tout cas que Wittgenstein veut en faire l'objet d'une description phénoménologique séparée.

Il n'est donc pas étonnant que ces deux caractéristiques se retrouvent au cœur de la critique grammaticale des fausses conceptions de l'espace visuel qu'il développe dès la fin de l'année 1929 et, dans une plus large mesure encore, dans les années 1930-1933. Notre objectif dans ce chapitre sera de montrer comment cette critique s'est exercée à l'endroit non seulement de l'idée d'une spatialité propre à la vision mais aussi de celle d'un espace temporel formé par les données de la vue.

1. Sur les notions de « présent pur » et de « phénomène présent », voir Ms 105, p. 118; Ms 107, p. 1, 6-7. Ce présent phénoménologique intemporel (*unzeitlich*) est incarné, selon Wittgenstein, par l'usage du verbe être dans un énoncé du type « le ciel est bleu », lorsque celui-ci est entendu de façon non-hypothétique. Cf. *PG*, p. 217.

Temps et espace sont, en effet, étroitement liés dans cette critique, et ce, pour deux raisons. D'une part, parce que le temps est, pour Wittgenstein, une caractéristique intrinsèque des énoncés portant sur les processus de l'espace visuel :

> Que nous ne puissions apparemment décrire l'espace sans faire quelque allusion au temps me semble être une qualité propre des énoncés spatiaux. [...] Il est d'ores et déjà vraisemblable que le temps ne puisse figurer après coup comme [simple] appendice dans la considération de l'espace visuel [1].

D'autre part, parce que nous avons tendance en philosophie à exprimer la temporalité spécifique des données de la perception visuelle (et de la mémoire primaire) en termes spatiaux en disant par exemple qu'elles font partie du même espace temporel, celui de « l'instant présent ».

La critique wittgensteinienne de cette tendance a, comme on le sait, une visée thérapeutique. Elle vise à libérer ceux qui voudraient décrire les propriétés temporelles intrinsèques de l'expérience immédiate de la tentation de le faire en utilisant les concepts spatiaux de la langue physique usuelle en un autre sens que celui dans lequel nous les utilisons ordinairement. Son diagnostic est bien connu. Nous l'avons déjà évoqué à plusieurs reprises. Notre objectif ici sera plutôt d'en déterminer la portée et la signification exactes.

Une des questions qui se posent en particulier est celle de savoir ce qu'il reste au juste de l'idée d'un espace et d'un temps propres aux données de la vue une fois cette critique admise dans son principe. Pour le dire vite, autant il fait peu de doute que la critique grammaticale de Wittgenstein entraîne la disparition pure et simple des notions d'espace et de temps phénoménaux, doubles de l'espace et du temps physiques, autant le genre d'élimination qu'elle entraîne reste difficile à apprécier. Notre premier objectif sera donc d'en déterminer la portée. Dans un deuxième temps, il s'agira de comprendre ce qui fait qu'il n'y a justement plus lieu de supposer l'existence d'un espace et d'un temps autres que l'espace et le temps physiques. L'hypothèse d'interprétation que nous défendrons est que c'est la prise en compte des propriétés temporelles empiriques (factuelles) du langage dans son rapport à la réalité – de ce que Wittgenstein appelle « l'application » du langage au sens littéral [2], exprimables de façon légitime en termes spatiaux, qui expliquent la disparition, et du projet phénoménologique, et de l'idée d'un espace et d'un temps propres aux données de la vue.

1. Ms 105, p. 11.
2. Cf. *PB* § 54, p. 85.

CRITIQUE DES IMAGERIES SPATIALES

Dès la fin de l'année 1929, il est arrivé à Wittgenstein de caractériser son travail philosophique comme un travail essentiellement, voire exclusivement critique. C'est particulièrement vrai dans le cas de l'espace visuel. Le rôle de la philosophie, selon lui, est moins d'élaborer de nouvelles théories à ce sujet que de récuser celles qui existent déjà et qui reposent sur une mauvaise utilisation de nos concepts. C'est ainsi qu'il note fin novembre 1929 :

> La tâche philosophique en rapport avec l'espace visuel (ne) consiste justement – comme toujours – (qu')à rejeter de fausses théories philosophiques le concernant [1].

Dissoudre les fausses représentations de l'expérience immédiate en revenant à la source de nos erreurs, voilà ce que devrait en principe se contenter de faire le philosophe. Cette conception thérapeutique du travail philosophique ne s'applique pas seulement à l'idée d'un « espace » propre aux données de la vue. Elle s'applique aussi à celle, étroitement liée, d'un espace temporel propre à ces données. Et l'on comprend aisément pourquoi. Si, comme nous l'avons vu, le concept de donné immédiat est sous-tendu non pas par une, mais par *deux* sortes de représentations imagées (l'une purement spatiale, l'autre en partie aussi temporelle) de l'espace formé par les données immédiates de la perception (et de la mémoire primaire), il n'y a rien d'étonnant finalement à ce que la critique des imageries spatiales s'applique autant à la caractérisation des données de la vue comme formant d'elles-mêmes un système de relations spatiales distinct et indépendant de l'espace physique qu'à leur caractérisation comme réseau de relations simultanées données d'un seul coup dans l'espace délimité par le présent phénoménologique.

Wittgenstein a consacré, tout au long des années 1930, une part importante de ses critiques grammaticales aux imageries spatiales d'origine physique qui sous-tendent la représentation intuitive du donné immédiat comme formant de lui-même un espace limité à l'instant présent. Le texte le plus saillant sur ce point est sans doute le suivant :

> On doit abandonner l'intuition que, pour parler de l'immédiat, nous devrions parler de l'état dans un moment temporel. On exprime cette intuition lorsqu'on dit : « Tout ce qui nous est donné est l'image visuelle et

1. Ms 107, p. 213.

> les données des autres sens, mais aussi le souvenir, dans l'instant présent ». C'est un non-sens, car que veut-on dire par « instant présent » ? Au fondement de cette représentation se trouve bien plutôt une image physique, à savoir celle du courant des vécus que je coupe à présent transversalement (en un point). Nous avons ici une tendance et une erreur analogues à celles de l'idéalisme (ou du solipsisme) [1].

On peut distinguer deux types d'erreurs philosophiques liées à l'utilisation, sinon du mot « espace », du moins des prédicats spatiaux appliqués à l'expérience visuelle. La première consiste à vouloir décrire les propriétés spatiales internes de cette expérience au moyen des prédicats géométriques et spatiaux de la langue physicaliste usuelle. C'est par exemple l'erreur que commet celui qui voudrait décrire la propriété qu'ont les phénomènes de l'espace visuel de nous être toujours donnés « en perspective » ou d'être plus « flous » à la périphérie qu'en son centre comme des caractéristiques visibles de cet espace. L'erreur consiste dans ce cas à vouloir appliquer ces prédicats (« en perspective », « flou ») à l'expérience visuelle sans contraste signifiant, sans disposer, dans un cas, d'un moyen de faire ressortir cette perspective [2] et, dans l'autre, d'un critère empirique de la netteté [3].

L'autre erreur, liée à la précédente, consiste à vouloir décrire les caractéristiques temporelles intrinsèques de cette expérience au moyen, là encore, de prédicats spatiaux. C'est par exemple l'erreur que commet le phénoménologue dans sa quête d'une langue susceptible de décrire l'expérience (visuelle) présente en se la représentant intuitivement comme formant un espace temporel (celui de l'instant présent) isolé des autres déterminations temporelles (passé, futur). Wittgenstein vise notamment ici son propre projet de description phénoménologique séparée de la temporalité primaire des phénomènes visuels [4].

Cette erreur est également celle que commet le solipsiste instantanéiste en cherchant à réduire la portée des termes qu'il utilise (« réalité », « présente ») à ce qui est effectivement donné d'un seul coup dans l'expérience présente. Le solipsiste croit pouvoir ainsi exprimer ce qu'il voudrait exprimer au moyen d'une représentation spatiale « naturelle » : la seule et unique réalité est l'espace que forme l'expérience réduite à sa dimension d'expérience présente. Mais en disant cela, il ne peut rien dire de sensé

1. Ms 111, p. 5.
2. Ms 108, p. 48-49 ; *PB* § 47, p. 80 ; *BT* § 91, p. 289.
3. Ms 108, p. 40 ; *PB* § 213, p. 267-268 ; *BT* § 98, p. 336-337.
4. *Cf.* Ms 107, p. 1, 6-7.

puisque manque précisément dans ce cas l'espace des relations nécessaire à l'utilisation sensée de déterminations temporelles telles que celle d'expérience « présente ». Cet espace ne peut être en réalité, pour Wittgenstein, qu'un espace linguistique :

> Lorsqu'on dit que seule *l'expérience présente* a une réalité, le mot « présente » doit déjà être superflu ici [...]. Car cela ne peut vouloir dire *présent*, par opposition à passé ou futur – Quelque chose d'autre doit être visé par ce mot, quelque chose qui n'est pas dans un espace mais est soi-même (en soi-même) un espace. C'est-à-dire, quelque chose qui ne soit pas limitrophe (et donc délimitable à partir) d'un autre espace. Quelque chose donc que le langage ne peut justement faire ressortir [1].

Autant le but de cette critique est relativement clair – il s'agit de dissiper l'inquiétude du philosophe-phénoménologue ou solipsiste liée à l'impossibilité de parvenir à ce genre de description[2], autant sa signification et sa portée le sont beaucoup moins.

Il est tentant, en effet, d'interpréter la critique grammaticale des fausses représentations spatiales du donné immédiat comme une critique de l'idée même qu'il puisse exister quelque chose comme un medium mental ou phénoménologique alternatif (non-physique) dans lequel se dérouleraient les expériences visuelles du « sujet » percevant selon leur temporalité propre.

En un sens, c'est bien de cela dont il s'agit. Lorsque Wittgenstein critique, par exemple, l'usage du mot « espace » pour désigner un lieu *de* l'expérience visuelle ou *du* déroulement des pensées, il veut certainement dire, entre autres choses, que nous n'avons aucune raison de supposer qu'il existe, outre l'espace physique, un medium mental ou phénoménologique dans lequel prendraient place les processus de pensée ou de la perception visuelle, sauf à confondre justement l'indication du medium des expériences ou des pensées avec une indication de lieu :

> Si l'on demande où se déroule le processus de pensée, on devra peut-être alors répondre : dans l'espace visuel, dans l'espace de certaines sensations kinesthésiques.

1. Ms 108, p. 3 ; *PB* § 54, p. 85. Wittgenstein retrouve ici une position qui était déjà celle de Frege sur le caractère non-spatialement situé des représentations. Cf. *Die Grundlagen der Arithmetik : Eine logisch-mathematische Untersuchung über den Begriff der Zahl*, Breslau, Max und Hermann Marcus, 1884; trad. fr. C. Imbert, *Les fondements de l'arithmétique. Recherche logico-mathematique sur le concept de nombre*, Paris, Seuil, 1969, § 61.

2. Voir sur ce point Ms 113, p. 123v ; *BT* § 102, p. 332.

> Cela est pourtant faux car indiquer l'espace n'est pas indiquer un lieu (indiquer l'espace, c'est en dernière instance indiquer une géométrie) [1].

De même que nous n'avons qu'une seule langue (la langue physicaliste usuelle) pour décrire tout ce que nous voudrions décrire, de même il n'y a qu'un seul espace *à décrire* – au sens que nous donnons ordinairement à ce verbe : l'espace physique des corps rigides et de leurs mouvements. La notion d'« espace visuel » a ceci de foncièrement égarant philosophiquement qu'elle nous conduit à imaginer ou à supposer à tort qu'il pourrait être question d'une espèce d'espace différente de l'espace physique et que cet espace pourrait en outre être défini par des propriétés différentes de celles de l'espace physique commun, alors que ce qu'on veut indiquer au moyen de cette expression est simplement un fait de langage ou grammatical, à savoir que valent pour l'expérience visuelle et la description de ses « objets » d'autres règles que celles qui valent pour la description des corps rigides dans l'espace physique. C'est ce que veut dire Wittgenstein lorsqu'il dit que l'expression « espace visuel » ne pointe pas en direction d'un fait extra-linguistique nouveau mais est simplement le représentant d'une « géométrie ». Le mot « géométrie » désigne ici l'espace des règles relatives à un domaine d'utilisation de nos mots, par exemple l'expérience visuelle par opposition aux corps de l'espace physique. Cet espace grammatical local forme une partie ou, comme le dit Wittgenstein, une « section » de la totalité de l'espace des règles d'usage de nos mots : « en réalité, le mot « espace visuel » ne se rapporte qu'à une géométrie, je veux dire, à une section de la grammaire de notre langage » [2].

Wittgenstein n'a manifestement jamais adhéré à la théorie matérialiste éliminativiste des processus mentaux ou des données sensorielles. La critique grammaticale des fausses conceptions de l'expérience n'a pas pour contrepartie une quelconque forme d'adhésion à un matérialisme éliminativiste ontologique radical. C'est pourquoi, lorsqu'il critique l'usage du mot « espace » pour décrire certaines propriétés internes de l'expérience visuelle – par exemple, le « fait » que cette expérience soit toujours ego-relatée, il ne fait au fond que critiquer l'idée (fausse) que nous nous faisons de la *relation* de cette expérience et de ses contenus (mentaux ou phénoménaux) à un prétendu « sujet » propriétaire de celle-ci, sans nécessairement nier la réalité des processus mentaux ou des données sensorielles elles-mêmes.

1. Ms 110, p. 39-40.
2. Ms 113, p. 124 ; *BT* § 97, p. 310.

Ce que nie en réalité Wittgenstein, c'est seulement l'idée qu'il serait essentiel à ces processus d'être situés « en nous » à la manière dont un objet physique peut être enfermé dans une boîte dont le contenu nous serait par principe inaccessible. L'erreur consiste dans ce cas à utiliser une expression à laquelle nous associons subrepticement une représentation d'origine physique (celle de la boîte ou de l'écran blanc) pour représenter intuitivement les *conditions* de la perception, à savoir, ce qui fait de celle-ci une véritable expérience, un « voir » au sens *psychologique* du terme :

> L'erreur de cette métaphore [celle de l'écran blanc] est de représenter l'occasion – la possibilité – pour une image visuelle [*Gesichtsbild*] d'apparaître, elle-même *visuellement*, car l'écran blanc est bien lui-même une image [1].

Le projet phénoménologique de 1929 tombe donc, en un sens, directement sous le coup de la critique grammaticale des années 1930 et cette critique peut être, par conséquent, considérée également comme une *auto*critique. Si, par « langue phénoménologique », on entend la recherche d'une description séparée et auto-suffisante des formes spatiale et temporelle de l'expérience visuelle, alors non seulement la recherche d'une telle langue est philosophiquement absurde et inutile mais les représentations du temps et de l'espace qui sous-tendent l'utilisation du concept de donné immédiat sont elles-mêmes foncièrement égarantes puisque seul le langage physicaliste usuel est susceptible de nous fournir les relations nécessaires à la délimitation d'un objet dans l'espace logique du discours.

Pour autant, la reconduction du primaire au secondaire qu'entraîne ce genre de critique ne signifie ni l'effacement de toute différence au sein de la grammaire, ni même que cette différence soit de nature purement linguistique. Elle signifie seulement qu'il n'y a pas de sens à supposer qu'il existe une classe à part d'énoncés correspondant à ce que nous entendons par description immédiate de l'expérience et, corrélativement, une classe spéciale d'entités correspondant à ce que devrait en principe décrire une langue spécialement conçue pour cela (quelque chose comme des *sense-data* visuels par exemple).

Cette perte d'indépendance de la langue phénoménologique relativement à la langue physicaliste a deux conséquences : d'une part, s'il est désormais exclu qu'une quelconque description non-hypothétique de l'expérience puisse jouer le rôle de description fondatrice, il n'est en revanche nullement exclu que des descriptions phénoménologiques

1. Ms 113, p. 124 ; *BT* § 97, p. 310.

ponctuelles soient possibles et même, dans certains cas, utiles[1]. D'autre part, la réinterprétation de la phénoménologie comme un chapitre (ou une section) de la grammaire[2] suppose du côté de la grammaire une certaine capacité à prendre en charge ce qui ne peut être désormais atteint au moyen d'une description phénoménologique indépendante.

Pour le dire vite, Wittgenstein est passé, au cours des années 1930, de l'idée selon laquelle la bonne manière de rendre compte de la différence qui existe entre deux usages différents des mots « espace » ou « temps » serait de procéder à l'inspection de la forme logique spatiale et temporelle *réelle* des contenus expérientiels – décrits en profondeur par notre langage – à l'idée selon laquelle cette différence, étant une différence *dans* le langage, ne peut être exprimée qu'en termes de règles d'application de deux *symboles* (la langue de l'espace visuel et celle de l'espace physique) sans avoir à quitter pour cela le plan de la description physique. Mais – c'est un point sur lequel on insiste généralement peu, ce passage n'a pu lui-même s'effectuer qu'à certaines conditions qu'il nous reste à présent à analyser.

L'ESPACE VISUEL ET LE PROBLÈME DU TEMPS

On peut difficilement contester que la formation du projet phénoménologique coïncide chez Wittgenstein avec un intérêt nouveau pour le temps et les questions liées à la description de la forme temporelle des phénomènes. D. Perrin note très justement que si « cette prise en compte nouvelle du temps » marque le début du projet phénoménologique, elle en signale aussi la fin[3] puisque Wittgenstein découvre, à mesure qu'il développe ce projet, que la non simultanéité du temps de la description au temps du phénomène rend non seulement impossible mais illusoire le projet d'une description séparée du temps primaire[4].

Tel n'est pourtant pas, à notre avis, le trait le plus caractéristique du projet phénoménologique de 1929. La prise en compte de la temporalité des phénomènes se fait, nous l'avons vu, dans le cadre d'un traitement holistique des propriétés logiques de l'expérience – en particulier, de

1. Cf. *PB* § 53, p. 84; *BB*, p. 59.

2. *BT* § 94, p. 320-322.

3. « Husserl, Wittgenstein et l'idée d'une phénoménologie de la conscience du temps », dans J. Benoist, S. Laugier (éds.), *Husserl et Wittgenstein. De la description de l'expérience à la phénoménologie linguistique*, Hildesheim, Olms, 2004, p. 71-72.

4. *Cf.* Ms 107, p. 176; D. Perrin, *Le flux et l'instant*, *op. cit.*, 1re partie.

l'expérience visuelle[1]. La question du temps est, en ce sens, indissociable de celle de l'espace. Lorsque Wittgenstein parle en 1929 du temps *du* phénomène, il ne veut pas seulement parler de la forme logique temporelle de l'expérience *en général* mais de la temporalité spécifique des processus de l'expérience visuelle en tant que celle-ci forme un espace temporel distinct de celui des corps physiques[2]. Kienzler a raison de souligner qu'en utilisant l'expression « *le* phénomène » au singulier, Wittgenstein « ne veut pas distinguer un phénomène d'autres (phénomènes), mais traiter *du champ visuel en tant que phénomène, de la perception visuelle en tant que tout*. "Le phénomène" est, dans un tel contexte, synonyme de "tout ce que je vois actuellement" »[3].

Aussi, si l'on veut comprendre ce qui a pu conduire Wittgenstein à renoncer au projet phénoménologique de description des formes de l'expérience et à y substituer celui d'une investigation grammaticale des règles d'utilisation de nos mots, il nous faut comprendre ce qui a pu le conduire à renoncer à l'idée d'un espace temporel propre aux données de la vue.

Le temps dans *le phénomène*

Mais d'abord, que signifie cette détermination spatiale par laquelle il entend caractériser la temporalité spécifique des processus du champ visuel en disant que ces derniers la « contiennent » ou qu'elle est « en » eux ?

Une première manière de le comprendre serait de voir déjà à quoi elle s'oppose. La caractérisation du temps (phénoménal) comme *forme* du phénomène décrit s'oppose à celle, extensive, du temps (physique) comme ce dans quoi prennent place et se déroulent les événements – comme medium spatialement étendu :

> La langue appartient au second système. Lorsque je décris une langue, je décris quelque chose d'(essentiellement) physique. Mais comment une langue physique peut-elle décrire le phénomène ?
> N'en est-il pas ainsi : le phénomène [*specious present*] contient le temps, mais n'est pas dans le temps ?
> Sa forme est le temps mais il ne prend pas place dans le temps.
> Tandis que le langage se déroule temporellement.

1. Voir *SRLF*, dans *PO*, p. 31-32 et, supra, notre introduction à la deuxième partie.
2. Ms 107, p. 4; *PB* § 75, p. 103.
3. *Wittgensteins Wende zur seiner Spätphilosophie 1930-1932. Eine historische und systematische Darstellung*, Frankfurt/Main, Suhrkamp, 1997, p. 122. Nous soulignons.

> Ce que nous entendons par (le mot) « langue » se déroule dans le temps physique (homogène)[1].

Nous avons ici affaire à deux systèmes différents décrits en principe par deux langues différentes (la langue physique ou « physicaliste » usuelle et la langue « phénoménologique » ou « primaire ») : le « système I » que Wittgenstein caractérise encore comme le « système des données »[2] (*i.e.* celui que forment entre eux les contenus sensibles de la perception visuelle) et le « système II » qui est le système que forment les objets ou événements physiques.

Au début de l'automne 1929 – date présumée de rédaction de ces remarques, Wittgenstein entretient manifestement des doutes sur une éventuelle primauté du langage phénoménologique pour la représentation de l'expérience immédiate et s'oriente déjà vers une conception syntaxique de l'opposition (et de la relation) entre les deux « systèmes ». Pour autant, la référence au langage phénoménologique garde toute son importance en raison de son adhésion à une conception sémantique vérificationniste. La proposition est certes toujours conçue par Wittgenstein comme ce qui est susceptible d'une valeur de vérité et une proposition ne saurait être vraie ou fausse *a priori*[3]. Mais le réquisit de la comparabilité directe de la proposition avec l'expérience ne concerne plus seulement sa valeur de vérité. Elle concerne désormais son *sens*. Une proposition n'a de sens que si elle peut être mise directement en rapport avec un fragment de notre expérience et si ce fragment de la réalité phénoménale est conçu, en retour, comme ce qui vérifie directement, « lui-même », la proposition[4]. Wittgenstein va jusqu'à soutenir à cette époque que cette comparaison ne peut avoir lieu idéalement que dans le temps même du phénomène décrit, c'est-à-dire dans l'expérience réduite à sa seule dimension d'expérience *présente* :

> La vérification du langage (donc l'acte d'où il tire son sens) se produit assurément dans le présent[5].
>
> Nos propositions ne sont vérifiées que par le présent[6].

1. Ms 105, p. 114 ; *PB* § 68-69, p. 98.
2. Ms 105, p. 84.
3. *TLP*, 2.225.
4. Ms 107, p. 177, 223-224 ; *PB* § 225, p. 282-283.
5. Ms 105, p. 120.
6. Ms 107, p. 223 ; *PB* § 48, p. 81.

La confrontation avec l'aporie philosophique majeure que constitue, pour le Wittgenstein de 1929, la non-simultanéité du temps de la description au temps du phénomène n'entraîne pas, on le voit, l'abandon immédiat de l'idée d'un temps et d'un monde primaires. Bien au contraire, l'auteur des *Remarques* maintient manifestement l'idée d'une commensurabilité temporelle de fond entre les propositions de notre langage et la forme temporelle de l'expérience primaire[1]. Aussi, la question se pose-t-elle de savoir comment se manifeste, à ce stade proto-syntaxique, la différence entre système I et système II.

L'idée de Wittgenstein est que ces deux systèmes se distinguent par une articulation temporelle différente. Autant la « reprise »[2] de 1931-1932 mettra l'accent sur les risques de confusion des deux systèmes avec une préférence donnée au plan du déroulement des événements physiques, autant les textes de 1929 insistent davantage sur ce qui distingue ces deux ordres temporels dans des termes proches des programmes de reconstruction formelle de l'expérience en pensant la possibilité-même d'une dérivation du système des concepts physiques (système II) à partir de la temporalité propre des données du système I comme l'indice d'une différence d'ordre syntaxique :

> Mais qu'en est-il dans le monde des données ? Ce monde ne cesse-t-il pas réellement de se dérouler ?
> Peut-on dire d'une donnée qu'elle en précède une autre ?
> J'ai justement des images sensibles présentes et des images-souvenirs présentes. Ne puis-je dire que je ne construis le temps à partir de celles-ci que dans le second système ?
> Mais il est également possible de dire que le fait que je *puisse* construire un système temporel second à partir de ces données présentes *dit quelque chose à propos du premier système* et ce que cela dit, je l'exprime quant à moi en disant : le premier système est temporellement ordonné. – Seulement on ne doit pas oublier que ce système temporel-là ne ressemble en rien à celui du système 2[3].

La méthode wittgensteinienne s'inspire ici largement des méthodes constructionnistes (d'un Russell ou d'un Carnap) tout en allant strictement *à rebours* de celles-ci en ce sens qu'il s'agit moins, pour lui, de substituer, à

1. Ms 107, p. 223 ; *PB* § 48, p. 81.
2. Ce concept est thématisé par W. Kienzler dans *Wittgensteins Wende*, *op. cit.* et dans « About the Dividing Line between Early and Late Wittgenstein », dans G. Oliveri (ed.), *From the* Tractatus *to the* Tractatus *and Other Essays*, Frankfurt/Main, P. Lang, 2001, p. 125-130.
3. Ms 105, p. 86-88.

partir d'une base épistémologiquement certaine, des entités logiquement construites aux entités inférées[1] que de voir ce que *la possibilité-même* de dériver les concepts temporels physiques à partir du temps phénoménologique peut nous apprendre à la fois sur la différence de structure des deux ordres et la structure logique respective de chacun d'eux.

Nous avons suggéré que le second système se caractérisait logiquement par le caractère spatialement étendu (et homogène) du medium dans lequel prennent place et se déroulent les événements physiques. Ce qui est présent y côtoie, pour ainsi dire, spatialement ce qui n'est plus et ce qui n'est pas encore. L'image de la bande filmique est à cet égard particulièrement éclairante. De même qu'à chaque section de la bande succède une autre section dans un ordre de coexistence spatial – chaque section est précédée et suivie, « encadrée » par d'autres sections de la même bande, de même les trois déterminations temporelles que sont le passé, le présent et le futur coexistent dans le temps physique comme parties d'un temps homogène où chaque moment succédant à un autre est nécessairement de même nature que le précédant et le suivant. Au fondement-même de cette représentation du temps gît donc une imagerie spatiale, celle d'une bande se déroulant dans le temps, qui s'avère être la source des pires erreurs philosophiques lorsque nous tentons de l'appliquer à la description du premier système puisque, dans ce dernier cas, il n'y a pas de sens à parler d'un quelconque déroulement des données dans le temps, et donc d'un événement passé ou futur[2]. Mais que signifie à proprement parler cette atemporalité caractéristique du premier système[3]? L'absence de relations temporelles signifie-t-elle l'absence de tout ordre au sein des données qui forment ce système?

Puisque le temps ne surgit à proprement parler que dans le second système à la faveur d'une construction, il semblerait que le système à partir duquel elle s'effectue ne soit qu'une collection de données temporellement amorphe. Telle n'est pourtant pas la façon dont Wittgenstein interprète la possibilité d'une construction du temps physique à partir du temps phénoménologique. Les « énoncés » se rapportant à chacun des deux systèmes ont beau être régis par des syntaxes différentes, les données du système I

1. C'est la « maxime suprême du philosopher scientifique » de B. Russell dans *Our Knowledge of the External (as a Field for Scientific Method in Philosophy)*, London, Allen & Unwin, 1914; trad. fr. P. Devaux, *La méthode scientifique en philosophie : notre connaissance du monde extérieur*, Paris, Payot, 2002.

2. « Mais qu'en est-il dans le monde des données ? Ce monde ne cesse-t-il pas réellement de se dérouler ? ».

3. Ms 105, p. 96/*PB* § 48, p. 80 : « Si le monde des données est atemporel [*zeitlos*], comment peut-on tout simplement en parler ? ».

n'en forment pas moins entre elles un ordre temporel différent de celui que forment entre eux les objets physiques, à savoir un ordre sans relations temporelles. Wittgenstein insiste bien sur ce point dans le passage précité : « le premier système est temporellement ordonné » (*zeitlich geordnet*) au sens où il offre la *possibilité* de construire les relations temporelles sans que celles-ci figurent dans ce système même. Le temps des processus visuel est une « forme » au sens modal que Wittgenstein donne déjà à ce mot dans le *Tractatus*[1]. Et cette forme est celle de la fluence ou de *l'écoulement*, par opposition au *déroulement* des événements dans le temps physique[2].

L'hypothèse que nous voudrions mettre à l'épreuve à présent concerne le rapport à James[3]. Nous essaierons de montrer que Wittgenstein a trouvé chez ce dernier de quoi justifier son idée d'une temporalité phénoménale propre aux données de la perception visuelle (et de la mémoire primaire) mais que c'est en même temps l'usage de cette référence qui l'a conduit à prendre conscience du caractère fallacieux de l'usage d'une imagerie spatiale (d'origine physique) pour décrire phénoménologiquement la temporalité spécifique de ce genre de données.

James, Clay, Wittgenstein : l'intuition du temps et le specious present

On sait l'importance qu'auront, pour le Wittgenstein des années 1940, les *Principes de la psychologie* de William James – en particulier le chapitre XXV du deuxième volume[4]. Mais ce que l'on sait moins est que la lecture de James – en particulier, des chapitres IX, X, XV et XVI du premier volume – a également été une source d'inspiration importante pour le Wittgenstein du début des années 1930, comme en témoigne le passage suivant d'un cours datant de 1932-1933 :

> Venons-en à la conception liée à : « Tout ce qui est réel est mon expérience », à savoir le solipsisme du moment présent : « Tout ce qui est réel est l'expérience du moment présent ».

Et Wittgenstein de renvoyer explicitement, dans la parenthèse qui suit, à l'auteur des *Principes* :

1. *TLP*, 2.0141, 2.0251, 2.151.

2. Sur la fluence comme forme logique temporelle des données du monde primaire, voir D. Perrin, *Le flux et l'instant*, *op. cit.*, p. 43-70.

3. Pour une étude plus complète, voir, outre les textes de D. Perrin déjà cités, R. Gale, *The Divided Self of William James*, New York, Cambridge UP, 1999 et R. Goodman, *Wittgenstein and William James*, New York, Cambridge UP, 2002.

4. *The Principles of Psychology*, *op. cit.*

(*Cf.* la remarque de Wm James : « La pensée présente *est* le seul et unique penseur », qui fait s'équivaloir le sujet du penser et l'expérience.)[1].

Il est clair que cette référence vaut avant tout comme exemple d'une conception philosophique fondamentalement erronée – celle du solipsisme de l'expérience présente – à laquelle Wittgenstein attache néanmoins une importance particulière parce qu'elle correspond à une tentation profondément enracinée dans le mode de considération philosophique et dont il n'est pas facile de se défaire.

La parenthèse fait sans doute allusion ici à la manière dont James décrit, à partir du neuvième chapitre – du premier volume, l'émergence des principales caractéristiques du processus de pensée en train de se faire. Le contexte d'origine de la citation de Wittgenstein est significatif puisqu'il s'agit, pour James, de montrer que la théorie kantienne de l'ego transcendantal, qui fait de la conscience de soi un principe unificateur de l'expérience – et, par là-même, une condition de possibilité de l'expérience en général, repose sur une conception mythologisée de l'activité d'un sujet opérant « de l'extérieur » la synthèse des représentations. Le but de la critique de James est, comme on le sait, de prôner un retour au seul et unique donné empirique de la science psychologique qu'est le *stream of thought*. C'est en s'en tenant au plan de l'expérience elle-même, c'est-à-dire au processus de la pensée en train de se faire, que l'on pourra ressaisir notamment le sens véritable de l'identité personnelle comme caractéristique essentielle de la vie mentale. Aussi, personnifier ce processus ne saurait-il être une erreur puisqu'il constitue, selon lui, « “l'original” même de la notion de personnalité »[2]. On comprend dès lors que James se sente autorisé à identifier, comme le souligne Wittgenstein, le sujet de la pensée au processus de pensée en train de se faire. Il reste pourtant à comprendre ce que signifie l'insistance de James sur la dimension temporelle du *présent* dans cette identification.

Un des mérites incontestables de la théorie jamesienne de la perception temporelle, en dépit de ses limites[3], est d'avoir clarifié la notion même de présent en montrant que celui-ci ne saurait être réduit à une sorte de point mathématique idéal, sans rapport intrinsèque à ce qui le précède (le passé) et à ce qui le suit (le futur). La manière dont James entend démontrer ce fait est caractéristique de la méthode descriptive utilisée dès le début du

1. *WL 32-35*, *ibid.*

2. *The Principles of Psychology*, *op. cit.*, vol. 1, p. 227.

3. Voir sur ce point G.E. Myers, « William James on Time Perception », *Philosophy of Science*, vol. 38, n° 3, 1971, p. 353-360.

chapitre IX et qu'il applique (indirectement) à la description du présent sensible. La contre-fiction méthodologique qu'il élabore – celle d'une conscience réduite à une étincelle luisante n'éclairant qu'un unique point au-delà duquel « tout est laissé dans l'ombre » [1] – lui permet de montrer, par contraste, que la constitution réelle de notre conscience est telle qu'à la connaissance de la chose présente se trouve toujours mêlée « la connaissance de quelque autre partie du courant, passée ou future, proche ou éloignée » [2]. Autrement dit, si la conscience n'est pas une succession d'unités discrètes mais a la forme d'un flux (*stream*), le présent perçu de façon interne ne peut lui-même être conçu comme un simple point mathématique puisque cette hypothèse rend absurde l'idée même d'une *expérience* présente [3]. L'idée d'expérience implique celle de durée, c'est-à-dire d'une épaisseur temporelle propre de la chose expérimentée en tant que présente.

Wittgenstein se fait manifestement l'écho de ce genre d'argument lorsqu'il note, dans le même cours :

> Lorsqu'en philosophie, nous parlons du présent, nous avons l'air de nous référer à une sorte de point euclidien. Pourtant, lorsque nous parlons de l'*expérience* présente [souligné par l'auteur], il est impossible d'identifier le présent à un tel point. La difficulté concerne le mot « présent » [4].

Cette formule laisse bien sûr ouverte la possibilité de penser le présent d'une autre manière et c'est précisément ce que fait James en revenant à ce qu'il considère comme la source de la signification de nos déterminations temporelles (présent, passé, futur), à savoir l'« intuition directe du temps » [5].

Le présent comme limite entre le passé et le futur ne doit pas être confondu, selon James, avec le présent comme *datum*, c'est-à-dire comme fait perçu par la conscience. Dans le premier cas, ce que nous appellons « instant présent » se réduit effectivement à un point mathématique idéal délimitant deux intervalles de temps. Dans le deuxième cas, la perception du présent inclut celle du tout juste passé et aussi celle du futur imminent. Perception temporelle présente et mémoire immédiate (ou perception du tout juste passé) sont, dans ce cas, étroitement liées, la première se prolongeant en quelque sorte dans la seconde. Cette manière de caractériser le

1. *The Principles of Psychology*, *op. cit.*, vol. 1, p. 606.
2. *Ibid.*
3. *Ibid.*, p. 605-606.
4. *WL 32-35*, p. 25.
5. *The Principles of Psychology*, *op. cit.*, vol. 1, p. 643.

présent perçu, par opposition à conçu – la même distinction valant pour le passé, a certainement été une source d'inspiration directe pour le Wittgenstein de 1929 puisqu'il définit le temps de la description phénoménologique, par opposition au temps de la conception ordinaire (physique), comme « le temps de ma mémoire », l'ordre des phénomènes du premier système coïncidant dans ce cas avec celui de mes souvenirs :

> Et cela ne veut rien dire d'autre que ceci : le temps de ma mémoire, dans ce cas, est justement le temps que je décris. Ce n'est pas le même temps que celui de la conception ordinaire [1].

Wittgenstein distingue à cette époque deux sens du concept de mémoire : un sens physicaliste ordinaire selon lequel la mémoire est essentiellement une image du passé et un sens proprement phénoménologique selon lequel la mémoire est source de la reconnaissance du passé comme passé, et partant, du concept de temps [2]. Il est vrai que ces deux façons de concevoir la mémoire (comme image et comme expérience) feront l'objet d'une critique sévère de sa part dans les années 1940 [3]. Mais l'on a peu souvent remarqué que cette dernière est tout autant une autocritique qu'une critique des approches psycho-phénoménologiques d'un James ou d'un Russell. Une lecture attentive des manuscrits de la fin des années 1920 montre que la conception phénoménologique de la mémoire (primaire) comme une sorte de « voir dans le passé » non seulement a été celle de Wittgenstein dans ces années-là mais sous-tend clairement son projet de description des formes (temporelle et spatiale) de l'expérience immédiate. Il n'est donc pas étonnant que les affinités de sa phénoménologie avec la description jamesienne de la structure temporelle du courant de conscience soient finalement plus importantes que prévues [4] et que l'affirmation solipsiste instantanéiste ait constitué, pour lui, une réelle tentation philosophique.

Il est significatif que James traite déjà de la mémoire dans un chapitre pourtant consacré à l'analyse de la perception du temps présent. C'est qu'il distingue lui-même deux sortes de mémoire – et, corrélativement, deux

1. Ms 107, p. 6.

2. Ms 105, p. 96/*PB* § 49-50, p. 81-82 ; Ms 105, p. 98.

3. Voir, à ce sujet, D. Perrin, « Le souvenir et la temporalité. La mémoire dans les *Remarques sur la philosophie de la psychologie* », dans C. Chauviré, S. Laugier, J.-J. Rosat (éds.), *Wittgenstein : les mots de l'esprit*, *op. cit.*, p. 263-300.

4. En dépit de différences importantes. James confère au temps le statut d'un flux empiriquement descriptible, tandis que Wittgenstein lui donne le statut d'une forme *a priori* intuitionnable. *Cf.* D. Perrin, « Husserl, Wittgenstein… », dans *Husserl et Wittgenstein…*, *op. cit.*, p. 73-78.

sortes de temps : la « mémoire secondaire », dont la fonction est de rappeler le passé, de le faire revivre par un acte de remémoration, et la « mémoire primaire » ou « élémentaire », dont l'objet est le tout juste passé et qui constitue l'original de notre concept de passé [1]. Selon ce deuxième sens, le passé est réellement une partie de la perception présente. Il fait l'objet d'une intuition (d'un « voir ») qui prolonge celle du présent immédiat. James rend parfois compte de cette propriété de l'objet de la mémoire primaire en termes spatiaux [2].

Dire que la mémoire est ce que je décris lorsque je décris mon expérience du moment présent nous renvoie donc à la façon dont James caractérise le présent sensiblement expérimenté, par opposition à l'instant mathématique conçu, en réservant au premier le qualificatif de « *specious present* » [3]. Mais que signifie précisément « *specious* » dans ce contexte ?

James reprend cette expression de Clay dont il cite un passage. Le voici :

> Le rapport de l'expérience au temps n'a pas fait l'objet d'un examen approfondi. Ses objets sont donnés comme étant ceux du présent mais la partie du temps à laquelle renvoie le datum est une chose très différente de ce qui est limitrophe [*conterminous*] du passé et du futur et que la philosophie désigne du nom de Présent. Le présent auquel renvoie le datum est réellement une partie du passé (un passé récent) illusoirement donné comme un temps prenant place entre le passé et le futur. Appelons-le le présent spécieux [*specious present*] et donnons le nom de passé manifeste au passé donné comme passé [...] Le temps, considéré relativement à l'appréhension humaine, consiste alors en quatre parties : le passé manifeste, le présent spécieux, le présent réel et le futur. Le présent spécieux mis à part, il consiste en trois...non-entités – le passé qui n'existe pas, le futur qui n'existe pas et ce qui leur est limitrophe : le présent [...] [4].

James considère, à la suite de Clay, que le *specious present* se distingue de l'instant présent par deux caractéristiques – ce qui n'exclut pas, notons-le, certaines différences importantes entre les deux auteurs :

1. *The Principles of Psychology*, *op. cit.*, vol. 1, p. 646-647.

2. *Ibid.*, p. 647 : « Mais l'objet de la mémoire primaire n'est pas ainsi restitué ; il n'a jamais été perdu ; sa date n'a jamais été séparée dans la conscience de celle du moment immédiatement présent. En réalité, il nous parvient en tant que partie arrière de *l'espace du temps présent* auquel il appartient, non en tant que partie du passé authentique ». Nous soulignons.

3. Wittgenstein utilise lui-même ce genre de terminologie. *Cf.* Ms 105, p. 114 ; *PB* § 69, p. 98 ; Ms 113, p. 123v.

4. *The Principles of Psychology*, *op. cit.*, vol. 1, p. 609.

1) Une certaine épaisseur temporelle qui s'explique par le fait que se trouvent incluses dans la perception présente la perception du tout juste passé et celle du futur imminent. Ce « fait » est décrit, dans les *Principes*, à grand renfort de métaphores nautiques[1]. En distinguant analytiquement le noyau central de notre perception présente du temps (le « bloc de durée ») des deux extrémités qui le prolongent vers le passé et vers le futur, James entend montrer que c'est, au contraire, la synthèse qui prime sur l'analyse et que ce que la psychologie rationnelle classique (empiriste-associationniste) présente comme une structure discrète n'est en fait que le produit d'une réflexion ultérieure qui décompose le donné synthétique premier en unités en relation d'extériorité réciproque. Les extrémités temporelles que sont le tout juste passé et le futur imminent font elles-mêmes partie de l'intervalle de temps perçu ; ce qui se traduit par le fait que le temps présent s'est toujours déjà écoulé en passé sans que la continuité avec ma perception présente soit rompue. Cette continuité temporelle du tissu de la conscience est sans doute ce qui donne toute sa pertinence au concept phénoménologique wittgensteinien de la mémoire comme « voir dans le passé ».

2) Clay qualifie ce présent de « spécieux », réservant au présent tel que le désigne la philosophie le qualificatif de « réel ». James considère, quant à lui, que l'existence du *specious present* constitue « le seul et unique fait de notre expérience immédiate »[2]. À ce titre, non seulement il est quelque chose de réel mais il est même « tout ce qu'il y a de réel », la seule et unique réalité.

Il est vrai que l'affirmation du solipsiste instantanéiste ne trouvera sa pleine justification chez James qu'avec l'élaboration, à partir des années 1895-1896, d'une métaphysique de l'expérience pure où « pure » signifie : réduite au « champ instantané du présent »[3]. Toujours est-il que ce serait faire une grossière erreur que de croire que la caractérisation du présent sensible comme « spécieux » s'applique à la durée perçue elle-même. Ceci est d'une importance capitale pour comprendre la métaphysique qui sous-tend les descriptions psychologiques des *Principes*[4], mais aussi le

1. Par exemple : « L'unité de composition de notre perception du temps est une *durée* qui a, pour ainsi dire, une proue et une poupe – une extrémité avant et une extrémité arrière. » (*The Principles of Psychology*, *op. cit.*, vol. 1, p. 609).

2. *Ibid.*

3. *Essays in Radical Empiricism*, Cambridge (Mass.), Harvard UP, 1976, p. 36-37 ; trad. fr. G. Garreta et M. Girel, *Essais d'empirisme radical*, Marseille, Agone, 2005.

4. Voir D. Lapoujade, « William James : De la psychologie à l'empirisme radical », *Philosophie*, n° 64, 1999, p. 15-30.

renversement qu'opère Wittgenstein en renonçant finalement au projet de recherche d'une langue phénoménologique. La rupture qu'instaure l'approche grammaticale du temps par rapport à la perspective métaphysique traditionnelle défendue par Clay et James est d'autant plus nette que Clay fournit dans le passage précité tous les éléments pour que puisse s'effectuer chez Wittgenstein la transition d'une phénoménologie à une grammaire du temps. C'est cette transition que nous voulons à présent expliquer.

Vers une grammaire du temps : du temps du phénomène au temps de l'application

Pour le solipsiste instantanéiste comme pour le phénoménologue, n'ont de réalité que les vécus de l'expérience visuelle présente élargie à la perception du tout juste passé – et peut-être aussi du futur imminent. Ceux-ci s'intègrent à ce que James appelle le *specious present*, c'est-à-dire à ce qu'il appelle aussi « l'espace du temps présent ». Wittgenstein a été tenté, en 1929, par cette conception de l'objet de la description phénoménologique en raison de son adhésion à un vérificationnisme instantanéiste. Si nos énoncés tirent leur sens de leur mise en rapport avec un fragment de l'expérience présente, alors ils doivent être faits de telle sorte qu'ils puissent être vérifiés par une coupe de données visuelles et mémorielles simultanées. Mais précisément, cette coupe transversale n'est qu'un instantané pris sur la succession (ou le déroulement) des événements physiques. Elle correspond sans doute au maximum d'une représentation intuitive de la signification de nos énoncés. Mais en tant que représentation intuitive, elle doit beaucoup à l'imagerie qui la sous-tend et qui lui donne toute sa pertinence : celle d'une bande filmique que l'on aurait arbitrairement arrêtée en un point. Ce que nous appelons alors « l'espace » du phénomène présent n'est pas un véritable espace puisqu'il ne saurait être situé à l'intérieur d'un espace plus grand ou relativement à un espace limitrophe.

Au cours des années 1930, Wittgenstein prend progressivement conscience du fait que ce genre de représentation intuitive est directement responsable des difficultés et illusions dont sont victimes le phénoménologue et le solipsiste instantanéiste dans leurs tentatives respectives de description et de réduction de la signification de nos énoncés à ce qui est immédiatement donné. Mais tandis que l'illusion provenait, pour le Wittgenstein de 1929, de la volonté de décrire une forme (la forme temporelle des processus visuels) au moyen d'un langage (la langue physicaliste usuelle) originellement fait pour décrire des extensions, elle provient, pour celui de 1931-1932, de la croyance en l'existence d'une autre manière de décrire le présent que celle qui consiste à le décrire extensivement comme partie d'un temps plus grand, qu'il identifie alors au temps historique[1]. Wittgenstein se retrouve, ce faisant, plus proche du diagnostic de Clay que de son interprétation par James – même si ses raisons sont diamétralement opposées à celle de Clay.

Car, de même que Clay souligne que le présent « réel », par opposition à « spécieux », est le présent « tel que nous le désignons en philosophie » – c'est-à-dire « limitrophe » (*conterminous*) du passé et du futur, Wittgenstein souligne que l'apparence et l'illusion se situent désormais du côté de l'expérience du moment présent et non du côté de nos déterminations temporelles ordinaires. Ce qui est « illusoirement donné », selon Wittgenstein, est justement ce présent que l'on suppose pouvoir être atteint et décrit dans sa structure temporelle propre au moyen d'un regard introspectif (James) et que l'on identifie à l'essence de la réalité, alors que le seul temps réel, pour Wittgenstein, est celui de nos déterminations temporelles courantes – le présent en relation et en opposition au passé et au futur. À la prise de conscience des illusions liées à l'utilisation d'une analogie spatiale pour décrire le temps du phénomène correspond, chez le Wittgenstein de 1932, celle de l'illégitimité de l'emploi du mot « espace » pour la description de notre expérience visuelle en tant que tout.

Mais ce n'est pas tout. La reconduction, qu'implique cette autocritique, de l'emploi métaphysique des mots à leur emploi usuel – reconduction qui lui permet d'invalider d'un même trait la tentative de description phénoménologique de l'expérience présente et l'affirmation du solipsisme instantanéiste, n'est un véritable remède à cette illusion que parce que l'investigation des règles de l'usage de nos mots peut s'acquitter à moindres frais de la tâche d'une telle description. Ce serait, en effet, ôter toute profondeur à la grammaire wittgensteinienne que de croire qu'elle se borne à nous rappeler la fonction qu'ont les mots dans le langage usuel. Et ce serait une façon tout aussi superficielle d'apprécier l'importance de l'illusion solipsiste instantanéiste que de croire que l'affirmation qu'elle enveloppe peut être aisément réfutée. Certes, ce que le solipsiste instantanéiste veut dire « ne se laisse (justement) pas dire », et Wittgenstein d'associer à cette impossibilité une impossibilité qui est plus généralement celle de la philosophie dans sa tentative de description de l'essence temporelle du monde (« tout

1. *Cf.* Ms 113, p. 123v ; *BT* § 102, p. 332.

s'écoule »), mais il ne fait en même temps aucun doute que ces tentatives métaphysiques signifient quelque chose d'important et que leur fonction doit pouvoir être prise en charge par la grammaire :

> Cette proposition selon laquelle seule l'expérience présente a de la réalité paraît porter en soi l'ultime conséquence du solipsisme. Et en un sens, c'est bien cela aussi. Simplement, cette proposition dit aussi peu que le solipsisme. – Car ce qui appartient à l'essence du monde ne se laisse justement pas dire. Et la philosophie, si elle pouvait dire quelque chose, aurait à décrire l'essence du monde.
>
> L'essence du langage, elle, est une image de l'essence du monde et la philosophie, en tant que gérante de la grammaire, peut effectivement saisir l'essence du monde, non sans doute dans des propositions du langage, mais dans des règles pour ce langage qui excluent les combinaisons de signes absurdes [1].

Ce qui frappe, à la lecture de l'ensemble du passage manuscrit, est l'importance donnée au concept d'application (*Anwendung*). On comprend aisément pourquoi : ce concept désigne chez Wittgenstein cette relation sémantique fondamentale de projection de la réalité sur le langage à laquelle nos signes doivent d'avoir une signification. Appliquer signifie littéralement apposer (*anlegen*) nos signes à la réalité en vue d'une comparaison [2]. C'est cet acte d'apposition du signe propositionnel (sonore ou écrit) à la réalité qui fait de lui une proposition, de même que c'est l'acte d'apposer le morceau de bois gradué à un objet spatial qui fait de lui une règle de mesure – pour reprendre une analogie qu'affectionne particulièrement Wittgenstein depuis le *Tractatus* [3]. Si donc, comme il le suggère ici, l'application est constitutive de la relation de symbolisation et si, comme il le note ailleurs, cette dernière fait partie du système II, alors on comprend que ce qui était initialement dévolu à une langue censée décrire les caractéristiques temporelles essentielles du phénomène au plan de « l'image projetée » soit désormais transféré à la grammaire puisque :

1) Il n'y a plus désormais qu'une seule langue, la langue physicaliste usuelle, qui partage les propriétés temporelles des événements du système II en ce sens qu'elle est elle-même temporellement étendue [4].

1. Ms 108, p. 2/*PB* § 54, trad. fr. (modifiée), p. 83.

2. Ms 108, p. 1/*PB* § 54, trad. fr., p. 82.

3. *TLP*, 2.1512. Cette image est « naturellement » reprise dans le passage pré-mentionné des *Remarques*.

4. *PB* § 69, trad. fr., p. 95.

2) La grammaire ne traite que des règles de combinaison des signes à l'intérieur de ce système (le système II). Mais ce faisant, elle traite *aussi* de la relation de nos énoncés à la réalité (phénoménale) puisque « les relations symbolisantes », comme dit Wittgenstein, font elles-mêmes partie de ce système :

> Lorsque je parle des mots et de leur syntaxe, cela se passe « dans le second système » et, de même, lorsque je parle des relations symbolisantes des propositions et des faits. C'est-à-dire que nous parlons ici à nouveau de quelque chose qui est étendu dans le temps et non de quelque chose de momentané [1].

En ce qui concerne le rapport de la grammaire à l'application, il faut toutefois préciser que si la première détermine conventionnellement la signification de nos termes, elle ne peut en revanche créer ou instituer ce qui fait d'eux des symboles, à savoir la relation de symbolisation même. Les règles grammaticales sont certes des règles de projection qui permettent d'identifier de façon non-ambiguë le fait dépeint par la proposition mais la relation de projection en vertu de laquelle le langage se distingue d'un simple jeu n'est pas à proprement parler créée par la grammaire. Elle est, au contraire, *présupposée* par elle [2].

Si, donc, il appartient à la grammaire de déterminer conventionnellement ce que le philosophe aimerait pouvoir décrire en propositions – par exemple le « fait » que la réalité soit en perpétuel changement ou que le phénomène « nous échappe » au moment même où nous voudrions le saisir, il ne lui appartient nullement, en revanche, de déterminer ce qui fait de nos signes des symboles, autrement dit des représentations d'états de choses du monde. C'est bien pourquoi la solution wittgensteinienne au « problème » de l'impossibilité logique d'une éidétique de la temporalité passe nécessairement par le concept d'*application* :

> Que tout s'écoule doit être exprimé dans l'application du langage, certes non pas dans une forme d'application par opposition à une autre, mais dans *l'*application. Dans ce que nous appelons purement et simplement l'application du langage [3].

Il reste maintenant à comprendre ce qui fait que l'application (au sens que nous venons de voir) peut être investie d'un tel rôle. La réponse est manifestement la suivante : l'application ne peut « exprimer » (sans le dire)

1. Ms 107, p. 232.
2. Voir *WL 30-32*, p. 13.
3. Ms 108, p. 1/*PB* § 54, trad. fr. modifiée, p. 82.

les propriétés temporelles essentielles de la réalité – par exemple, le « fait » que « tout s'écoule », selon la célèbre formule d'Héraclite – que parce qu'elle est elle-même un phénomène temporel empirique. C'est bien ce sur quoi veut insister Wittgenstein lorsqu'il dit que « dans le temps considéré comme étendu », « l'application des mots peut être aisément comprise », tandis que le sens « au moment de l'application » est « infiniment difficile à comprendre » ou encore, sous une forme plus négative, que « l'application d'un mot ne se fait pas instantanément » [1]. S'il y a une épaisseur temporelle propre à l'application qui se traduit par le fait que celle-ci prend du temps, qu'elle se fait, comme dit Wittgenstein, « au fil du temps », on comprend dès lors que l'épaisseur temporelle de la « réalité présente » – que prétendaient décrire le phénoménologue et le solipsiste instantanéiste au moyen d'une analogie spatiale – ne puisse se manifester qu'à travers le caractère temporellement étendu de l'acte qui consiste à apposer tout à fait concrètement les signes à la réalité. Ce présent n'est plus un « espace » en un sens peu ou proue métaphorique. Il n'est qu'un instantané prélevée sur le seul et unique medium spatial qu'il soit possible d'imaginer de façon consistante : celui, temporellement étendu, des corps physiques et de leurs relations.

1. Ms 107, p. 233-234.

TROISIÈME PARTIE

LA GÉOMÉTRIE VISUELLE ET LE « PROBLÈME » DE L'APPLICATION

Nous avons vu dans la partie précédente que l'approche grammaticale du problème de l'espace visuel se caractérisait par l'importance croissante donnée au phénomène spatio-temporel de l'application. Ce phénomène occupe une place centrale dans la critique grammaticale de l'idée d'un espace et d'un temps propres aux données de la vue. Il se trouve également au cœur de la distinction que Wittgenstein opère, au cours des années 1929-1933, entre deux sortes de géométrie ou, plus précisément, entre deux *sens* du mot « géométrie » : la géométrie visuelle (ou « géométrie de l'espace visuel ») et la géométrie physique (ou « géométrie de l'espace physique »). Ces deux géométries correspondent, selon lui, à deux applications (*Anwendungen*) possibles et néanmoins distinctes du même mot (« géométrie ») à la réalité, comme en témoigne ce texte :

> Le mot « géométrie », appliqué à la réalité [*angewendet auf die Wirklichkeit*], a deux significations complètement différentes : Si, par « espace », j'entends l'espace physique, alors la géométrie, tout comme la physique, est une hypothèse ; elle se rapporte aux expériences de mesure. Si, par « espace », j'entends l'espace visuel, alors la géométrie est la grammaire des mots au moyen desquels je décris les phénomènes. Dans le cas de l'espace physique, une géométrie peut être plus appropriée que l'autre ; c'est-à-dire que le système des lois de la nature s'avère plus simple en utilisant cette géométrie plutôt que l'autre. Il ne saurait en revanche être question de cela lorsque nous parlons des phénomènes de l'espace visuel. Il n'y a aucun sens à dire qu'une grammaire est plus plausible, plus vraisemblable ou plus appropriée que l'autre. Dans la géométrie de l'espace physique, ce qui importe est la simplicité et le caractère approprié (d'une géométrie) parce que, grâce à elle, nous voulons expliquer, parce qu'elle

> est partie d'une théorie. Ce point de vue-là nous fait défaut dans la géométrie de l'espace visuel. Dans ce cas, il s'agit de restituer les phénomènes dans leur structure propre, de se mettre au clair sur ce qui est possible. Ces géométries n'ont donc pas le même but, mais ont des visées tout à fait différentes. C'est pourquoi nous ne devons pas nous attendre à retrouver les propriétés de l'une dans l'autre [1].

Nous pourrions être tentés d'interpréter cette distinction dans le cadre des théories sémantiques de l'*a priori* et de l'*a posteriori* développées à la même époque par certains représentants de l'empirisme logique, en particulier Carnap. Cela est d'autant plus tentant qu'il arrive à Wittgenstein d'expliquer la différence de statut et de visée des deux géométries en recourant à ce genre de terminologie [2]. Mais ce serait faire fi de la différence qui existe, pourtant, entre la façon dont Carnap pose le problème de l'application de la géométrie à la réalité (perçue ou physique) et la façon dont Wittgenstein aborde lui-même ce « problème » – en le considérant au bout du compte comme un *pseudo*-problème.

Wittgenstein refuse, en effet, de le poser en termes d'interprétation sémantique des formules non interprétées du calcul pur et, par conséquent, celui de la distinction et du rapport entre géométries visuelle et physique comme un problème de distinction et de rapport entre deux interprétations possibles d'un (même) système non interprété. Selon lui, le rapport entre ces deux géométries est un rapport entre deux *syntaxes* dont l'une – celle des énoncés sur l'espace visuel – n'est *que* syntaxe tandis que l'autre – celle du langage de la physique – est en partie syntaxe, en partie aussi théorie [3]. Il existe entre elles un rapport de projection du même type que celui qui existe par exemple entre le plan euclidien et la pseudo-sphère riemanienne. Il n'y a donc pas, en ce sens, deux espaces décrits par deux langages différents, mais deux systèmes de règles entre lesquels existe une certaine relation de correspondance [4].

Cette conception est étroitement liée à la thèse de l'autonomie des règles grammaticales, c'est-à-dire à la thèse selon laquelle les règles relatives à telle ou telle sorte de mots ne sauraient être justifiées par la

1. *D*, trad. fr. (modifiée), p. 266. Pour l'original allemand, *cf.* G. Baker (ed.), *The Voices of Wittgenstein. The Vienna Circle : Ludwig Wittgenstein and Friedrich Waismann*, London, Routledge, 2003, p. 520.

2. *PB* § 178, trad. fr., p. 206-207 ; *BT* § 95, p. 324.

3. Voir « La géométrie comme syntaxe I », « La géométrie comme syntaxe II » et « La géométrie comme syntaxe III », dans *WWK*, respectivement, p. 38, 61-63 et 162-163.

4. *WWK*, p. 55 : « L'espace visuel n'est pas l'espace euclidien. Ils ne font que se correspondre ».

description de quelque fait ou expérience correspondante[1]. Ceci explique que l'on ait parfois été tenté de rapprocher la conception grammaticale de Wittgenstein de la thèse conventionnaliste sur la signification des termes géométriques et de rattacher, en particulier, sa conception de la géométrie comme syntaxe à la tradition des théories sémantiques de l'*a priori* en science[2].

Notre objectif dans cette partie est de montrer que l'approche grammaticale du « problème » de l'application, dont la distinction entre géométrie visuelle et physique est un cas particulier, ne s'apparente ni à un conventionnalisme au sens où on l'entend couramment en épistémologie, ni à une théorie sémantique de l'*a priori* et de l'*a posteriori* dont le terme-clef serait celui d'interprétation. Cette manière de poser le problème est directement responsable des difficultés rencontrées lorsqu'on essaie de penser le rapport des calculs mathématiques purs à la réalité physique ou perçue en termes d'explication ostensive, par exemple. Aussi, Wittgenstein refuse-t-il de poser le problème de la distinction et du rapport entre géométrie visuelle et géométrie physique en ces termes.

La thèse que nous défendrons est que la spécificité de l'approche grammaticale du problème – si problème il y a – réside non pas, comme le pense Coffa, dans la reformulation de la distinction entre *a priori* et *a posteriori* en termes spécifiquement sémantiques, mais dans l'attention prêtée au rôle des (prétendus) « énoncés » de la géométrie dans la pratique des mathématiciens. C'est en dernier ressort le point de vue de la *pratique* qui permet de comprendre le véritable statut de ces énoncés, mais aussi le primat du langage de la géométrie euclidienne (physique) sur une supposée langue phénoménologique. Il n'y a pas à proprement parler, pour Wittgenstein, de « problème » de l'application, si l'on entend par-là le problème théorique de savoir comment un calcul géométrique pur peut être relié aux objets effectivement perçus ou aux corps physiques de la réalité : « Pour les mathématiques, il n'y a pas de "problème de l'application" »[3].

Nous commencerons par examiner la façon dont s'opère chez Wittgenstein la clarification grammaticale du statut des énoncés de la géométrie pure (axiomatique) et les conséquences de cette clarification pour la façon dont nous nous représentons habituellement, en philosophie

1. *PB* § 7, trad. fr., p. 55 ; *BT* § 56.

2. Telle est la ligne d'interprétation adoptée par J.A. Coffa dans *The Semantic Tradition from Kant to Carnap : to the Vienna Station*, Cambridge, Cambridge UP, 1991, en particulier, chap. 14.

3. *WWK*, p. 225.

des sciences, son objet (chap. V). Le chapitre suivant (chap. VI) sera logiquement consacré à l'examen du problème en tant que tel et à son démantèlement progressif par Wittgenstein. Nous montrerons que le problème de la géométrie physique ou appliquée n'en est pas véritablement un et qu'il procède d'une essentialisation abusive du concept d'application. Enfin, forts de ces analyses, nous reviendrons au problème de la distinction entre géométrie visuelle et géométrie physique pour montrer qu'elle ne saurait être fondée sur une quelconque différence de structure phénoménologique des deux espaces correspondants. Il restera néanmoins à expliquer en quoi consiste réellement cette différence et ce qui justifie le primat du langage de la géométrie physique sur celui de la géométrie visuelle lorsqu'on se donne pour tâche d'explorer la syntaxe des « énoncés » portant sur les phénomènes de l'espace visuel (chap. VII).

CHAPITRE V

LA GÉOMÉTRIE PURE COMME SYNTAXE

GÉOMÉTRIE PURE, THÉORIE EMPIRIQUE DE L'ESPACE ET RÈGLES DE TRANSITION

Nous avons suggéré que la véritable différence entre les approches grammaticale et épistémologico-sémantique traditionnelle du problème de l'*a priori* (en science) tenait à l'importance donnée par la première au point de vue de la pratique. Dans cette section et les deux suivantes, nous voudrions montrer que cette différence se manifeste déjà à travers la façon dont Wittgenstein interprète le problème de la nature de la distinction entre géométrie pure et appliquée et sa clarification du statut des « propositions » réputées nécessaires de la géométrie (axiomes et théorèmes) comme « règles de la syntaxe »[1].

On trouve, dans le manuscrit 105, le texte suivant :

> La différence entre la géométrie comme théorie d'un espace et la géométrie mathématique doit être la même que celle entre la proposition « deux prunes et deux prunes font quatre prunes » et la proposition « $2+2=4$ ». Toutefois, la première de ces deux constructions n'est pas non plus une véritable proposition, mais seulement l'indication d'une transition d'une proposition à une autre. C'est pourquoi les propositions apparentes de la géométrie ne peuvent pas non plus être de véritables propositions, mais sont des transitions que l'on indique d'une proposition sur des objets spatiaux à une autre proposition sur des objets spatiaux. C'est ainsi que je peux passer immédiatement de la proposition : « A et B se trouvent entre C et D » à la proposition : « A se trouve soit entre B et C, soit entre B et D ».

1. Ms 107, p. 213 ; *PB* § 178, p. 216.

> L'axiome qui semble m'autoriser [à effectuer] cette transition est une tautologie, ou bien n'importe quoi d'autre déterminé par sa forme et qui ne peut avoir affaire qu'à un critère pour les formes des deux propositions qu'il relie[1].

Deux points principaux ressortent de cette caractérisation des « axiomes de la géométrie » comme règles (principes) de transition d'une proposition portant sur des objets spatiaux à une autre. Wittgenstein établit, d'abord, une analogie entre la scission de la géométrie en deux branches (la géométrie pure ou « mathématique », d'un côté, la géométrie appliquée « comme théorie d'un espace », de l'autre) et la différence entre une « proposition » (équation) d'arithmétique pure (« $2+2=4$ ») et une proposition d'arithmétique appliquée (« Deux prunes et deux prunes font quatre prunes »). Ces différences doivent, selon lui, être de même nature ou, tout au moins, analogues. Il affirme ensuite qu'un axiome, conçu comme il devrait l'être, c'est-à-dire comme une règle de transition d'un énoncé à un autre, est équivalent à une tautologie ou, tout au moins, à quelque chose jouant un rôle analogue à celui d'une tautologie.

La compatibilité des deux points n'est pas sans poser problème, si l'on prend en compte l'évolution ultérieure de ses pensées eu égard à la distinction entre axiomes et tautologies. Il affirme en effet très clairement début 1930 que les axiomes de la géométrie sont, au même titre que les équations de l'arithmétique, des « conventions d'expression »[2], tandis que les tautologies sont une méthode auxiliaire de visualisation des relations internes entre propositions qui n'ont pas le statut de conventions[3]. Comment expliquer, dans ce cas, qu'il identifie début 1929 tout aussi clairement les premiers aux secondes en leur faisant jouer le même rôle d'instrument de visualisation ?

On peut en réalité considérer l'incompabilité apparente des deux points comme l'indice d'une transition qui est déjà en train de s'opérer dans sa pensée vers une nouvelle conception grammaticale (ou syntaxique) du statut des axiomes de la géométrie dans leur rapport aux « propositions » de la

1. Ms 105, p. 51. *Cf.* aussi, p. 53 : « Ne pourrait-on concevoir les axiomes de la géométrie comme des principes de transition d'une proposition à une autre ? On les concevrait alors réellement comme des propositions de la grammaire qui ne sont nécessaires qu'aussi longtemps qu'on ne peut voir la relation interne entre les membres d'une inférence d'après la structure des propositions. Ils sont alors du type : on a toujours le droit de passer d'un signe qui a telle ou telle apparence à un autre qui a telle ou telle apparence. (On trouve de telles règles de transition chez Frege par exemple). ».

2. *WL 30-32*, p. 8.

3. *WWK*, p. 219.

géométrie appliquée. C'est tout l'intérêt, à notre avis, de l'analogie entre les axiomes de la géométrie pure et les équations de l'arithmétique, d'un côté, et les « propositions » de la géométrie et de l'arithmétique appliquées, de l'autre. Mais pour comprendre sa fonction exacte, il faut comprendre le type d'éclairage qu'elle est censée porter sur la nature de la distinction entre géométrie pure et géométrie appliquée.

La fonction thérapeutique de cette analogie se laisse aisément comprendre par contraste avec le type d'interprétation qu'elle est censée clarifier – et ainsi, dissoudre. L'interprétation la plus courante en philosophie des sciences de la distinction entre géométrie pure et appliquée, au moins depuis que l'application de la géométrie au réel constitue un véritable problème[1], est l'interprétation *propositionnaliste*. L'interprétation propositionnaliste est l'interprétation selon laquelle les axiomes de la géométrie pure, à défaut d'exprimer des vérités empiriques ou factuelles à propos de la structure effective du monde physique, expriment des vérités nécessaires à propos de certains états de choses abstraits ou idéaux – par exemple des propriétés géométriques des corps physiques obtenues par abstraction à partir de l'observation de leurs propriétés géométriques sensibles. Elle repose sur un parallélisme linguistico-sémantique – dans les deux cas, nous aurions affaire à des énoncés pourvus d'un réel contenu sémantique et d'une valeur de vérité – sous-tendu par un parallélisme ontologique – nous aurions affaire à deux sortes d'« objets » ou d'entités dont dépend la valeur de vérité des « propositions » en question.

On trouve par exemple chez le Russell des *Principles* une version ontologique de cette interprétation, comme en témoigne le texte suivant :

> Bien que cette partie soit intitulée « L'espace », nous devons rester dans le domaine des mathématiques pures : les entités mathématiques dont nous parlerons [ici] présenteront certaines affinités avec l'espace du monde réel, mais nous en discuterons sans dépendance logique à l'égard de ces affinités. La géométrie peut être considérée comme une science pure *a priori* ou comme l'étude de l'espace réel. Dans ce dernier sens, je la tiens pour une science expérimentale dont les expérimentations doivent être menées au moyen de mesures minutieuses. Mais ce n'est pas en ce sens que j'entends en traiter. En tant que branche des mathématiques pures, la

1. C'est-à-dire, en gros, depuis la découverte (au milieu du XIXe siècle) du fait que les axiomes et postulats de la géométrie euclidienne ne sont pas, contrairement à ce que soutenait Kant, l'expression de vérités nécessaires et *a priori* à propos de la structure de l'espace physique. Tel est, à notre avis, le principal enseignement de la découverte des géométries non-euclidiennes.

> géométrie est strictement déductive, indépendante du choix de ses prémisses et de la question de savoir s'il existe (au sens strict) des entités telles que celles définies par les prémisses. Plusieurs ensembles de prémisses différents et même incompatibles les uns avec les autres mènent à des propositions qu'on appellerait géométriques, mais tous ces ensembles ont un élément commun. Cet élément commun est parfaitement résumé en disant que la géométrie *traite* [*deals with*] des séries de plus d'une dimension[1].

La géométrie pure selon Russell ne traite pas du même objet que la géométrie empirique (*i.e.* appliquée à la description de l'espace réel) parce que son objet peut être construit au moyen de la notion purement mathématique de *série à plus de deux dimensions* sans référence aux entités de l'espace réel. Elle est une science purement formelle et « strictement déductive » qui ne traite que de ce qui s'ensuit des relations postulées entre les termes des séries en mettant entre parenthèses la question de leur existence et de leur nature. En ce sens, elle se distingue de la géométrie comme science expérimentale pour laquelle cette question se pose et ne peut être tranchée qu'au moyen d'observations et d'expériences de mesure. Pour autant, la géométrie mathématique n'en traite pas moins d'un objet que Russell définit comme « l'élément commun » à tous les ensembles de prémisses différents à partir desquel il est possible de dériver des propositions géométriques. Cet objet, abstrait et indépendant de celui de la géométrie appliqué, sont les séries bi-dimensionnelles (pour Russell). Ce sont le genre « d'entités » dont « traitent », selon lui, les « propositions » de la géométrie pure.

Ce parallélisme linguistico-sémantique ontologiquement motivé est précisément celui que vise Wittgenstein par son analogie. Sa fonction devient à présent plus claire. Elle est avant tout destinée à éradiquer certains « préjugés profondément enracinés en nous à propos de la nature des propositions géométriques »[2]. Ces préjugés sont de deux sortes. Ils consistent, d'une part, à prendre les expressions de la géométrie pure pour des *descriptions* d'objets et de structures idéaux par nature différents des objets et des structures du monde réel. Ils consistent, d'autre part, à prendre les expressions de la géométrie appliquée pour d'authentiques propositions. Pour Wittgenstein, les axiomes de la géométrie pure ne sont pas au fond ce qu'ils semblent être, à savoir des énoncés (fussent-ils nécessairement vrais) porteurs d'un contenu informatif à propos d'objets ou d'entités différentes

1. *The Principles of Mathematics*, *op. cit.*, p. 372.
2. *PLP*, p. 44.

de celles dont traite la géométrie « comme étude de l'espace réel ». Ce sont des *règles* – Wittgenstein parle sans doute trompeusement de « propositions de la grammaire » – dont la fonction est d'autoriser ou d'exclure certaines transitions entre propositions indépendamment de ce dont « traitent » ces propositions.

Mais ce n'est pas tout. Les énoncés de la géométrie appliquée ne sont pas davantage, pour Wittgenstein, de véritables propositions, en dépit du fait qu'elles paraissent traiter d'objets du monde réel. Il est tout à fait clair sur ce point dans le texte précité[1]. De ce que ces règles de transition valent pour des propositions portant sur des objets spatiaux réels, il ne s'ensuit nullement que ce sont des *descriptions* (vraies ou fausses) de telles objets. Si la véritable nature des axiomes de la géométrie (pure) est déjà difficile à percevoir et n'est perceptible qu'en considérant le rôle joué par ces simili-propositions dans nos raisonnements empiriques, celle des énoncés de la géométrie (et de l'arithmétique) appliquée(s) l'est plus encore parce que ce genre d'énoncés semble décrire, davantage que les « propositions » de la géométrie pure, des relations d'ordre entre les objets de l'espace physique. Pourtant, de même qu'un énoncé de l'arithmétique appliquée (« 4 pommes et 4 pommes font 8 pommes ») n'est pas la description d'un état de choses qui le rendrait vrai[2], mais une règle autorisant la transition d'une proposition à une autre – « 4 et 4 pommes font 8 pommes » dit que, de « j'ai 4 pommes » et « j'ai 4 pommes », j'ai le droit de passer à « j'ai 8 pommes », de même une expression de la géométrie appliquée du type : « A et B se trouvent entre C et D » n'est pas la description d'une relation d'ordre entre des objets spatiaux qui, selon que cette relation se produise ou non – est le cas, rend cette proposition vraie ou fausse, mais une règle d'inférence ou de transition d'une proposition sur des objets spatiaux à une autre. Cet énoncé dit par exemple que, de « A et B se trouvent entre C et D », j'ai le droit d'inférer que « A se trouve soit entre B et C, soit entre B et D ».

Il y a pourtant quelque chose d'ambigu dans la position de Wittgenstein ici. Cette ambiguïté tient au fait qu'il assimile finalement cette règle d'inférence (au sens de Frege) à une tautologie. Les « propositions apparentes de la géométrie » sont certes au fond des « propositions de la grammaire » au

1. « Toutefois, la première de ces deux constructions [« deux prunes et deux prunes font quatre prunes »] n'est pas non plus une véritable proposition, mais seulement l'indication d'une transition d'une proposition à une autre. ».

2. *PG*, trad. fr. (modifiée), p. 314 : « Mais il n'y a pas d'« arithmétique des pommes », car l'égalité 4 pommes + 4 pommes = 8 pommes n'est pas une proposition qui traite [*handelt*] des pommes. ».

sens où ces simili-propositions *fonctionnent* dans nos raisonnements empiriques les plus familiers à propos des objets spatiaux *comme* des principes de transition d'une proposition à une autre. Mais le rôle de ces principes s'apparente encore, début 1929, à une méthode logique d'exhibition des relations internes entre propositions portant sur des objets spatiaux. Le concept wittgensteinien de grammaire est encore très proche à cette époque de l'idée qu'il se faisait dans le *Tractatus* du rôle « transcendantal » de la logique comme reflet des possibilités de combinaison des objets dans le monde, mais également des mathématiques comme d'une sorte de méthode logique[1]. Certes, les « propositions apparentes de la géométrie » sont des « propositions de la grammaire »; ce qui signifie qu'elles ont le statut de règles de transition d'une combinaison de signes à une autre. Mais ces règles sont encore « justifiées » aux yeux de ce Wittgenstein-là par la nature profonde des signes utilisés. Les transitions qu'elles autorisent sont conçues comme le reflet des possibilités de combinaison des choses signifiées. D'où leur caractère accessoire. Ce reliquat d'intolérance[2] est d'autant plus frappant que l'analogie avec les « propositions » de l'arithmétique pointe déjà en direction d'un conventionnalisme en vertu duquel le caractère nécessaire et *a priori* de ces principes tient avant tout au rôle qu'ils jouent dans nos pratiques linguistiques effectives.

CRITIQUE DU PLATONISME : LES ÉNONCÉS DE LA GÉOMÉTRIE (PURE) TRAITENT-ILS DE QUELQUE CHOSE ?

La clarification de la distinction entre géométrie pure et appliquée constitue une sorte d'anticipation, il est vrai, relativement ambiguë de la solution wittgensteinienne (des années 1930) au problème de la nature de

1. Voir en particulier *WL 30-32*, p. 9-10. Comparer avec *TLP*, 6.13 et 6.2.

2. C'est Coffa qui parle (dans *The Semantic Tradition*, *op. cit.*, p. 45-48), à propos du concept wittgensteinien de grammaire du tout début des années 1930, d'une intolérance et d'un dogmatisme profonds liés à sa métaphysique du symbolisme. Cette métaphysique est un héritage du *Tractatus* et l'on pourrait montrer que le concept de grammaire qui émerge à cette époque se situe encore dans ce cadre. En l'opposant au principe de tolérance carnapien – en matière de choix d'un système linguistique de description, Coffa néglige toutefois le trait le plus important du concept (mature) de grammaire, à savoir que le choix de tel ou tel système de description n'est jamais pour Wittgenstein, à la différence de Carnap, une question théorique mais *pratique* puisque que la valeur d'un système de description se mesure selon lui au rôle qu'il joue dans nos pratiques symboliques. Nous étudierons un aspect de cette conception au chapitre VII.

l'*a priori* en géométrie. Nous montrerons en quoi cette solution consiste dans la section suivante. Revenons, pour l'instant, sur ce qui motive ce travail de clarification. Comme souvent chez Wittgenstein, le type de solution envisagé est indissociable d'un diagnostic sur l'origine du problème. Celui de la nature des énoncés de la géométrie pure en rapport à ceux de la géométrie appliquée ne fait pas exception.

L'idée selon laquelle la géométrie pure (mathématique) traiterait d'objets par nature différents de ceux dont traite la géométrie appliquée (physique) est l'une des formes que peut prendre le platonisme en mathématiques, si l'on entend par-là la conception selon laquelle les « propositions » mathématiques exprimeraient un corps de vérités à propos d'un univers d'entités indépendantes que le mathématicien ne ferait que découvrir par ses investigations[1]. Wittgenstein s'est attaqué au cours des années 1930 à des formes distinctes et cependant liées de platonisme en philosophie de la géométrie en revenant à la racine même de ces conceptions :

1) Un platonisme ontologique qui conçoit les énoncés de la géométrie pure comme des descriptions vraies ou fausses de propriétés géométriques idéales : celles qu'instancient de façon imparfaite les corps physiques dont les propriétés sont décrites par les énoncés de la géométrie appliquée.

2) Un platonisme sémantique pour lequel les règles de description de telle forme géométrique (par exemple, de la forme du cube) nous seraient imposées par la signification des termes géométriques qui figurent dans l'énoncé portant sur un objet possédant cette forme.

3) Un platonisme conceptuel d'après lequel les règles d'utilisation de nos concepts, à défaut de nous être imposées par la signification des termes géométriques eux-mêmes, seraient déjà entièrement contenues dans le concept lui-même de sorte qu'en décrivant par exemple le concept géométrique de cube, je devrais être en mesure de prévoir toutes les applications futures du mot « cube » ou du prédicat « a la forme d'un cube ».

Ces trois formes de platonisme, bien que distinctes, sont cependant liées, d'une part, parce qu'elles résultent d'un même type de confusion logique – on prend à tort pour une description ce qui est en réalité une norme de description, d'autre part, parce qu'une fois la première neutralisée – en distinguant justement une description de sa norme, les deux autres

1. Le principal représentant de cette conception des mathématiques comme une sorte de super-physique est, selon Wittgenstein, le mathématicien G.H. Hardy. Pour une défense récente de ce genre de position en philosophie des mathématiques, voir O. Chateaubriand, *Logical Forms*, 2 vols., Campinas, Coleção CLE, 2001.

menacent de ressurgir comme une forme sublimée de la première. Le risque demeure toujours en effet, une fois cette distinction faite, de concevoir la norme *à son tour* comme la description d'un état de choses *idéal* qui « justifierait » en quelque sorte objectivement son acceptation comme telle. La caractérisation par Wittgenstein des axiomes de la géométrie comme règles de la syntaxe, c'est-à-dire comme règles de description des objets dans l'espace plutôt que comme descriptions vraies ou fausses de leurs propriétés, est directement opposée à ces différentes manières de concevoir ce dont « traitent » les énoncés de la géométrie pure. Mais l'important est qu'elle s'y oppose sans proposer d'alternative théorique à ces conceptions, fût-ce sous la forme d'une nouvelle théorique sémantique de l'*a priori*[1]. C'est, au contraire, l'attention prêtée à l'usage effectif de nos concepts et des « propositions » en question dans des contextes linguistiques et extra-linguistiques donnés qui doit permettre, selon Wittgenstein, de résoudre (*i.e.* de dissoudre) le problème de la force modale de la vérité de ces énoncés. La caractérisation des axiomes de la géométrie comme règles arbitraires de description des objets spatiaux n'exclut pas paradoxalement qu'ils puissent aussi se « définir » en partie par leur caractère non-arbitraire. C'est ce dernier point qui est à l'origine des différentes tentatives de justification théorique des vérités nécessaires de la géométrie comme énoncés préservant leur vérité à travers différents mondes possibles. C'est aussi sur ce point que la différence entre une approche épistémologique et grammaticale du problème de l'*a priori* en science se marque le plus nettement.

Le texte dans lequel Wittgenstein affirme le plus clairement son hostilité à la forme de platonisme précédemment qualifiée d'ontologique est le suivant :

> La géométrie n'est pas la science (la science naturelle) des plans géométriques, des droites géométriques et des points géométriques, par opposition par exemple à une autre science qui traite[rait] des droites, des traits et surfaces physiques grossières en indiquant *leurs* propriétés. Le rapport de la géométrie aux propositions de la vie pratique qui traitent de traits, de limites chromatiques, de bords et de coins etc. ... ne consiste pas en ceci que la géométrie parle de choses analogues à celles dont parlent ces

1. Par théorie « sémantique » de l'*a priori*, il faut entendre, selon Coffa, la théorie selon laquelle la signification des termes géométriques figurant dans un énoncé serait « constituée » plutôt que « décrite » par leurs règles d'utilisation au sein d'un système linguistique donné. Coffa attribue explicitement cette thèse à Wittgenstein. Cf. *The Semantic Tradition*, *op. cit.*, chap. 14.

> propositions, quoiqu'il s'agisse de bords et de coins (etc.) *idéaux*. La géométrie appliquée est la grammaire des énoncés qui portent sur des objets spatiaux. Le rapport de la prétendue « droite géométrique » à une limite chromatique n'est pas celui du fin au grossier mais de la possibilité à la réalité. (Penser à la conception de la possibilité comme ombre de la réalité.)[1].

L'auteur prend manifestement ici pour cible une conception erronée de la géométrie qui repose sur une mauvaise conception du rapport à son application. Le rapport de la géométrie pure à son application n'est pas celui d'une science qui traiterait d'entités et de propriétés plus fines et plus parfaites que celles dont traite par ailleurs les énoncés de la vie pratique, ce qui supposerait à tout le moins d'admettre qu'il existe deux univers d'entités et de propriétés parallèles décrits respectivement par deux classes d'énoncés différents – ceux de la géométrie pure et ceux de la géométrie appliquée. Wittgenstein vise ici un argument souvent utilisé en philosophie des sciences pour justifier le caractère *a priori* (non-empirique) de la géométrie en tant que science des formes et des relations spatiales qui joue un rôle décisif dans la défense du point de vue conventionnaliste sur le rapport de la géométrie à l'expérience. Ce genre d'argument est utilisé en particulier par Poincaré pour défendre sa propre position sur la question, comme en témoigne ce passage :

> [...] Mais ce serait une erreur d'en conclure que la géométrie est une science expérimentale, même en partie. Si elle était expérimentale, elle ne serait qu'approximative et provisoire. Et quelle approximation grossière ! La géométrie ne serait que l'étude des mouvements des solides; mais elle ne s'occupe pas en réalité des solides naturels, elle a pour objet certains solides idéaux, absolument invariables, qui n'en sont qu'une image simplifiée et bien lointaine. La notion de ces corps idéaux est tirée de toutes pièces de notre esprit et l'expérience n'est qu'une occasion qui nous engage à l'en faire sortir[2].

L'argument est le suivant. Nous utilisons certes dans la vie pratique toutes sortes de concepts géométriques pour décrire les formes des, et les relations entre, objets perçus. Nous parlons par exemple de « bords », de « coins », de « traits » etc. Mais puisqu'aucun des objets que nous percevons dans la réalité ne satisfait les caractéristiques définitionnelles des concepts géométriques de point, de droite et de plan, nous en venons tout

1. *BT* § 114, p. 391/*PG*, trad. fr. (modifiée), p. 324.
2. *La science et l'hypothèse*, *op. cit.*, p. 93.

naturellement à l'idée que, si la géométrie doit être une science, elle doit « traiter » d'une classe d'entités et de propriétés tout aussi réels mais par nature distincts de ceux dont traitent les énoncés de la vie pratique, d'entités et de propriétés en quelque sorte idéales [1]. Si, comme l'affirme Poincaré, la géométrie comme science des mouvements des corps solides dans l'espace ne traite pas des corps solides naturels (dont la forme et le volume sont toujours soumis à des variations de grandeur et de température) mais de corps solides idéaux « absolument invariables » et « qui n'en sont qu'une image simplifiée et lointaine », comment faut-il alors comprendre cette idéalisation ? Si idéaliser signifie extraire de l'observation du mouvement des corps dans la nature certaines caractéristiques communes (les « lois » du mouvement) susceptibles de satisfaire aux lois du raisonnement mathématique, en particulier à la loi d'homogénéité [2], comment ce processus d'idéalisation pourrait-il alors donner des objets par nature différents de ceux dont ils procèdent ?

> Que signifie l'idéalisation ? Quelque chose devient-il donc autre du fait que je l'idéalise ? [...] Si on voulait dire : la mathématique repose sur le fait que nous idéalisons la réalité, ses propriétés, relations et autres choses semblables – alors la première question à poser serait celle-ci : et qu'est-ce qui devient donc autre du fait que je l'idéalise [3] ?

La difficulté que pointe ici Wittgenstein est le genre de perplexité philosophique auquel nous sommes immanquablement confrontés lorsque nous nous laissons abuser par certaines analogies superficielles entre la forme linguistique d'un énoncé consistant à attribuer certaines propriétés géométriques à un objet physique et celle d'un énoncé attribuant certaines propriétés à la forme géométrique elle-même. Ce diagnostic reste implicite dans le texte précédemment cité de la *Grammaire philosophique*. C'est pourtant lui qui motive la clarification du rapport entre géométrie pure et géométrie appliquée *comme rapport des énoncés géométriques ordinaires à leur grammaire*.

Dans sa présentation des idées de Wittgenstein sur la géométrie, Waismann souligne le fait que nombre de nos préjugés sur la nature des énoncés géométriques, en particulier le préjugé selon lequel les

1. *D*, p. 264 : « On dit que la géométrie n'a pas affaire à des courbes, des droites, des lignes, etc., empiriques, mais au contraire à des constructions parfaites qui portent ces noms. Il n'y a pas de droite parfaite, de cercle parfait dans la réalité, mais ces constructions résultent bien plutôt d'une "idéalisation". Dès lors on se demande : que signifie le mot "idéalisation" ? ».

2. Cf. *La science et l'hypothèse*, *op. cit.*, p. 87-88.

3. *WWK*, p. 113

propositions de la géométrie auraient pour objet « certaines entités spatiales idéales »[1], ont leur source dans certaines analogies linguistiques superficielles entre des énoncés qui se présentent au moins extérieurement comme d'authentiques énoncés attributifs. Ainsi, lorsque nous disons que « les côtés d'un cube sont de même longueur », nous avons l'air d'attribuer aux côtés du cube une certaine propriété (l'égalité de longueur) à peu près au sens où, en disant de telle ou telle chose (ce cube en bois ou cette caisse) qu'elle a la forme d'un cube, nous lui attribuons la propriété : *( ) a la forme d'un cube*. La forme linguistique d'expression (« les côtés d'un cube sont de même longueur »/« les côtés de *ce* cube en bois sont de même longueur ») suggère à tort que nous aurions affaire dans les deux cas à d'authentiques attributions de propriétés (dans le premier, au concept lui-même ; dans le second, à un objet déterminé tombant sous ce concept) alors que ce que nous appelons attribuer une propriété à un concept est essentiellement distinct de l'attribution d'une propriété à un objet tombant sous ce concept. Wittgenstein reprend manifestement de Frege la hiérarchie des niveaux de prédication mais sans l'indexer, comme Frege, à une hiérarchie ontologique entre propriétés de premier et de second niveau :

> La géométrie traite-t-elle de carrés ? Nous dit-elle que la carréité [*squareness*] a certaines propriétés ? Que devrions-nous entendre par propriété de la carréité [*property of squareness*] ? Assurément, tout ce qui est dit de la carréité dans une proposition vraie ; par exemple, que mon échiquier est carré. « Je n'ai qu'un sou en poche » attribue une propriété au nombre un, mais « 1 + 1 = 2 » est une règle pour l'usage du nombre 1 et ne lui attribue point de propriété. De même, la géométrie ne traite point de carrés, mais elle constitue la signification du mot « carré » et autres expressions semblables[2].

Si, comme le suggère ici Wittgenstein par la voix de Waismann, dire que la carréité a certaines propriétés revient simplement à attribuer au concept *( ) est carré* la propriété de subsumer tel ou tel objet dans le contexte d'une proposition vraie (par exemple « ma maison est carrée » ou « mon échiquier est carré ») à peu près au sens où attribuer certaines propriétés au nombre 1, c'est simplement affirmer du concept *sou en poche* qu'il a la propriété de subsumer un objet, alors un énoncé du type « les côtés d'un carré (d'un cube) sont de même longueur » ne peut pas être du même

1. *PLP*, p. 44.

2. *Ibid.* Cet extrait de la présentation par Waismann des principes de la philosophie de Wittgenstein est la reprise quasiment mot pour mot d'un passage du *Diktat für Schlick*. Cf. *D*, p. 6-7.

type logique qu'un énoncé tel que : « ce cube en bois (cette caisse) a deux côtés de longueur égale ». Dans un cas (le second), nous avons affaire à une authentique description de propriétés géométriques dans l'autre nous avons affaire à un simili-énoncé qui correspond en réalité à l'indication d'une règle arbitraire d'utilisation des termes géométriques constitutive de la signification des termes utilisés. Wittgenstein est tout à fait clair sur ce point dans un texte parallèle du *Diktat für Schlick*. Il existe pour lui une différence de nature ou grammaticale entre ces deux « énoncés » :

> La géométrie ne parle donc point de cubes, mais elle constitue la signification du mot « cube », etc. La géométrie nous dit par exemple que les arêtes d'un cube sont de longueur égale ; et il n'y a rien de plus aisé que de confondre la grammaire de cette phrase avec celle de la phrase : « les côtés de ce cube en bois sont de longueur égale. » Et pourtant, l'une est une règle de grammaire arbitraire, et l'autre une proposition empirique [1].

En dépit des apparences (linguistiques), il existe entre ces deux énoncés une différence analogue à celle qui existe entre un énoncé du type « rouge est une couleur » et un énoncé du type « cette fleur est rouge ». Cette différence est celle qui sépare un énoncé spécifiant la catégorie d'un terme d'un énoncé informatif. Dans le premier cas, l'énoncé *paraît* dire quelque chose alors que sa *fonction* est en réalité tout autre. Un énoncé spécifiant la catégorie d'un terme (« rouge est une couleur », « 1 est un nombre » etc.) n'est pas un véritable énoncé parce que le concept qu'il paraît prédiquer du rouge (« ( ) est une couleur ») est un pseudo-concept symbolisé dans une notation logique correcte par une variable accompagnée de règles d'obtention de ses valeurs [2]. La réécriture dans une notation logique appropriée permet de voir qu'il s'agit en fait d'une règle d'utilisation des termes de couleur qui détermine arbitrairement les possibilités de combinaison des signes. De même, un énoncé du type « les arêtes d'un cube sont de même longueur » *paraît* dire quelque chose à propos du concept de cube alors qu'il ne fait en réalité qu'indiquer une règle d'utilisation des termes géométriques *appliqués* à la description de tel ou tel objet physique.

Si, donc, l'on admet qu'il existe une différence de nature entre un énoncé portant apparemment sur les propriétés du cube et un énoncé attribuant réellement les propriétés du cube à tel ou tel objet physique, si l'on admet en outre que cette différence consiste dans le fait que, dans un cas, nous avons affaire à une règle arbitraire de description et, dans l'autre, à un

1. *D*, p. 6-7. Voir aussi *PLP*, p. 44 et 46.
2. Voir *WL 30-32*, p. 10-11.

énoncé susceptible d'être vérifié ou infirmé par l'expérience, comment expliquer dès lors que nous soyons *tentés* de chercher quelque chose qui pourrait correspondre dans la réalité à ce que nous acceptons comme règle? Suffit-il d'admettre que nous n'avons pas affaire dans les deux cas « au même genre d'énoncé » pour rendre compte de ce qui distingue fondamentalement le premier du second?

J. Bouveresse note avec raison que si l'on prend l'opposition en question pour une opposition « entre deux espèces de *vérités* ou même simplement de *propositions* », on risque justement de faire « paraître la différence beaucoup plus petite qu'elle n'est en réalité »[1]. On risque en tout cas de « retomber dans l'illusion descriptiviste »[2] qui sous-tend la sorte de platonisme que critique ici Wittgenstein et qu'il attribue manifestement à Frege :

> Une fois réalisé que la première des deux propositions [« les bords de ce cube en bois sont de même longueur »] n'est pas une proposition d'expérience, on mésentend systématiquement sa grammaire et l'on pense qu'elle traite, non pas il est vrai de cubes réels, mais d'un cube géométrique idéal. C'est exactement le même genre de malentendu que celui qui consiste à prendre la possibilité pour une réalité fantomatique [*shadowy reality*] et la capacité d'accomplir une action comme une action fantomatique [*shadowy action*]. Au lieu de dire « on peut tracer une droite entre deux points quelconques », on dit en fait : « deux points quelconques sont sur une droite ». Si nous concevons la ligne droite géométrique comme une ombre des lignes droites réelles, nous en venons alors à la conception dont un mot de Frege est l'illustration frappante : « la ligne droite est déjà tracée avant d'avoir été tracée »[3].

À vrai dire, il est plus facile d'identifier le genre de conception attribuée ici à Frege que de comprendre les raisons pour lesquelles il est conduit à la soutenir. Autant Wittgenstein estime que cette conception a quelque chose de « suspect », autant les raisons pour lesquelles Frege la soutient ne lui semblent pas pouvoir être facilement ébranlées, même en adoptant une position conventionnaliste directement opposée à celle-ci[4]. Le type de

1. J. Bouveresse, *La force de la règle. Wittgenstein et l'invention de la nécessité*, Paris, Minuit, 1987, p. 41.

2. *Ibid.*

3. *PLP*, p. 46. Voir également *D*, p. 181 ; *BGM*, I, § 21, p. 45 ; *LFM*, p. 144-145.

4. *LFM*, p. 145 : « Jamais nous n'allons au-delà de ce que nous avons décidé nous-mêmes. [...] Cela ne détruit pas du tout l'argument de Frege. Cela ne fait que montrer qu'il y a quelque chose de suspect [*fishy*]. ».

conception que vise ici Wittgenstein est à peu près clair. Il s'agit d'une sorte de « réalisme de la possibilité »[1] qui fait par exemple de la possibilité de tracer une droite dans la construction d'une preuve géométrique une sorte de double fantomatique préexistant dans le « royaume des entités géométriques » ou dans le « ciel euclidien » au tracé effectif de la droite[2]. La droite géométrique, selon cette conception, devrait déjà exister pré-tracée entre deux points dans un autre monde pour que nous puissions effectivement la tracer dans le nôtre; le tracé effectif de la droite ne consistant dans ce cas-là qu'à épouser et épaissir le trait d'une ligne finement tracée[3].

Frege semble avoir effectivement défendu une conception de ce genre en rapport avec sa conception de la preuve en mathématiques. Au § 66 du 1er volume des *Lois fondamentales de l'arithmétique*, il établit une analogie entre la preuve d'une loi fondamentale en arithmétique et la démonstration d'un théorème en géométrie au moyen du tracé d'une ligne[4]. De même que le tracé d'une ligne en géométrie ne crée pas ce qu'il permet de prouver, à savoir les propriétés de la droite géométrique elle-même, mais nous aide simplement à « prendre conscience de ce qui était déjà là », de même la démonstration d'une loi fondamentale en arithmétique comme la loi d'équinuméricité ne crée pas ce qu'elle est censée prouver, à savoir l'existence d'une relation bi-univoque de coordination entre les objets tombant sous deux concepts équinumériques, mais présuppose que cette relation existe déjà pour que nous puissions l'établir. Frege souligne en particulier le rôle que jouent dans les *Éléments* d'Euclide les « demandes » ou « postulats » dans leur rapport à la construction de la preuve. De même que les « *Forderungssätze* » chez Euclide jouent, selon Frege, le rôle d'*axiomes* consistant à « affirmer l'existence de certaines lignes et de certains points », de même il doit être possible, selon lui, de formuler en arithmétique le même genre de « demande » pour justifier la possibilité de coordonner terme à terme les objets tombant sous deux concepts équinumériques.

1. Nous empruntons cette expression à C. Diamond (*The Realistic Spirit: Wittgenstein, Philosophy, and the Mind*, Cambridge (Mass.), The MIT Press, 1991, p. 194) sans partager ses options de lecture.

2. Sur le rapport entre les conceptions frégéenne et wittgensteinienne de la possibilité notamment en rapport avec le cas de la géométrie, voir J. Bouveresse, « Le réel et son ombre : la théorie wittgensteinienne de la possibilité », dans R. Egidi (ed), *Wittgenstein: Mind and Language*, *op. cit.*, p. 59-81.

3. *D*, p. 181; *LFM*, p. 145.

4. G. Frege, *Grundgesetze der Arithmetik (begriffsschriftlich abgeleitet von G. Frege)*, Bd. I, Jena, H. Pohle, 1893, p. 88 *sq.*

L'essentiel est que, dans les deux cas, les objets ne soient pas créés [1] par la preuve mais garantissent en quelque sorte par leur existence objective sa *possibilité* : « Pour la preuve, il est seulement essentiel », dit Frege, « qu'il y ait ainsi quelque chose ».

Frege parvient donc bien à la conclusion que lui prête ici Wittgenstein en ce sens que, pour Frege, la possibilité de la preuve doit être garantie par la préexistence de la droite géométrique au tracé de la ligne ; possibilité que doit garantir objectivement le postulat (la demande) d'Euclide. Dans « La logique dans les mathématiques », il écrit :

> Notre postulat [le postulat d'Euclide] ne peut renvoyer à une telle procédure externe. Il renvoie plutôt à quelque chose qui relève de l'esprit. Mais ce qui est en cause ici, c'est une possibilité objective. Car, de toute évidence, la vérité d'un théorème ne saurait vraiment dépendre de quelque chose que nous faisons, puisqu'elle existe tout à fait indépendamment de nous. Le contenu de notre postulat est donc, pour l'essentiel, qu'étant donné deux points, il y a une droite qui les relie [2].

Nous sommes ici en présence d'une forme particulièrement subtile de platonisme, le platonisme de la possibilité, qui veut que, lorsque quelque chose n'est pas seulement subjectivement (psychologiquement) mais objectivement possible, sa possibilité soit être garantie par l'existence d'un fait correspondant décrit par le postulat. Ce platonisme a sa source dans un principe sémantique général qui sous-tend la conception frégéenne de la vérité des axiomes géométriques.

Le point important ici concerne l'assimilation par Frege du postulat d'Euclide à un axiome, c'est-à-dire à un énoncé dont la vérité non seulement n'est pas démontrée mais n'a même pas besoin de l'être. S'il n'y a pas de différence fondamentale selon lui en géométrie entre un postulat et un axiome, c'est parce que le postulat fait partie, comme l'axiome, de ces énoncés dont la vérité peut être immédiatement reconnue et consiste plus spécifiquement à asserter l'existence de quelque chose ayant certaines propriétés [3]. Ainsi, lorsque je dis que « je *peux* tracer une droite entre deux points quelconques », je ne fais pas qu'affirmer quelque chose d'hypothétique. J'affirme bien en réalité l'existence de certaines choses (la droite,

1. Cf. *D*, p. 181 : « Quand, dit Frege, je tire une ligne auxiliaire dans une preuve géométrique ou détermine un point d'intersection, on ne doit pas voir là quelque chose comme une création ».

2. « La logique dans les mathématiques », dans G. Frege, *Écrits posthumes*, trad. fr. Ph. de Rouilhan et C. Tiercelin (dir.), Nîmes, J. Chambon, 1994, p. 246.

3. *Ibid.* Sur la notion d'axiome, voir p. 244.

les deux points) en leur attribuant certaines propriétés et c'est cette affirmation qui est censée garantir par sa vérité la possibilité objective de la démonstration.

Si donc le tracé d'une ligne dans la construction d'une preuve en géométrie ne crée pas ce qu'il prouve mais présuppose au contraire l'existence de la droite géométrique en tant que fait asserté par un énoncé immédiatement reconnu comme vrai, d'où vient que la vérité de l'énoncé en question n'ait pas besoin d'être démontrée ?

C'est ici qu'intervient le principe sémantique général auquel nous faisions précédemment allusion. Pour Frege, la vérité d'un axiome (ou d'un postulat, comme celui d'Euclide) repose sur le fait qu'en affirmant par exemple que « l'on peut tracer une droite entre deux points quelconques », nous n'établissons pas la signification des termes géométriques figurant dans l'énoncé mais nous présupposons leur signification comme étant en quelque sorte déjà donnée[1]. Un axiome géométrique ne peut être reconnu comme vrai selon Frege (donc, le postulat d'Euclide en tant que cas particulier d'axiome) que s'il est un authentique énoncé ; et cet énoncé n'est authentique que si la signification de chacun des termes (conceptuels) qui le composent a été au préalable fixée par une définition. Ces deux conditions correspondent aux deux principes sémantiques qui sous-tendent la conception frégéenne des vérités géométriques : le propositionnalisme et l'atomisme sémantique[2]. Par là, il s'oppose directement à l'autre conception émergente de la nature de la connaissance géométrique du début du XXe siècle, la conception formaliste-conventionnaliste de Hilbert, suivant laquelle la signification des termes géométriques primitifs (le « point », la « droite » etc.) n'est pas présupposée connue mais « constituée » ou « implicitement définie » par les axiomes du système. Tandis qu'il n'existe pas de procédure pré-axiomatique pour Hilbert par laquelle nos termes géométriques conceptuels pourraient acquérir une signification, Frege demande au contraire que la signification de chaque terme conceptuel figurant dans l'énoncé d'un axiome soit préalablement fixée au moyen d'une définition ; ce qui veut dire que l'on doit pouvoir spécifier pour chaque concept, le

1. Sur la distinction entre axiome et définition en géométrie, *cf.* G. Gabriel (ed.), *Gottlob Freges Briefwechsel mit D. Hilbert, E. Husserl, G. Russell, sowie ausgewählte Einzelbriefe Freges*, Hamburg, Felix Meiner, 1980, p. 5-10.

2. *Cf.* J.A. Coffa, « From Geometry to Tolerance : Sources of Conventionalism in Nineteenth-Century Geometry », dans R.G. Colodny (ed.), *From Quarks to Quasars : Philosophical Problems of Modern Physics*, Pittsburgh, University of Pittsburgh Press, 1986, p. 31-41.

concept de point par exemple, si tel ou tel objet (la montre qui se trouve dans ma poche, mon porte-plume etc.) tombe sous lui [1]. Mais pas plus que le tracé d'une droite en géométrie ne crée la droite géométrique, la définition d'un concept géométrique ne crée sa signification. Elle ne fait, selon Frege, qu'en « marquer les limites » en délimitant l'aire du concept lui-même [2].

On le voit, le platonisme frégéen de la preuve et de la définition est un platonisme sémantiquement motivé. Il est indissociable d'une conception générale du symbolisme selon laquelle la signification des signes dans un système ne peut leur être donnée *par* les règles de ce système puisque, pour pouvoir jouer le rôle de ce qui autorise ou exclut certaines transitions au sein du système, de ce qui autorise ou exclut certaines *possibilités*, les règles doivent elles-mêmes être justifiées par la vérité d'autres énoncés qui en garantissent la possibilité objective: les preuves et théorèmes comme partie de la *théorie* du jeu en arithmétique, les postulats ou demandes en géométrie. Le platonisme frégéen est la réponse à la menace que fait peser sur l'idée même d'objectivité et de nécessité de la règle la conception formaliste-conventionnaliste en mathématiques [3].

Compte-tenu de ce qui motive la conception frégéenne de la preuve, il n'est pas étonnant que Wittgenstein lie étroitement sa critique du platonisme en géométrie à la critique plus générale d'une « mythologie du symbolisme » [4] dont la conception frégéenne est, selon lui, une « illustration frappante » et qu'il identifie comme celui du corps de signification (*Bedeutungskörper*) dissimulé derrière la surface des mots. Notre intention ici n'est pas de revenir sur le sens général de cette critique [5], ni même sur le lien qui existe manifestement dans les textes de Wittgenstein entre la critique de ce mythe et celle du mythe psychologiste (mentaliste) correspondant de la saisie intuitive et instantanée de la signification dans un acte de « compréhension ». Notre objectif est beaucoup plus circonscrit. Il s'agit de voir de quelle façon sa critique générale du mythe platoniste de la signification s'applique à la conception de la géométrie qu'il attribue à Frege et qui est aussi spontanément la nôtre lorsque nous parlons de la géométrie pure comme d'une science traitant d'objets et de propriétés spatiaux idéaux.

1. Voir la lettre de Frege à Hilbert du 6 janvier 1900, dans *Gottlob Freges Briefwechsel*, *op. cit.*, p. 17.

2. Cf. *Grundgesetze*, *op. cit.*, Bd. I, p. XIII; cité dans *D*, p. 76.

3. C'est de cette manière en tout cas que Wittgenstein lit les paragraphes 90 et suivants des *Grundgesetze*, *op. cit.*, Bd. II et qu'il interprète l'argument de Frege contre la conception formaliste-conventionnaliste en mathématiques, comme en témoigne la leçon 15 des *LFM*.

4. *PG*, trad. fr., p. 65.

5. Voir sur ce point J. Bouveresse, *La force de la règle*, *op. cit.*, chap. 1 et 2.

Ce qui frappe dans cette critique est l'utilisation d'une analogie qui est elle-même de nature géométrique : l'analogie des corps de verre dissimulés derrière les surfaces (géométriques) visibles et qui en détermineraient invisiblement tous les arrangements ou combinaisons possibles. Cette métaphore est certes destinée à mettre en lumière une mauvaise conception du rapport de la signification aux règles, mais aussi en retour une façon tout aussi erronée de concevoir l'« objet » de la géométrie pure. Waismann rapporte dans ses carnets le propos suivant de Wittgenstein :

> L'on pourrait ainsi présenter la conception de la signification qui vient d'être décrite au moyen de l'image suivante : que l'on se représente en pensée des corps de verre, cubes, prismes et pyramides, qui soient parfaitement invisibles dans l'espace. Une face seulement de chaque prisme, mettons un carré, ainsi que la base de chaque pyramide doivent être peintes. Nous ne verrons alors dans l'espace, mettons, que des carrés. Mais ces figures planes ne se laissent pas ajuster les unes aux autres comme on veut, car les corps qui sont derrière elles les en empêchent. La loi qui décrit les diverses situations possibles des surfaces dans l'espace sera alors déterminée par la figure des corps invisibles. Tout semble se passer pour nous comme si, invisible derrière le mot, se tenait, telle un corps, la signification ; et il nous semble alors que les emboîtements possibles du mot sont déterminés par la forme de ce corps de signification.

Et s'agissant du rapport à la géométrie :

> C'est la forme du corps derrière les surfaces qui détermine, à ce qu'il semble, les mises en composition possibles de ces surfaces. Il semble, en d'autres termes, que la géométrie d'un corps réside à même ce corps [1].

La conception à laquelle s'attaque ici Wittgenstein au moyen de l'analogie géométrique des corps de verre (cubes, prismes ou pyramides) invisibles est celle qui sous-tend la conception frégéenne de la sémantique des énoncés mathématiques – mais aussi, semble-t-il, la conception tractatuséenne de l'analyse. La mathématique n'est pas, pour Frege, un simple jeu avec les signes. Les phrases mathématiques expriment un contenu sémantique (une « pensée ») susceptible d'une valeur de vérité. Ce sont donc en ce sens d'authentiques propositions. Mais pour que ces phrases soient d'authentiques propositions, il faut selon Frege que chacune des parties qui contribuent à la valeur de vérité (d'ensemble) des propositions qu'elles expriment ait une signification ou référence (*Bedeutung*). Si tel est

1. *D*, p. 66-67 pour les deux citations. Voir également *PG* I, § 16, trad. fr., p. 54.

le cas – *i.e.* si cette exigence est satisfaite, il paraît alors naturel de concevoir les règles de l'arithmétique formelle comme « émanant » ou « découlant » de la signification des signes.

Cette conception du rapport des règles à la signification comme un rapport magique de consécution, aussi fallacieuse soit-elle, n'en répond pas moins à un besoin – comme le reconnaît volontiers Wittgenstein : celui de rendre compte du caractère en un sens *non arbitraire* des règles en mathématiques. Si les mathématiques se distinguent, comme le soutient Frege, d'un simple jeu formel avec des signes, c'est précisément parce que, à la différence des règles d'un jeu, les règles de transition entre les signes en mathématiques ne sont pas arbitraires au sens où les possibilités de combinaison qu'elles autorisent ou excluent doivent correspondre à des possibilités objectives et leur nécessité, à une nécessité tout aussi objective :

> Et l'on comprend bien, en effet, ce qui conduit à une conception de ce genre [celle de Frege]. Si l'on se mettait à aligner des mots tout à fait comme bon nous semble, il n'en ressortirait bien souvent aucun sens. Et si l'on demande à quoi cela tient, la réponse courante de tout un chacun est que cela tient à la signification des mots. C'est seulement lorsque les mots sont emboîtés ensemble, conformément à leur sens, que cela donne une pensée [1].

Wittgenstein ne conteste pas que les règles soient en un sens non arbitraires. Ce qu'il conteste est l'idée que le caractère non arbitraire des règles tienne à une sorte de nécessité objective, comme si celles-ci nous étaient *imposées par les significations des signes eux-mêmes* indépendamment de ce que la règle autorise ou exclut. L'analogie avec des corps de verre a pour but de souligner l'illusion descriptiviste et essentialiste sur laquelle repose la conception du rapport des règles à la signification comme une sorte de rapport magique de consécution. Les règles ne se contenteraient pas, d'après cette conception, d'autoriser ou d'exclure certaines combinaisons de signes – de déterminer ce qui est *possible* par opposition à ce qui ne l'est pas. Elles ne pourraient jouer ce rôle (normatif) qu'en décrivant en quelque façon ce qu'elles déterminent comme le résultat d'une nécessité émanant de la nature même des signes, de leur forme géométrique cachée : « C'est ce corps, semble-t-il, qui se trouve être décrit par les règles grammaticales, de sorte que cela prenne sens de dire que les règles s'y alignent sur la signification. Les règles seraient alors comme un déploiement de l'essence du corps de signification » [2].

1. *D*, p. 68.
2. *Ibid.*

L'intérêt de cette analogie n'est pas seulement de souligner le caractère mythologique de la conception sémantique générale des énoncés mathématiques qui sous-tend la conception frégéenne de la preuve en géométrie. Il réside également dans la possibilité de l'appliquer *en tant qu'analogie géométrique* à la conception courante de la géométrie pure comme science des formes et corps spatiaux idéaux dont la conception frégéenne est une version sophistiquée. De même que nous concevons à tort les possibilités de combinaison des signes comme devant être déterminées objectivement par l'arrangement des parties d'un corps géométrique dissimulé derrière la surface visible des mots et dont les règles ne seraient en quelque sorte que l'émanation, de même nous concevons à tort la géométrie comme la science naturelle d'un corps géométrique idéal (« *le* corps géométrique ») distinct des corps physiques réels et dont les lois pourraient être extraites par simple description. Dans les deux cas, nous sommes victimes de la même illusion : celle de la nécessité que quelque chose corresponde objectivement à ce que *dit* la règle pour que la règle puisse réellement fonctionner comme ce qui autorise ou exclut certaines combinaisons.

Ce que nous appelons « la forme géométrique du cube » ou « le cube comme corps géométrique », distinct des cubes réels, n'est pourtant rien d'autre qu'un ensemble de possibilités déterminées par les règles valant pour la description des corps physiques sans qu'il soit nécessaire pour cela de supposer qu'il existe, outre les corps physiques réels, quelque chose qui correspondrait objectivement à ce que nous appelons « possibilités » :

> Mais en réalité, ce qui correspond à l'arrangement possible [des surfaces], ce ne sont pas les corps, mais une fois encore des règles, lesquelles valent pour les corps. Cela se trouve occulté par l'usage que nous faisons de l'expression « corps géométrique », laquelle semble désigner d'un côté un corps, de l'autre quelque chose d'idéal [1].

De même, la représentation graphique du cube ne contient pas en elle les lois du cube comme s'il suffisait d'observer le dessin pour en extraire les lois. La représentation graphique du cube, de même que « le corps géométrique » ou « la forme cubique », ne sont que « l'incarnation » (*Inbegriff*) des règles qui valent pour la description des objets ayant la forme d'un cube dans l'espace physique[2]. Le rôle d'un dessin géométrique est simplement de rendre visible de façon plus synoptique les règles qui valent pour la

1. *D*, p. 69.

2. *D*, p. 70. Nous traduisons ici « *Inbegriff* » par « incarnation » plutôt que par « intégralité » – comme le propose le traducteur français de cette dictée.

description des corps dans l'espace. Il est une notation qui fait elle-même partie du symbolisme, un peu à la manière dont les règles de désignation des termes de couleur peuvent être rendues visibles par l'octaèdre des couleurs qui fonctionne comme une notation géométrique de la grammaire des termes de couleur[1].

Les règles ne sont donc pas la description de quelque chose qui se situerait *derrière* notre usage des termes géométriques ou qui serait déjà contenu dans le dessin géométrique lui-même mais elles sont *constitutives* de la signification des termes géométriques, par exemple du mot « cube » appliqué à la description des corps de l'espace physique : « La géométrie parle aussi peu de cubes que la logique de la négation. Elle définit la forme cubique mais ne la décrit pas »[2].

Mais que faut-il entendre justement par-là? Si je dis que les règles d'utilisation du mot « cube » ne découlent pas de la signification du mot telle qu'elle aurait été fixée au préalable par une définition, comment comprendre l'affirmation selon laquelle les règles sont *constitutives* de la signification du mot « cube » ? Ne risque-t-on pas, en disant cela, de ne faire au bout du compte que transférer au concept lui-même, en tant qu'« incarnation » des règles, l'illusion descriptiviste et essentialiste que la thèse de l'autonomie ou de l'arbitraire des règles est pourtant censée dissiper? Bouveresse remarque avec raison que

> si l'on se débarrasse effectivement de cette illusion [l'illusion que les règles de la grammaire pourraient nous être imposées par la signification] pour lui substituer, comme le fait dans un premier temps Wittgenstein, l'idée que la signification est, au contraire, constituée ou déterminée par les règles elles-mêmes, on risque de se heurter à un problème qui n'est pas fondamentalement différent de celui qui se pose à propos de la signification. [...] Si, au lieu de dire que j'ai appréhendé d'un coup une entité que j'appelle la signification, je préfère dire que j'ai appréhendé d'un coup les règles de l'usage, le bénéfice risque d'être passablement illusoire. Même s'il est vrai que le sens est constitué par les règles de la grammaire, il reste encore à comprendre comment la totalité de la grammaire peut être condensée en quelque sorte dans le signe et « avalée » pour ainsi dire d'un seul coup dans la compréhension[3].

1. *Cf.* La dictée F63 : « Quel rôle le dessin joue-t-il en géométrie ? », dans *D*, *ibid.* ; *PB* § 1, trad. fr., p. 52.
2. *PG*, I, § 15, trad. fr., p. 62.
3. *La force de la règle*, *op. cit.*, p. 32.

Le bénéfice risque d'être mince si l'on se contente de substituer à un premier mythe – celui du corps de signification – un second mythe – celui du corps de règles (*Regelskörper*). La critique du mythe platoniste de la préexistence de la signification aux règles n'aura effectivement servi à rien, si l'on ne fait qu'y substituer le mythe selon lequel l'ensemble des applications futures d'un concept devraient d'une certaine manière être déjà contenu dans le concept lui-même en tant qu'incarnation des règles. Une autre forme de platonisme en géométrie, précédemment qualifiée de « conceptuelle », menace à son tour l'idée du caractère arbitrairement constitutif des règles dans leur rapport aux significations. Cette autre forme de platonisme est celle qui ferait de l'usage le simple déploiement de significations déjà contenues, car fixées en amont, dans le concept lui-même. C'est peu dire que Wittgenstein a été sensible à ce risque dans les années 1930. C'est même la prise en compte expresse de cette menace qui est en partie à l'origine des discussions ultérieures sur le suivi de la règle. Nous retrouvons finalement au plan du concept lui-même et du rapport à ses applications futures la même illusion qui menaçait la conception frégéenne de la droite comme étant en quelque sorte déjà tracée avant-même de *pouvoir* être tracée. Ici aussi, la possibilité est conçue comme une sorte d'ombre de la réalité. Simplement, cette réalité n'est pas celle de la droite existant dans un autre monde que le nôtre – un monde d'entités géométriques décrit par les énoncés de la géométrie pure, mais du concept et de ses règles d'application existant comme préformés ou empaquetés dans la proposition dans laquelle figure le terme conceptuel géométrique qui le dénote, de sorte que l'occurrence de ce terme pré-détermine les rapports de cette proposition avec toutes les autres propositions qui peuvent être inférées à partir d'elle et qui contiennent à leur tour ce terme conceptuel :

> Tout se passe comme si était déjà contenue, dans une proposition qui contient par exemple le mot « sphère », l'ombre d'autres applications de ce mot. À savoir justement la *possibilité* de construire ces autres propositions. Qui a cette impression ? Et dans quelles circonstances [1] ?

Nous aurons l'occasion de revenir sur ce qui nourrit cette illusion platoniste à propos de l'usage de nos concepts. L'important, pour l'instant, est de noter que c'est ici, à savoir dans une certaine façon de concevoir le rapport des concepts géométriques à leur application, que réside le principal point de discorde avec Frege, mais aussi, ce qui est plus surprenant, avec la conception formaliste-conventionnaliste de la signification des

1. *PG*, I, § 16, trad. fr. modifiée, p. 63. Voir aussi Ms 110, p. 109.

termes conceptuels géométriques. Pour Wittgenstein, comme pour les formalistes et à la différence de Frege, la géométrie « constitue » arbitrairement plutôt qu'elle ne « décrit » la signification des termes géométriques conceptuels primitifs en tant que parties d'un système linguistique de description. Mais pour Wittgenstein comme pour Frege, et à la différence des formalistes-conventionnalistes, il y a également quelque chose de non-arbitraire en géométrie et en mathématiques en général[1]. Seulement, à la différence de Frege, Wittgenstein ne pense pas que l'on puisse rendre compte de ce qui fait la nécessité des vérités géométriques en invoquant l'existence d'états de choses objectifs « idéaux » décrits par les « propositions » de la géométrie pure. C'est l'attention prêtée à *l'usage* ou à *l'application*, c'est-à-dire finalement à l'arrière-plan de pratiques symboliques normées auxquelles viennent s'intégrer nos concepts géométriques par le biais de la preuve, qui permet de rendre compte de la façon dont certains énoncés (les axiomes de la géométrie) *deviennent* pour nous des propositions nécessaires du fait-même que nous avons décidé de leur donner ce statut. Ce point de vue distingue certes l'approche de Wittgenstein de celle de Frege, mais aussi, comme nous allons le voir, sa « position » grammaticale de celle des conventionnalistes classiques sur la nature des vérités nécessaires.

NORMES DE JUGEMENT ET ACTIVITÉS DE MESURE

Une des caractéristiques les plus frappantes de la caractérisation par Wittgenstein de la géométrie pure comme syntaxe des énoncés sur les objets spatiaux est son apparente similitude avec la conception conventionnaliste de la nature des vérités nécessaires et de la connaissance *a priori* défendue à la même époque, à la suite de Schlick, par certains membres du Cercle de Vienne. Selon cette dernière, toutes les vérités que l'on qualifie couramment de « nécessaires » (par opposition à « contingentes ») doivent être conçues comme analytiques, c'est-à-dire comme étant soit l'expression directe de conventions portant sur les termes primitifs d'un système symbolique, soit comme la conséquence de stipulations conventionnelles de ce genre.

Autant il fait peu de doute que la position que défend Wittgenstein sur la nature des vérités logiques se démarque nettement de ces deux variantes

1. Sur ce point, voir *PG*, II, § 11 ; *LFM*, p. 142-143.

de la même conception, autant sa conception de la nature des énoncés mathématiques (des énoncés de la géométrie, en particulier) présente des similitudes frappantes avec le paradigme conventionnaliste classique en provenance de Hilbert[1], comme en témoigne la déclaration suivante :

> Les axiomes de la géométrie ont (donc) le caractère de stipulations à propos du langage dans lequel nous voulons décrire les objets spatiaux. Ce sont des règles de la syntaxe. Les règles de la syntaxe ne traitent de rien, mais c'est nous qui les établissons. *Nous ne pouvons postuler que ce que nous faisons nous-mêmes.* Nous ne pouvons postuler que des règles d'après lesquelles nous voulons parler. Nous ne pouvons postuler des états de choses[2].

L'idée qu'aucune géométrie ne serait plus vraie qu'une autre et que nous aurions, par conséquent, le choix entre différents systèmes géométriques de représentation de l'expérience est assurément liée chez Wittgenstein à une conception générale du statut des axiomes de la géométrie comme règles ou normes de représentation, constitutives de la signification des termes utilisés dans le symbolisme choisi. Nous pouvons certes opter pour tel ou tel système géométrique de représentation de l'espace indépendamment de la nature des objets représentés, mais une fois que l'on a opté pour un système symbolique donné, la signification des termes utilisés en lui est déterminée par les axiomes du système. Pour Wittgenstein, comme pour Hilbert et en un sens aussi pour Schlick, les termes primitifs d'un système symbolique (celui que forment par exemple entre eux les axiomes et théorèmes de la géométrie euclidienne) n'ont pas de signification indépendamment des procédures qui permettent d'en fixer arbitrairement la signification. Tel est le rôle de la définition chez Hilbert. Elle ne présuppose pas déjà donnée la signification des notions fondamentales de « point », de « droite », de « plan ». Celle-ci est constituée par leur relation aux axiomes du système, de sorte que le problème se déplace chez lui de celui de la vérité vers celui de la consistance (des axiomes du système). De même, les axiomes de la géométrie pour Wittgenstein ne « traitent de rien », ne « postulent » ou ne « présupposent » aucun état de choses parce qu'ils sont constitutifs de la signification des termes utilisés et

1. Sur la distinction entre ces deux variétés de conventionnalisme, dont l'une est issue paradoxalement d'une mauvaise interprétation de la conception tractatuséenne des vérités logiques développée par certains membres du Cercle de Vienne (notamment par Hahn et Carnap), voir G. Baker, *Frege, Wittgenstein, and The Vienna Circle*, Oxford, Blackwell, 1988, chap. 7.

2. *WWK*, p. 62. Voir aussi *WL 30-32*, p. 8.

déterminent leurs possibilités de combinaison au sein du système. En ce sens, la géométrie euclidienne fait bien partie de la grammaire, ses axiomes faisant partie de l'ensemble des règles qui déterminent l'usage et la signification des mots de notre langage.

À première vue donc, cette déclaration de Wittgenstein semble devoir être prise comme un plaidoyer en faveur d'un conventionnalisme classique en matière d'énoncés géométriques du type de celui que l'on trouve, par exemple, chez Schlick et qui sous-tend sa nouvelle conception de la connaissance *a priori*. Le parallèle est d'autant plus frappant qu'il arrive effectivement à Wittgenstein d'expliquer ce qui distingue un axiome géométrique comme règle de la syntaxe d'un authentique énoncé dans les termes d'une opposition entre ce qui peut avoir valeur informative (à propos du monde) et ce qui ne peut en avoir. Les axiomes de la géométrie correspondent manifestement pour lui au second cas :

> À première vue, il semblerait pourtant que les axiomes de la géométrie nous communiquent bien quelque chose. Par exemple, la proposition qui dit que la somme des angles d'un triangle fait 180° ne nous communique-t-elle pas quelque chose? Ne peut-elle être vraie ou fausse? Comment la simple syntaxe peut-elle nous enseigner quelque chose de ce genre [1]?

À vrai dire, le fait qu'un énoncé tel que « la somme des angles d'un triangle est égale à 180° » soit dépourvu de valeur informative n'exclut pas qu'il puisse avoir un contenu cognitif. Le formalisme en matière de connaissance géométrique pourrait de ce point de vue se présenter comme la réponse appropriée à l'objection qu'affronte Wittgenstein. Certes, je n'apprends rien, en disant que la somme des angles d'un triangle fait 180°, sur les triangles réels, mais il semble que j'apprenne toutefois quelque chose sur le *concept* de triangle, à savoir que je peux inférer de ce concept le concept « avoir trois angles dont la somme fait 180° ». Si l'axiomatisation par Hilbert de la géométrie euclidienne a pu servir de modèle à l'élaboration d'une nouvelle théorie de la connaissance *a priori* qui fait de toutes les vérités nécessaires des vérités analytiques, c'est précisément parce qu'elle permet de faire le départ entre ce qui, en géométrie, peut faire l'objet d'une connaissance indépendante de l'expérience, à savoir le réseau formel de relations conceptuelles telles que définies par leur relation aux axiomes du système – ceci correspond à « l'objet » de la géométrie pure – et ce qui ne peut être connu qu'*a posteriori* dans la mesure où cela dépend pour une part de l'interprétation que l'on donne des termes primitifs du système et, pour

1. *WWK*, p. 62.

une part aussi, des mesures empiriques effectuées sur les objets du monde physique.

Telle n'est pourtant pas la position de Wittgenstein. L'apparente similitude avec la conception conventionnaliste cache en fait une différence profonde avec une approche du problème en termes épistémologiques. Mais en quoi consiste précisément cette différence ? En ceci que, pour Wittgenstein, la différence entre une règle de la syntaxe et une authentique proposition – donc, entre un axiome de géométrie et une proposition empirique – n'est pas exprimable dans les termes d'une différence entre des modes de connaissance – formel par opposition à matériel ou *a priori* par opposition à *a posteriori* – mais une différence fonctionnelle qui a trait au rôle que joue (ou ne joue pas) tel ou tel énoncé dans nos pratiques. Wittgenstein déplace en quelque sorte le problème. La question est moins de savoir si et à quelles conditions les axiomes de la géométrie peuvent être considérés comme des énoncés ayant une valeur informative ou comme étant au contraire dépourvus d'une telle valeur que de savoir si ces supposés énoncés ont réellement un rôle normatif dans l'évaluation de nos activités.

Wittgenstein définit parfois la géométrie comme « une méthodologie de la mesure », ce qui ne veut pas dire que la géométrie devrait nous dire par exemple comment nous devons effectuer nos opérations de mesure. Cela signifie simplement qu'elle détermine ce qui compte ou non comme ce que nous appelons « mesurer les angles d'un triangle ». La géométrie pure n'est pas une science traitant d'objets et de relations conceptuelles idéaux. Elle est grammaire ou syntaxe au sens où elle consiste en un ensemble de règles qui déterminent, indépendamment des mesures effectuées, ce qui vaut comme méthode correcte ou incorrecte de mesure :

> Le rapport de la méthode de mesure, par exemple de la mesure spatiale, à une mesure déterminée est exactement le même que le rapport du sens d'un énoncé à sa vérité ou sa fausseté. La géométrie, en un sens, est une méthodologie de la mesure [1].

C'est ce que nous voudrions montrer à présent à partir de deux exemples : celui de la « signification du nombre π » et celui d'énoncés tels que « la somme des angles d'un triangle est égale à 180° ».

Soit π, le nombre irrationnel (transcendant) qui correspond au rapport du diamètre d'un cercle à sa circonférence. Il existe différentes méthodes suivant lesquelles déterminer la valeur de π. Les plus rigoureuses sont

1. Ms 108, p. 105.

les méthodes analytiques, c'est-à-dire celles qui permettent d'obtenir des valeurs plus exactes en utilisant des courbes intégrales définies par une équation algébrique ou le calcul infinitésimal et la théorie des séries. Mais supposons que nous essayions, comme les Anciens, de résoudre le problème de la quadrature du cercle au moyen d'une méthode purement empirique[1]. Supposons par exemple que nous essayions de nous approcher de la valeur de π en effectuant toute une série de mesures sur des cercles réels au moyen de lignes et d'instruments de plus en plus fins et précis. Certes, nous n'obtiendrons jamais de cette manière de valeur exacte pour ce nombre – puisque nous obtiendrons des valeurs différentes pour chaque mesure effectuée – mais n'aurons-nous pas malgré tout réussi à nous approcher de la valeur de π en l'encadrant dans une série d'intervalles successifs ? Dans ce cas, comment devons-nous interpréter un énoncé tel que « le rapport de la circonférence au diamètre est égal à π » – où π désigne un nombre irrationnel dans le développement décimal duquel entre une série infinie ?

La manière, semble-t-il, la plus naturelle de l'interpréter serait de dire que puisque nous ne pouvons, grâce à cette méthode empirique de calcul, n'en obtenir que des valeurs approchées, le nombre π décrit une valeur numérique idéale dont nous ne ferions que nous approcher au moyen d'une série infinie d'expériences de mesure. Mais dire cela, c'est finalement se laisser abuser par une analogie trompeuse avec la mesure d'une constante en physique. Si la valeur de π n'est pas déterminable de façon exacte par une série même infinie d'expériences de mesure, ce n'est pas parce que π désigne une valeur numérique idéale inaccessible en tant que telle mais parce que π fonctionne dans nos activités de mesure autrement que comme un objet dont la valeur ne pourrait être déterminée que de façon infiniment approximative. La valeur de π ne peut être établie au moyen d'une expérience de mesure (ou d'une série infinie de telles expériences) parce que c'est *elle* qui nous permet de juger de la correction de nos activités de mesure. Elle nous fournit une norme d'évaluation de la nature de l'activité en question :

> Dès lors, la véritable signification du nombre π est claire : aucune mesure ne peut nous dire quelle valeur a π ou bien entre quelles valeurs se situe π, mais le nombre π est *l'étalon* d'après lequel nous jugeons si la mesure est

1. Nous pensons à la façon dont Ahmès, l'auteur du « Papyrus Rhind », a tenté de résoudre ce problème en retranchant du diamètre d'un cercle une quantité équivalente à 1/9 et en prenant pour côté du carré construit à partir du cercle les 8/9 restants. On obtient, ce faisant, une valeur assez proche de π.

bonne. (Nous ne pouvons mesurer le nombre π parce que c'est d'après lui que nous mesurons la précision de l'observation) [1].

Quelque chose ne peut fonctionner dans nos activités à la fois comme ce *d'après quoi* nous déterminons la valeur de nos procédures et comme une valeur déterminable au moyen de ces procédures. En tant qu'étalon de mesure, la valeur de π ne peut dépendre d'une expérience ultérieure de mesure. Elle doit être fixée préalablement à toute expérience de mesure parce que c'est elle qui permet de dire si tel ou tel procédé de mesure est correct ou incorrect. π n'est pas un nombre dont la valeur serait déterminable par une quelconque expérience. Il nous fournit une norme de correction pour juger de la valeur de nos procédés de mesure. C'est pourquoi, si nous obtenions comme résultats des expériences de mesure effectuées sur des cercles réels des valeurs différentes pour le rapport du diamètre à la circonférence, nous ne dirions pas que la valeur de π a changé ou que nous aurions ainsi découvert de nouvelles propriétés de ce nombre, mais que nous nous sommes trompés :

> L'étalon nous est donné avant la mesure; c'est pourquoi je ne peux modifier la mesure. Si donc nous disons : π a telle ou telle valeur, par exemple $\pi = 3{,}1459265\ldots$, cela ne peut signifier que nous entendons énoncer par-là quelque chose sur les mesures réelles, mais cela ne peut signifier que ceci : nous faisons une stipulation qui nous permet de dire dans quels cas nous qualifions un procédé de mesure de correct et dans quels cas nous le qualifions d'incorrect [2].

De même, si nous obtenions en effectuant des expériences de mesure sur des triangles réels une valeur différente de 180° pour la somme de leurs angles – disons, 181°, nous ne dirions pas que nous avons ainsi découvert un nouvel état de choses ou une nouvelle propriété du concept de triangle mais que nous avons commis une erreur dans la méthode utilisée pour effectuer ces mesures, que la méthode utilisée ne peut pas valoir comme ce que nous appelons « mesurer les angles d'un triangle ».

Une ambiguïté subsiste néanmoins dans la façon dont Wittgenstein décrit la nature et la fonction de ces règles. En les décrivant comme des stipulations de nature conventionnelle sur le langage utilisé pour décrire les faits, il a l'air se rapprocher considérablement de la position formaliste-conventionnaliste qui fait de ces énoncés les règles d'un calcul formel opéré avec les signes indépendamment des significations qui leur sont

1. *WWK*, p. 62. Voir aussi *D*, p. 265 ; *PLP*, p. 47.
2. *Ibid.*

ordinairement attachées. Il est pourtant clair, d'après les textes que nous venons de citer, que la différence entre une norme et une authentique description ne consiste pas pour Wittgenstein dans le fait qu'il s'agisse, dans le premier cas, de stipulations qui ne portent que la structure logico-formelle du symbolisme utilisé. Elle consiste en ceci que les énoncés en question ont, dans nos pratiques (en particulier, dans nos pratiques de mesure), une fonction autre que celle de nous communiquer quelque chose à propos de certains états de choses. Le problème, contrairement aux apparences, n'est pas abordé par Wittgenstein en termes épistémologiques, mais en termes d'application et d'usage. C'est l'attention prêtée au rôle des énoncés de la géométrie pure dans tout un contexte d'activités symboliques (comme celle de la mesure) qui nous révèle leur véritable nature de normes de jugement. Les énoncés sur le rapport du diamètre d'un cercle à sa circonférence ou sur la propriété qu'a le triangle d'avoir trois angles dont la somme est égale à deux droits sont des règles de la syntaxe non pas au sens de règles formelles valant pour un calcul de signes donné, mais de normes de jugement concernant la rectitude de nos activités; ce qui signifie que ce n'est que du point de vue de l'usage des signes ou de leur application que l'on peut dire si un énoncé a valeur de norme ou s'il est une authentique proposition. Telle est, à notre avis, la principale différence avec la position formaliste-conventionnaliste sur la signification des axiomes de la géométrie.

Nous voudrions à présent montrer que cette différence tient plus fondamentalement à la façon dont Wittgenstein conçoit ce qu'on appelle *l'application* des signes, dont le rapport de la géométrie à l'expérience est un cas particulier.

CHAPITRE VI

LA GÉOMÉTRIE APPLIQUÉE FAIT-ELLE PROBLÈME ?

Nous avons vu que pour Wittgenstein l'idée selon laquelle la géométrie pure serait une science traitant de formes et de propriétés spatiales idéales par opposition à une autre science (la géométrie physique ou appliquée) qui, elle, traiterait de formes et de propriétés réelles plus grossières repose sur une conception erronée du rapport de la géométrie à son application. Mais nous n'avons toujours pas précisé la nature de cette conception, ni surtout en quoi elle est erronée.

Wittgenstein oppose à cette manière de penser le rapport de la géométrie à son application une autre manière de le penser en termes de rapport des propositions de la vie pratique à leur grammaire ; ce qui signifie, entre autres choses, que la géométrie appliquée ne consiste pour Wittgenstein qu'en règles d'utilisation de termes géométriques (conceptuels) dans le contexte de propositions ordinaires décrivant les propriétés des objets spatiaux (corps physiques) ordinaires. Mais que faut-il entendre ici par géométrie *appliquée* ? En quoi la caractérisation de Wittgenstein se distingue-t-elle de la façon dont est habituellement conçu en philosophie des sciences le rapport de la géométrie au réel ?

Pour répondre à cette question, il nous faut d'abord comprendre ce qui fait que ce rapport peut *devenir* un problème. Ce problème est celui de la vérité empirique des axiomes de la géométrie. Il est au centre de la réflexion d'Einstein et de Schlick sur le rapport des mathématiques au monde réel.

EINSTEIN, SCHLICK ET LE PROBLÈME DE LA VÉRITÉ EMPIRIQUE DES AXIOMES DE LA GÉOMÉTRIE

Le problème du rapport des mathématiques au monde réel pourrait être formulé ainsi : comment ce que l'on considère généralement comme un ensemble de vérités nécessaires et inattaquables (les vérités dites « mathématiques »), car indépendantes de l'expérience peut-il nous apprendre quelque chose sur le réel tel qu'il nous est rendu accessible, justement, par l'expérience ? D'un côté, les énoncés mathématiques ne semblent devoir leur caractère de vérités nécessaires qu'au fait qu'ils sont de purs produits de la raison, de l'autre, la raison humaine ne saurait nous permettre à elle seule de découvrir ce qui fait que ces énoncés peuvent également avoir une teneur empirique. Einstein remarque que le prestige dont jouissent les mathématiques tient sans doute au fait que ses énoncés sont « absolument certains et incontestables », car sans rapport avec la réalité, mais en partie aussi au fait qu'ils peuvent être utilisés pour décrire les propriétés des objets de la réalité et ainsi nous en donner une connaissance plus exacte. Voici en tout cas comment il identifie l'énigme (*Rätsel*) à laquelle ont été confrontés selon lui « les chercheurs de toutes les époques » :

> Comment se fait-il que les mathématiques, qui sont pourtant un produit de la pensée humaine indépendant de toute expérience, s'ajustent si parfaitement aux objets de la réalité ? La raison humaine peut-elle donc, sans l'expérience, par la simple pensée, sonder les propriétés des choses réelles [1] ?

Ce problème est celui de l'applicabitilité des mathématiques au monde réel, dont celui du rapport de la géométrie à l'expérience est un cas particulier. Il a connu différentes tentatives de solution dont la plus célèbre et la plus influente philosophiquement au moins jusqu'au début du XXe siècle a été celle de Kant.

La solution kantienne combine, comme on le sait, deux traits généralement attribués aux axiomes de la géométrie dans leur rapport au réel, à savoir, d'un côté, leur caractère de vérités nécessaires (quelle que soit la façon dont on interprète la force modale du mot « vrai ») et, de l'autre, de vérités empiriques (les axiomes de la géométrie sont également vrais *de* l'espace) ; ce qui le conduit à postuler l'existence d'une classe intermédiaire de jugements (entre les jugements analytiques et synthétiques) qu'il

1. *Geometrie und Erfahrung*, Berlin, Julius Springer, 1921 ; trad. fr. (modifiée) M. Solovine, *La géométrie et l'expérience*, Paris, Gauthier-Villars, 1921, p. 1-2.

qualifie de « synthétiques *a priori* » [1]. Cette solution a trois défauts principaux. Elle repose, d'une part, sur le privilège d'une géométrie particulière (la géométrie euclidienne) dont on peut légitimement se demander si elle est la seule possible. Elle prétend, d'autre part, fonder ce privilège sur une capacité spéciale et innée de l'esprit humain à visualiser les relations d'*une* géométrie – la géométrie euclidienne. Mais surtout, elle ne distingue pas clairement la géométrie comme pur exercice de logique (comment dériver sans contradiction au sein d'un système la vérité des théorèmes de celle des axiomes ?) de la géométrie comme science empirique de l'espace. Cette distinction est la condition *sine qua non* pour pouvoir poser le problème de l'applicabilité des mathématiques (de la géométrie) au monde réel [2]. En définissant la géométrie comme science *a priori* de l'espace fondée sur un type spécial d'intuition – l'intuition pure, Kant ne permet pas de poser le problème en des termes philosophiquement acceptables [3].

Ce n'est qu'avec la découverte des géométries non-euclidiennes, c'est-à-dire avec la découverte du fait qu'il est possible de construire d'autres systèmes axiomatiques géométriques consistants à partir d'une négation quelconque du postulat des parallèles, et surtout celle, par Einstein, de la plus grande simplicité (extrinsèque) des géométries non-euclidiennes que le problème de l'applicabilité de la géométrie au monde réel a pu *devenir* un véritable problème épistémologique.

Dans sa conférence de 1921, ce dernier remarque que « la pleine clarté sur ce sujet n'a pu devenir un bien commun » [4] qu'avec l'apparition de cette nouvelle tendance en mathématiques qu'il qualifie d'« axiomatique ». Cette tendance a permis non seulement de dissiper « l'obscurité mystique » qui entourait la question des fondements en mathématiques en séparant rigoureusement l'objet de la géométrie mathématique de celui de la géométrie physique mais aussi de formuler tout aussi rigoureusement l'autre aspect du problème, celui du « si parfait ajustement » des énoncés mathématiques au réel. Autant la validité des axiomes euclidiens (au sens moderne) ne saurait dépendre d'une quelconque intuition attachée aux

1. Les principaux textes de Kant sur cette question sont : *Kritik der reinen Vernunft*, dans I. Kant, *Werke. Akademie-Textausgabe*, Bd. III, Berlin, De Gruyter, 1970, B 41 ; *De mundi sensibilis atque intelligibilis forma et principiis*, dans *ibid.*, Bd. II, 1968, § 15.

2. Voir à ce sujet C. Hempel, « Geometry and Empirical Science », *American Mathematical Monthly*, vol. 52, 1945, en particulier section 5.

3. Sur la conception kantienne de la géométrie et le problème de l'application, voir M. Friedman, « Kant's Theory of Geometry », *The Philosophical Review*, vol. 94, n° 4, 1985, p. 455-506.

4. *Geometrie und Erfahrung*, *op. cit.*, trad. fr., p. 4.

termes primitifs du système, autant ces axiomes ne sauraient avoir par eux-mêmes de contenu informatif. Or, si la géométrie n'est pas qu'une science formelle, si elle doit avoir également une valeur pour la connaissance physique, son contenu empirique ne peut lui être donné que par une procédure extérieure au système de relations conceptuelles implicitement définies par les axiomes. Einstein souligne significativement le rôle des coordinations (*Zuordnungen*) en guise de solution au problème épistémologique de la vérité empirique (factuelle) des énoncés de la géométrie :

> Il est clair que le système conceptuel de la géométrie axiomatique ne peut à lui seul produire aucun énoncé sur le comportement de ces objets de la réalité que nous qualifions volontiers de corps pratiquement rigides. Pour pouvoir produire de tels énoncés, la géométrie doit être dépouillée de son caractère exclusivement logico-formel en ceci que des objets de la réalité dont on peut faire l'expérience (des vécus) sont coordonnés [*zugeordnet*] aux schèmes conceptuels vides de la géométrie axiomatique [1].

Ce n'est qu'en adjoignant au système logico-formel de relations conceptuelles une proposition (*Satz*) qui constitue une interprétation des termes et relations non interprétés du système que les axiomes de la géométrie (euclidienne, ici) peuvent acquérir un véritable contenu informatif et la géométrie elle-même, le statut d'une science empirique de l'espace physique :

> Pour parvenir à cela, il suffit d'ajouter la proposition suivante : Des corps solides se comportent, relativement à leurs possibilités de position, comme des corps de la géométrie euclidienne à trois dimensions ; c'est alors que les propositions de la géométrie euclidienne contiennent des énoncés sur le comportement des corps pratiquement rigides. La géométrie ainsi complétée est manifestement une science de la nature ; nous pouvons la considérer simplement comme la plus ancienne branche de la physique [2].

La géométrie complétée par une proposition qui coordonne (*zuordnet*) aux schèmes conceptuels vides du système axiomatique des contenus d'expérience est ce que Einstein appelle la « géométrie pratique », par opposition à la « géométrie axiomatique pure ». Ainsi obtenue, elle devient une théorie empirique de l'espace et, en tant que telle, une *partie* de la physique. Ceci veut dire, entre autres choses, que la question de la structure effective de l'espace physique devient, comme le pressentait Gauss, une question décidable sur la base d'expériences de mesure. Einstein souligne

1. *Geometrie und Erfahrung*, *op. cit.*, trad. fr. (modifiée), p. 4.
2. *Ibid.*, trad. fr. modifiée.

l'importance de cette conception de la géométrie pour l'élaboration de la théorie de la relativité. Il aurait été impossible selon lui d'aboutir à la conclusion que nous devons finalement abandonner la géométrie euclidienne pour décrire l'espace physique – parce que les lois de la position des corps dans un système de référence ne correspondent pas aux règles de cette géométrie – sans maintenir le lien entre concepts géométriques et corps rigides au moyen de propositions d'expérience. Ce sont ces dernières qui, ajoutées au système de concepts implicitement définis par les axiomes, donnent un contenu sémantique empirique aux énoncés d'une géométrie non nécessairement euclidienne[1]. Ce sont elles qui ont également permis à Einstein de s'affranchir du point de vue conventionnaliste strict d'un Poincaré sur le rapport de la géométrie à l'expérience.

Ce n'est sans doute pas un hasard si Einstein se réfère ici à Schlick plutôt qu'à Hilbert en guise d'exemple de la nouvelle tendance mathématique à interpréter les axiomes de la géométrie euclidienne (singulièrement, l'axiome des parallèles) comme de « libres créations de l'esprit » qui déterminent conventionnellement plutôt qu'elles ne présupposent la signification des concepts primitifs d'un système. En réalité, la solution d'Einstein au « problème » de la géométrie appliquée ne fait pas que s'inscrire dans le cadre de la nouvelle théorie conventionnaliste de la connaissance *a priori* développée par Schlick sur le modèle de l'axiomatisation hilbertienne de la géométrie euclidienne[2]. Elle s'inspire aussi largement de la façon dont Schlick, dans ce même ouvrage, pense pouvoir résoudre en des termes, il est vrai, assez généraux le problème du rapport de la pensée au réel dont celui de la géométrie à son application est un cas particulier. Notre objectif ici est de montrer qu'en définissant la géométrie physique comme un système logique de relations conceptuelles complété par un énoncé stipulant les significations des concepts primitifs du système par référence directe à l'expérience, Einstein reprend non seulement la conception générale de l'application qui était celle du premier Schlick, mais, qui plus est, la sémantique phénoméniste et mentaliste qui la sous-tend.

La théorie générale de la connaissance élaborée par Schlick dans la première partie de l'ouvrage est censée répondre à deux objectifs distincts

1. Einstein donne comme exemple de proposition d'expérience coordinative : « la lumière se propage en ligne droite ».

2. Nous faisons allusion ici au M. Schlick de l'*Allgemeine Erkenntnislehre*, 2te Aufl., Berlin, Julius Springer, 1925 (1re éd. 1918); trad. fr. C. Bonnet, *Théorie générale de la connaissance*, Paris, Gallimard, 2009. Nous renvoyons à la pagination originale allemande.

qui correspondent aux deux aspects du problème précédemment formulé. D'un côté, il s'agit de parvenir à établir non seulement la possibilité mais *l'existence* d'une connaissance apodictique qui réalise l'idéal d'exactitude et de rigueur qui est celui de la connaissance scientifique – par opposition à la connaissance ordinaire; de l'autre, il s'agit de clarifier la nature du lien qui unit la pensée au réel dans la connaissance. La stratégie de Schlick à cet égard est particulièrement remarquable. Il faut s'efforcer, selon lui, de couper provisoirement les ponts entre la pensée et le réel pour parvenir à une vision plus claire de la façon dont ces deux sphères indépendantes peuvent entrer en contact dans l'acte de connaissance.

Le premier objectif est rempli grâce à l'élaboration d'une nouvelle doctrine du concept et de la définition d'un concept héritée de Frege, mais aussi grâce à la distinction que fait Schlick entre deux sortes de formations conceptuelles : les définitions concrètes ou ordinaires, d'un côté, les définitions implicites, de l'autre [1]. Les définitions concrètes correspondent au sens usuel de la définition. Elles consistent simplement à attacher au concept un contenu intuitif par ostension de telle sorte qu'il se définisse par sa relation à une représentation subjective singulière (ou à un objet singulier). Les définitions implicites n'établissent, par contraste, aucun lien entre le concept et la réalité puisqu'un concept n'est défini dans ce cas que par sa relation aux autres concepts du système. D'après Schlick, la seule façon d'atteindre le degré de précision et d'exactitude requis en science est de substituer les secondes aux premières; ce qui revient précisément à rompre le lien entre la pensée conceptuelle et le réel en se débarrassant du vague et de l'imprécision des représentations mentales ordinairement attachées aux concepts.

Deux cas doivent pourtant être distingués ici : celui de l'arithmétique (ou théorie des nombres) qui est, pour Schlick, un pur calcul formel (un pur «jeu avec les signes») entièrement détaché de la réalité et celui de la géométrie qui est une science dont l'intérêt n'est pas simplement formel mais réside aussi dans le fait que les relations conceptuelles abstraites s'appliquent à des « objets intuitifs ou réels » qui illustrent ces relations [2]. Si l'arithmétique incarne, de ce point de vue, l'idéal d'une connaissance certaine et exacte par l'autonomie même des procédures qui permettent de déterminer la signification des, et les relations entre, les membres du réseau conceptuel, le problème de savoir si cette connaissance existe (si nous

1. *Allgemeine Erkenntnislehre*, *op. cit.*, § 7, p. 50 *sq.*
2. *Ibid.*, p. 55.

pouvons réellement l'atteindre) ne se *pose* en revanche que dans le cas des sciences non-formelles (géométrie et sciences dites « du réel ») justement parce que l'exactitude et la précision des concepts y est menacée par le besoin de les rattacher à des contenus (intuitifs) qui se caractérisent par une certaine indétermination ou imprécision.

Le rôle des définitions implicites est d'autant plus important dans ce dernier cas que nous n'avons aucune garantie de pouvoir atteindre la stricte précision dans la pensée. L'erreur de Kant, de ce point de vue, est d'avoir admis sans autre forme de procès l'existence d'une connaissance apodictique de l'espace en la fondant sur une capacité intrinsèque de l'esprit humain à appréhender le contenu intuitif selon certains rapports spatiaux. Le mérite de Hilbert est, au contraire, d'avoir *établi* sans la tenir pour acquise l'existence d'une connaissance de ce genre (en géométrie) en substituant à l'imprécision des concepts ordinairement définis la précision de concepts primitifs implicitement définis par leur relation aux axiomes du système. La connaissance ainsi obtenue est certes une connaissance absolument certaine et indépendante de l'expérience mais qui ne saurait en aucun cas être justifiée par une quelconque intuition, même pure. C'est donc bien en accentuant l'écart entre la pensée et le réel (entre concept et intuition) au moyen de déterminations conventionnelles indépendantes que Schlick a tenté de résoudre, dans un esprit proche de celui de Hilbert, le problème de l'existence d'une connaissance certaine et rigoureuse en géométrie.

Mais qu'en est-il à présent de l'autre aspect du problème : celui qui concerne le rattachement de la pensée au réel ? Une fois le divorce consommé, il reste à rendre compte de la façon dont celles-ci peuvent entrer en contact dans le cas de sciences dont l'objet ne saurait être défini par simple réduction de concepts à d'autres (analytiquement, donc) mais inclut la possibilité d'une mise en relation avec des contenus d'expérience. Mais en quoi consiste au juste cette mise en relation ?

Schlick ne fournit aucune analyse détaillée de la structure de la connaissance scientifique dans le cas de la géométrie appliquée (au réel). Il s'en tient volontairement à un niveau général d'analyse. Toutefois, une chose est à peu près sûre : si le problème de la géométrie appliquée doit pouvoir être résolu – et il doit pouvoir l'être si l'on veut rendre compte de la façon dont la pensée entre en contact avec le réel dans le cas des sciences non-formelles, il ne peut l'être, selon lui, que dans les termes d'une théorie de la vérité des jugements dont le concept-clef est celui de coordination (*Zuordnung*). Voyons quels en sont les principes.

La relation de correspondance (entre la pensée et le réel) par laquelle on définit parfois la vérité se réduit pour Schlick, en dernière instance, à une relation univoque de coordination entre un signe et un objet dans la réalité. Lorsque je coordonne par la pensée un signe à un objet de telle sorte que ce signe ne puisse dénoter que cet objet même, celui-ci accomplit alors l'intégralité de ses fonctions sémantiques. La règle d'univocité (*Eindeutigkeit*) est la seule condition qui doive être remplie pour que les signes puissent accomplir leur fonction qui est de désigner quelque chose dans la réalité[1]. « L'univocité », selon Schlick, « est l'unique vertu essentielle d'une coordination »[2] et la coordination, l'unique fonction de la pensée dans son rapport au réel. Ceci vaut bien sûr pour la relation d'un concept à un objet qui « tombe » sous lui, mais aussi, notons-le, pour cet autre signe qu'est le *jugement* dans son rapport à un fait du monde.

Nuançons quelque peu. Il existe bel et bien pour Schlick une distinction entre ces deux signes. Un concept est un signe qui désigne un objet (ou une relation) alors qu'un jugement est un signe qui désigne l'*existence* d'une relation, autrement dit le *fait* qu'une relation ait lieu dans le monde. Ils n'en appartiennent pourtant pas moins tous deux à la même catégorie de signe en ce sens qu'ils se définissent par le même genre de relation sémantique : la désignation (*Bezeichnung*). Tout *dire* est essentiellement et fondamentalement pour Schlick un *nommer* et c'est pourquoi la règle d'univocité de la coordination s'applique aussi bien au concept qu'au jugement. Un jugement vrai est un signe auquel je dois pouvoir coordonner un fait du monde et un seul de sorte que ce signe ne dénote que ce fait-là. C'est l'univocité de la coordination et elle seule qui doit garantir la vérité du jugement[3]. Mais cela signifie, dans ce cas, qu'il n'y a pas de différence essentielle – de nature logique en tout cas – entre ce qui fait qu'un jugement peut avoir une valeur de vérité et ce qui fait qu'un concept peut accomplir sa fonction qui est de désigner un objet ou une relation dans la réalité. Juger, c'est seulement baptiser (ou consacrer) des faits. Dans les deux cas, ce baptême consiste à associer au mot prononcé (au signe parlé) un acte qui consiste à pointer du doigt en direction d'un fait du monde. C'est le même acte d'ostension qui fait que mon jugement peut valoir comme vrai (ou faux) et que le concept symbolisé par un nom peut valoir comme un nom correct d'objet ou de

1. Cf. *Allgemeine Erkenntnislehre*, *op. cit.*, § 10, p. 79.

2. *Ibid.*, p. 81.

3. *Ibid.* : « Ainsi, la vérité consiste dans l'univocité de la désignation à laquelle le jugement doit servir ».

relation, la seule condition étant que, dans les deux cas, l'acte ostensif désigne sans ambiguité le fait/l'objet désigné[1].

Manifestement, le rapport de la pensée à la réalité est un rapport qui s'effectue pour Schlick au moyen d'un acte de l'esprit qui réfère directement au donné immédiat et qui constitue l'essence même de la relation de désignation. Cet acte est un acte de coordination (*Zuordnung*) qu'il définit de façon significative comme « un acte fondamental de la conscience irréductible à quoi que ce soit d'autre; quelque chose d'ultimement simple qui peut seulement être constaté, une limite et un fondement auxquels tout épistémologue doit s'efforcer de parvenir »[2]. On le voit, la conception schlickienne de l'application des énoncés d'une science au réel repose sur une conception foncièrement phénoméniste et mentaliste de la sémantique de nos concepts et de nos jugements, alors même que l'usage de définitions implicites était destiné, dans un premier temps, à supprimer la référence à des contenus vagues et imprécis de ce genre. C'est l'expérience qui doit garantir, en dernière instance, la coordination univoque de nos concepts à des objets réels même si une part d'arbitraire doit nécessairement entrer dans le choix des relations désignées par les noms.

En reprenant la caractérisation par Schlick du rapport de la pensée au réel comme un rapport de coordination (*Zuordnung*) par lequel la conscience attache au réseau de relations conceptuelles (implicitement défini par les axiomes du système) des contenus d'expérience et en l'appliquant au cas de la géométrie physique, Einstein reprend finalement sans autre forme de procès la sémantique des concepts et des jugements qui sous-tend la conception schlickienne de l'application des calculs formels à la réalité. « Appliquer » veut dire dans ce cas assigner une interprétation aux termes primitifs et relations non interprétés du calcul où « interpréter » désigne un acte mental d'ostension extra-linguistique référant directement aux contenus de l'expérience sensible. Avant de voir ce que cette conception de l'application peut avoir de suspect philosophiquement, examinons le type de conception de l'autonomie (des calculs mathématiques) qu'elle présuppose – par contraste avec celle de Wittgenstein.

1. En d'autres termes, alors que Schlick voit bien que le problème central est celui de la pensée singulière (comment la pensée peut-elle individualiser ce sur quoi elle porte ?), il ne distingue pas suffisamment clairement, comme le fait Wittgenstein dans le *Tractatus*, la pensée référentielle de la pensée descriptive. Pour lui, nommer et décrire sont une seule et même fonction de la pensée.

2. *Allgemeine Erkenntnislehre*, *op. cit.*, § 40, p. 426.

APPLICATION DES CALCULS MATHÉMATIQUES ET EXPLICATION OSTENSIVE : DEUX CONCEPTIONS DE L'AUTONOMIE

La conception de l'application dont nous avons vu qu'elle sous-tendait la façon dont Schlick et Einstein posent le problème de la géométrie physique (ou « appliquée ») est celle à laquelle s'attaque Wittgenstein à partir du début des années 1930 à travers sa critique du rôle des explications (ou définitions) ostensives pour le rattachement de la pensée au réel. Les explications ostensives ont ceci de particulier que, à la différence des explications verbales, elles semblent renvoyer directement aux significations des signes sans courir le risque d'une mésinterprétation[1]. Au § 45 de la *Grammaire philosophique*, Wittgenstein met explicitement en question l'assimilation de l'application à un processus interprétatif de ce genre. Il écrit :

> L'interprétation des signes écrits et parlés au moyen d'explications ostensives n'est pas l'*application* [*Anwendung*] du langage, mais est une partie de la théorie du langage. L'interprétation s'accomplit encore de façon générale, comme préparation à toute application[2].

Le principe de cette critique est bien connu. Rappelons-le brièvement. Wittgenstein conteste que les explications ostensives puissent jouer le rôle fondateur (ou inaugural) qu'on voudrait leur faire jouer dans le rapport du langage à la réalité en vertu de leur supposée univocité (*Eindeutigkeit*), par opposition au caractère non-univoque des définitions verbales. Tout le prestige de ce genre d'explication tient à ce que, opérant apparemment en deçà des signes, elles semblent investies d'un pouvoir que n'ont pas les explications verbales : celui de « supprimer toute divergence d'opinion » à propos de la signification de nos signes[3]. C'est le caractère apparemment non-linguistique de ce genre d'explication qui est censé garantir leur univocité. Wittgenstein montre au contraire que, si univocité il y a, celle-ci ne peut tenir qu'à leur caractère de *règles*. Les explications ostensives ne sont pas des opérations extra-symboliques échappant par principe au risque de malentendus. Ce sont des règles d'utilisation de nos mots qui font partie, au

1. Sur cette distinction, cf. *BB*, p. 1 *sq*.

2. *PG*, I, § 45 ; trad. fr. rectifiée, p. 97. « *Anwendung* », en allemand, désigne la relation fondamentale *d'application* du langage à la réalité, et non « l'utilisation » du langage, comme le suggère à tort la traductrice française.

3. *PG*, I, § 24, trad. fr., p. 69 ; *ibid.*, I, § 48, trad. fr. p. 99 ; *PU* § 28.

même titre que les autres règles, de la grammaire de notre langage[1]. Elles sont, comme le dit Wittgenstein, une « partie de la théorie du langage » et ne jouissent pas en ce sens d'un statut particulier.

Autant il ne fait aucun doute que les conceptions schlickienne et einsteinienne de l'application des calculs formels à la réalité tombent sous le coup de cette critique, autant il n'est pas toujours facile de voir en quoi la position adoptée par Wittgenstein sur cette question se démarque de la position conventionnaliste des formalistes. Les « thèses » sémantiques et la conception de la grammaire qu'il défend à cette époque (*i.e.* vers 1932-1933) frappent en effet par leur proximité apparente avec la conception hilbertienne et schlickienne de la signification des concepts primitifs et relations non interprétés de la géométrie axiomatique en termes de conventions symboliques autonomes :

> Un nom a une signification, la proposition un sens au sein du calcul auxquels ils appartiennent. Celui-ci est pour ainsi dire autonome. – Le langage doit parler pour lui-même. Je pourrais dire : seul m'intéresse le *contenu* d'une proposition ; et le contenu d'une proposition est en elle. Son contenu, la proposition l'a en tant que membre d'un calcul[2].
> La grammaire est pour nous un pur calcul. (Et non pas l'application d'un calcul à la réalité)[3].

Il y a pourtant une différence majeure entre la position que défend ici Wittgenstein sur l'autonomie du « calcul » grammatical et la position des formalistes sur l'autonomie des conventions symboliques qui « constituent » la signification des termes et relations géométriques non-interprétés. Celle-ci tient au fait que Wittgenstein donne un *tout autre sens* à l'idée d'autonomie. Schlick associe l'idée d'autonomie à celle d'indépendance du réseau de relations conceptuelles implicitement définies par les axiomes du système. Ce que déterminent nos conventions est une *forme* que Schlick oppose au *contenu* de la connaissance qui, lui, ne peut nous être livré sans un acte « interprétatif » extérieur au calcul (extra-symbolique, donc). Wittgenstein défend, quant à lui, une conception de l'autonomie qui ne sépare jamais, même dans le cas de calculs dits « formels » comme les calculs arithmétiques et géométriques, la forme – *i.e.* le réseau de relations conceptuelles – du contenu – *i.e.* « l'interprétation » des termes de ce réseau fournie par notre langage. Les guillemets sont évidemment requis ici

1. *PG*, I, § 45, trad. fr., p. 97.
2. *PG*, I, § 27, trad. fr. modifiée, p. 72.
3. *PG*, II, § 15, trad. fr., p. 317.

puisqu'il n'y a pas de place chez lui pour une distinction du type de celle que l'on trouve au sein de la tradition « modèle-théorique » en logique entre langage (ou calcul) non interprété et langage (ou calcul) interprété[1]. Ce n'est que si l'on associe, comme le font Schlick et Einstein, l'idée d'autonomie à celle d'indépendance de la forme que l'on besoin de règles d'un genre spécial pour donner un contenu à nos connaissances et ainsi assurer la connexion des termes du calcul non interprété à la réalité. Rien n'est plus étranger à l'idée que se fait Wittgenstein de l'applicabilité du langage (et de nos calculs formels) à la réalité que la conception schlickienne de l'autonomie qui sous-tend la façon épistémologique traditionnelle de poser le « problème de l'application » :

> On aimerait distinguer entre des règles de la grammaire qui établissent « une liaison entre le langage et la réalité » et celles qui ne le font pas. Une règle du premier genre est : « cette couleur s'appelle "rouge" », une règle du second genre : « $\sim\sim p = p$ ». Cette distinction recèle une erreur; le langage n'est pas quelque chose auquel on donne une structure pour ensuite l'ajuster à la réalité[2].

L'erreur est de croire qu'il pourrait exister une différence de nature entre deux sortes de règles : des règles secondes ou dérivées qui ne feraient que déterminer la signification des signes *au sein* du calcul lui-même (comme la règle d'équivalence d'une double négation à une affirmation) et des règles premières ou fondamentales dont la fonction spécifique serait d'établir un lien entre les règles internes au calcul et la réalité extérieure au moyen d'un acte extra-symbolique d'interprétation. Tel est censé être justement le rôle des explications ostensives. Elles sont censées « compléter » nos systèmes de signes, leur donner un contenu, en revenant en deçà des signes au domaine de l'expérience primaire, celui où « se déroule ce qui est à décrire » (le phénoménologique)[3].

Wittgenstein défend une conception de l'autonomie des calculs qui rend précisément inutile ce genre de distinction. D'une part, les explications ostensives ne nous font pas sortir du langage puisque ce sont des règles qui déterminent en partie l'utilisation que nous faisons des mots *à l'intérieur* d'un jeu de langage déterminé; d'autre part, parce que les règles

1. Sur cette tradition, par opposition à la tradition *universaliste* à laquelle appartient Wittgenstein, voir J. Hintikka, *Selected Papers*, vol. 2, *Lingua Universalis* vs *Calculus Ratiocinator : An Ultimate Presupposition of Twentieth-Century Philosophy*, Dordrecht, Kluwer, 1997.

2. *PG*, I, § 46, trad. fr. modifiée, p. 98.

3. *Ibid.*

grammaticales ne se contentent pas de déterminer *formellement* la signification de nos signes mais aussi ce qui vaut comme interprétation correcte ou incorrecte de ces signes dans le langage réel – *i.e.* dans le langage appliqué à la description des objets de l'expérience. C'est en direction d'une conception non-formelle ou déformalisée du rapport des règles d'un calcul formel à leur application dans le langage usuel que pointe déjà en creux la remarque précitée – « le langage n'est pas quelque chose auquel on donne une structure pour ensuite l'ajuster à la réalité », mais également la remarque suivante :

> L'idée fausse est que l'application d'un calcul dans la grammaire du langage réel lui coordonne une réalité, lui donne une réalité qu'il n'avait pas[1].

Si nous sommes naturellement portés à croire qu'il manque quelque chose à nos calculs formels, quelque chose comme une « substance », qui devrait leur être donnée par un acte extérieur au calcul correspondant à ce que l'on appelle « l'application », c'est que nous sommes victimes d'une fausse analogie entre ce que nous appelons « appliquer » en mathématiques ou en logique et l'application au sens de l'explication de mots par ostension directe de la chose signifiée[2]. Nous avons alors l'impression qu'il serait essentiel au calcul (arithmétique, logique ou géométrique) d'être préparé à ses applications futures en donnant des exemples de choses tombant sous les concepts formellement définis, qu'il serait essentiel, donc, de justifier son applicabilité au réel en assignant aux termes non interprétés du calcul – par exemple, à la variable de prédicat Ψ dans un prédicat relationnel à deux places $x \Psi y$ – une signification par un acte analogue à celui par lequel nous expliquons ostensivement certains mots :

> Mais que signifie tout simplement : « ici se trouve (ou bien : il y a) une relation à 100 places » ? Quel concept en avons-nous ? Ou encore d'une relation à 2 places ? – Comme exemple d'une relation à 2 places, on donne par exemple celle entre le père et le fils. Mais quelle signification cet exemple a-t-il pour le traitement logique futur des relations à deux places ? Devons-nous maintenant nous représenter à chaque fois, au lieu de « aRb », « a est le père de b » ? – À supposer que non, cet exemple ou

1. *PG*, II, trad. fr. modifiée, p. 317.

2. *PG*, II, trad. fr. modifiée, p. 318 : « Mais que signifie "indiquer une relation à 2 places" ? Cela sonne comme si nous nous référions ostensivement [*hinweisen*] à une chose et disions "tu vois, c'est ce genre de chose" (comme nous l'avions effectivement décrite auparavant). Mais rien de ce genre n'a lieu (la comparaison avec l'ostension est totalement fausse). ».

> n'importe quel autre est-il alors essentiel? [...] Ce dont il s'agit ici, c'est de notre concept d'*application* – On a en quelque sorte l'idée d'un moteur qui tourne d'abord à vide pour ensuite faire tourner la machine. Mais qu'offre l'application au calcul? Y ajoute-t-elle un nouveau calcul? Alors c'est que nous avons affaire à présent à un *autre* calcul. Ou alors lui donne-t-elle, dans un quelconque sens essentiel aux mathématiques (à la logique), une substance? Comment peut-on dans ce cas faire abstraction, ne serait-ce que temporairement, de l'application? Non, le calcul avec des pommes est essentiellement le même que celui avec des traits ou des chiffres. La machine, par son fonctionnement, prolonge le moteur. L'application en revanche ne prolonge pas (en ce sens) le calcul [1].

Tel n'est pourtant pas le sens dans lequel nous employons habituellement le mot « appliquer » en arithmétique, en logique ou en géométrie. Lorsque nous disons que les règles de l'addition par exemple s'appliquent au calcul avec des pommes, nous ne voulons pas dire que le fait d'avoir donné une signification par coordination aux signes du calcul arithmétique pur *justifie* à présent le fait que nous suivions les règles de l'addition dans nos opérations arithmétiques avec des pommes. Si nous disons que les règles de l'addition sont *applicables*, ce n'est certainement pas au sens où leur application à cet « univers de discours » particulier – celui des pommes – pourrait être garantie par un acte extérieur au calcul qui correspondrait à son « interprétation » dans le langage usuel. Ce sont plutôt les règles de l'addition qui doivent garantir d'elles-mêmes la possibilité de leur application à quelque chose comme des calculs arithmétiques « interprétés ». Il n'y a pas pour Wittgenstein, d'un côté, un moteur qui tournerait à vide, c'est-à-dire des règles qui ne feraient que déterminer formellement la signification des signes à l'intérieur du calcul, et de l'autre, le fonctionnement effectif de la machine assuré par d'autres règles dont la fonction serait plus spécifiquement de garantir son applicabilité (sa connexion) à « l'univers de discours » des pommes.

De deux choses l'une. Ou bien nous avons affaire, avec l'application, à un nouveau calcul déterminé par d'autres règles, mais dans ce cas nous devrions pouvoir imaginer qu'un calcul formel entre en conflit avec son application – ce qui est exclu [2]; ou bien il s'agit d'un seul et même calcul, et alors, il nous faut bien admettre que les règles du calcul formel sont *aussi* celles du calcul interprété dans la mesure où elles pourvoient elles-mêmes à leur applicabilité (« le calcul avec des pommes est essentiellement le même

1. *PG*, II, trad. fr. modifiée, p. 315-316.
2. Comme le reconnaît Wittgenstein dès le *Tractatus*. Cf. *TLP*, 5.557.

que celui avec des traits ou des chiffres »). « *Les mathématiques* », résume Wittgenstein, « *sont partout les mêmes.* Pour les mathématiques, il n'y a pas de "problème de l'application" » [1].

Qu'il n'y ait pas, à proprement parler pour lui, de « problème » de l'application – que la géométrie physique en particulier ne fasse pas problème – ne veut pas dire que l'applicabilité ne soit pas un critère important des calculs mathématiques (arithmétique et géométrique) et logique. Seulement, cette applicabilité n'est pas à penser sur le modèle de la complétion d'un système de termes non interprétés par un acte ostensif d'interprétation. La géométrie physique est un calcul qui est essentiellement le même que le calcul « non interprété » (la géométrie pure) mais qui représente en même temps un élargissement de ce calcul à de nouvelles règles d'utilisation des mots. Cette manière de comprendre l'application résulte d'une manière non formelle de concevoir l'autonomie des calculs mathématiques. Mais que signifie précisément « appliquer » pour Wittgenstein ?

WITTGENSTEIN SUR L'APPLICATION

La réponse est d'autant plus délicate que c'est la question elle-même, ou plutôt, sa formulation qui est responsable de la confusion grammaticale qui est au fondement de la conception formaliste de l'application des calculs mathématiques comme consistant en un acte mental extra-symbolique de coordination. Poser la question en ces termes – « *que* signifie ? », « *qu'est-ce* qu'appliquer ? », c'est déjà s'attendre à ce que la réponse puisse être donnée ostensivement par l'indication d'un processus fixe et unique qui correspondrait alors à ce que nous appelons *la* signification du mot « appliquer ». L'erreur consiste dans ce cas à chercher une caractéristique commune à l'ensemble des usages du mot qui justifierait que nous l'utilisions tantôt en un sens, tantôt en un autre, là où n'existe qu'une diversité de processus plus ou moins apparentés correspondant à différents usages du mot « appliquer ». L'erreur consiste, en d'autres termes, à *essentialiser* le concept d'application :

> Nous avons affaire à différentes utilisations, significations du mot « application ». « La division contient une application de la multiplication » ; « la

1. *WWK*, p. 225.

lampe est une application du cylindre de verre » ; « le calcul est appliqué à ces pommes »[1].

Lorsque nous disons par exemple que « le calcul s'applique à ces pommes », nous n'employons pas le verbe « appliquer » dans le même sens que lorsque nous disons de tel ou tel objet matériel (disons, un morceau de bois) qu'il peut être appliqué à ceci ou cela[2]. L'applicabilité des signes et des règles du calcul mathématique à un « univers de discours » ne présuppose en aucun cas l'existence de choses (de « pommes ») auxquelles ils pourraient s'appliquer, tandis que cela n'a pas de sens de parler de l'applicabilité d'un morceau de bois indépendamment de ce à quoi il peut être appliqué ou de ce pour quoi il peut être utilisé. Nous avons affaire ici à deux significations différentes du mot « appliquer » qui correspondent à deux manières différentes d'utiliser le mot dans des contextes déterminés.

Mais si tout le travail philosophique ne consiste qu'à décrire différents usages plus ou moins apparentés du mot « appliquer » là où nous pensons (à tort) avoir affaire à différentes instanciations d'une même essence conceptuelle – si, donc, la réponse à la question de savoir ce qu'est ou ce que signifie « appliquer » ne peut être donnée que par une description au cas par cas des différentes utilisations du mot –la question de savoir ce que ce mot signifie dans le cas du rapport des calculs mathématiques à la réalité n'en garde pas moins toute sa pertinence puisque c'est justement l'application qui nous sert généralement de critère pour distinguer un calcul mathématique d'un simple jeu avec les signes. Autant ce que nous appelons « l'application » ne désigne pas un processus unique commun à toutes les usages du mot, autant le fait qu'il soit *possible* d'utiliser par exemple les règles de l'addition pour passer d'un énoncé sur des pommes à un autre énoncé sur des pommes est en soi suffisamment significatif pour que nous ne soyons pas tentés d'assimiler complètement l'arithmétique (ou la géométrie) à un simple jeu formel dont les règles ne deviendraient pour nous contraignantes qu'une fois assignée une interprétation aux termes « non interprétés » du calcul. La position de Wittgenstein se distingue de celle de Frege et se rapproche de celle des formalistes en ce sens que ce sont, pour lui, les règles du calcul qui « constituent » la signification des termes primitifs sans découler d'une signification préexistante. Mais elle se démarque nettement de celle des formalistes et se rapproche de celle de Frege en ce que, pour lui comme pour Frege, l'arithmétique (les mathématiques en général) se

1. *PG*, II, § 15, trad. fr., p. 316
2. Cf. *PG*, II, § 17, trad. fr. p. 324.

distingue(nt) d'un simple jeu arbitraire avec les signes par leur applicabilité à la réalité.

C'est particulièrement net dans un passage d'une dictée à Waismann pourtant consacrée dans son ensemble à la critique de la conception frégéenne du rapport des règles à la signification. Frege a certainement tort de croire que nous aurions besoin de revenir au contenu sémantique exprimé par les équations d'un calcul arithmétique pour justifier le fait que certaines transitions au sein de ce calcul soient autorisées et d'autres, exclues. Mais le défaut majeur du point de vue formaliste en arithmétique est de ne pouvoir rendre compte du fait qu'en apprenant par exemple à un enfant à remplacer « 1 + 1 » par « 2 », « 1 + 2 » par « 3 », « 2 + 3 » par « 5 », etc., nous faisons déjà plus que lui apprendre les règles d'un jeu consistant à substituer certains signes à d'autres : nous lui apprenons en réalité les règles de l'addition. Frege a raison en ce sens de remarquer que si tel était vraiment le cas – *i.e.* si l'arithmétique n'était qu'un jeu formel avec des signes, il lui manquerait alors ce qui fait d'elle une science, à savoir son *applicabilité*. Wittgenstein ne dit pas autre chose lorsqu'il déclare :

> [...] Cette réflexion montre en quoi consiste le noyau légitime de la critique de Frege. Si l'on tourne en effet son regard du côté formel de l'arithmétique, on renonce tout à fait à *l'application* de cette formule, autrement dit on sépare à dessein tous les fils qui enchaînent les signes de l'arithmétique à notre langage, et l'on obtient alors un simple jeu. Si nous n'apprenions à un enfant que de telles formules et rien d'autre, ce que nous appelons le sens de l'ensemble lui échapperait. Frege avait donc en cela raison de voir dans l'arithmétique plus qu'un tel jeu formel [1].

La question est donc bien de savoir ce que signifie « être applicable » dans le cas du rapport des signes des calculs mathématiques à la réalité. Et l'on peut dire que les tenants du point de vue formaliste et ceux du point de vue substantialiste en arithmétique commettent la même erreur qui est de concevoir l'application comme un processus mental extra-symbolique justifiant l'applicabilité du calcul, la seule différence étant que, pour les premiers, ce processus est extérieur au calcul et doit venir s'y ajouter pour en assurer l'applicabilité, tandis que, pour les seconds, elle doit être garantie en amont, avant tout contact avec le réel, en s'assurant que les signes aient une signification et les équations arithmétiques, un sens. Ceci expliquerait que Wittgenstein renvoie finalement dos à dos les tenants

1. *D*, trad. fr. (modifiée), p. 74, nous soulignons.

des deux positions en tant qu'entreprises théoriques de justification de l'applicabilité :

> Dans le combat qui oppose le « formalisme » à « la mathématique substantielle » [*inhaltlichen Mathematik*], qu'affirme donc chacun des deux camps ? Cette querelle ressemble fort à celle qui oppose le réalisme à l'idéalisme ! Elle y ressemble par exemple en ceci qu'elle s'avèrera bientôt obsolète et que les deux partis affirment des choses inexactes qui vont à l'encontre de leur pratique quotidienne [1].

Nous avons déjà vu en quoi consistait l'erreur des formalistes. Examinons plus en détail les raisons pour lesquelles Wittgenstein juge finalement la position adverse tout aussi égarante, bien qu'il partage avec Frege l'idée que c'est leur applicabilité qui fait de nos calculs mathématiques (et, plus généralement, linguistiques) autre chose que de simples jeux avec les signes. Tout dépend en fait de ce que l'on entend par « applicabilité ».

Au fond, l'erreur de Frege n'est pas tant d'affirmer que l'arithmétique se distingue d'un simple jeu que de croire qu'il est possible d'en justifier *théoriquement* l'applicabilité au moyen d'un ensemble de propositions portant sur ce qui est censé correspondre objectivement à la signification des signes. Le principal argument de Frege contre le point de vue formaliste (en faveur d'une arithmétique contentuelle, donc) est de dire que ce qui rend l'arithmétique applicable (*anwendbar*) est le fait que ses équations, à la différence de la position des figures dans le jeu d'échecs, expriment une pensée. Pour que les signes d'un calcul soient applicables, il faut présupposer que ceux-ci ont déjà une signification et que les équations dans lesquelles ils figurent soient déjà pourvues d'un contenu sémantique. C'est uniquement dans la mesure où les équations du calcul arithmétique forment un véritable système de propositions que ce calcul peut légitimement prétendre au titre de science. Le § 91 des *Grundgesetze* est, sur ce point, on ne peut plus clair :

> Pourquoi ne peut-on faire aucune application d'une position des figures du jeu d'échecs ? Manifestement parce qu'elles n'expriment aucune pensée. Si tel était le cas et si à un coup joué aux échecs selon les règles correspondait la transition d'une pensée à une autre à partir de ces règles, alors des applications du jeu d'échecs seraient également pensables. Pourquoi peut-on appliquer des équations arithmétiques ? Uniquement parce qu'elles expriment des pensées. Comment pourrions-nous appliquer une

1. *PG*, II, § 11, trad. fr. modifiée, p. 299.

> équation qui n'exprimerait rien, qui ne serait rien d'autre qu'un groupe de figures susceptible d'être transformé en un autre selon certaines règles ? À présent, seule l'applicabilité fait que l'arithmétique s'élève au-dessus du jeu pour se placer au rang d'une science. L'applicabilité lui appartient donc nécessairement [1].

Il semble pourtant que la position de Frege soit sans cesse menacée par un risque d'incohérence puisque, d'un côté, l'applicabilité des équations arithmétiques est présentée comme *le* critère nous permettant de distinguer la science arithmétique d'un simple jeu et, de l'autre, elle n'est que la *résultante* du fait que les équations arithmétiques sont déjà pourvues d'un contenu sémantique. Dans un cas, nous avons donc affaire à une propriété nécessaire et essentielle du calcul lui-même, dans l'autre, à une propriété secondaire ou accidentelle qui ne permet pas en tant que telle de faire le départ entre une activité scientifique et un simple jeu avec les signes. Or, de deux choses l'une : ou bien l'application est réellement ce qui nous permet de différencier l'arithmétique d'un jeu et, dans ce cas, elle ne peut être une simple conséquence du fait que les signes ont déjà une signification et les équations, un sens ; ou bien elle n'en est effectivement qu'une conséquence et, dans ce cas, rien ne nous empêche de concevoir une application pour les signes d'un jeu (par exemple, pour les figures du jeu d'échecs), n'étant qu'une propriété accidentelle ou seconde du calcul lui-même. C'est précisément ce que veut dire Wittgenstein lorsqu'il suggère qu'il est tout à fait possible, contrairement à ce que dit Frege, d'imaginer une application pour les positions des figures du jeu d'échecs, à condition bien entendu de la concevoir comme ce qui *confère* aux signes leur signification, et non pas comme ce qui résulte simplement du fait qu'ils en ont déjà une :

> L'application (dans la conception frégéenne) est donc une conséquence du fait qu'au moyen des équations de l'arithmétique, nous exprimons un sens. Mais est-il réellement si impensable qu'une position des figures du jeu d'échecs se puisse appliquer ? S'il existait des peuples dont les troupes se déplaçaient au combat selon les mêmes lois que celles des pions sur l'échiquier, une position des figures du jeu d'échecs recevrait immédiatement une signification, et les officiers obéiraient sur l'échiquier exactement comme ils obéissent sur la carte d'État-major [...]. Le mouvement des figures, loin d'être un « simple jeu », serait une reproduction des événements dans la réalité. Frege dit que dans la mesure où un coup aux échecs n'exprime aucune pensée, il ne peut recevoir d'application. Ne faut-il pas

1. G. Frege, *Grundgesezte*, *op. cit.*, Bd. II, p. 100.

plutôt renverser ce qu'il dit, en disant que c'est parce qu'un coup aux échecs ne reçoit aucune application qu'il n'exprime aucune pensée [1] ?

Ce risque d'incohérence dans la position frégéenne tient au fait que celui-ci ne se contente pas d'invoquer l'application comme critère de démarcation entre une science et un jeu, mais tente en outre de justifier l'applicabilité des calculs mathématiques en posant l'existence de choses dont les signes ne feraient que tenir lieu dans le calcul et qui correspondraient à ce que nous sommes alors tentés d'appeler leur « signification »[2]. Cette façon d'hypostasier les significations – dont sa conception du nombre est un exemple et sa conception de la droite géométrique, par opposition à la droite réelle, un autre – est la conséquence du fait que, pour lui, l'essentiel en arithmétique (ou en géométrie) ne réside pas dans les signes écrits sur le papier, ni même dans les règles qui permettent de transformer un groupe de signes en un autre, mais dans les processus et transitions de pensée attachés aux signes et aux règles qui seuls font que les équations de l'arithmétique peuvent valoir comme d'authentiques propositions. L'autre argument de Frege en faveur d'une mathématique contentuelle est de dire que si l'on ne suppose pas que l'essentiel en arithmétique (ou en géométrie) réside ailleurs que dans les signes eux-mêmes, alors les règles de l'addition par exemple se réduiraient à de simples instructions mécaniques et l'arithmétique se trouverait du même coup dépouillée de tout ce qui fait sa valeur scientifique. Si l'on veut au contraire préserver ce dernier aspect, il faut alors supposer que les signes écrits sur le papier ou les figures tracées au tableau sont quelque chose d'inessentiel et de secondaire et que l'essentiel se déroule ailleurs, dans l'esprit du mathématicien. Ce seraient alors les processus mentaux et les transitions entre ces processus accompagnant les signes qui feraient la valeur scientifique d'un calcul mathématique, par opposition à un jeu :

> Le sens ne peut être saisi que dans un acte de la pensée. Pour Frege, tout se passe comme si cette action entièrement extérieure d'inscrire et d'effacer les signes sur le tableau [Wittgenstein se réfère ici à l'exemple donné au § 108 des *Grundgesetze*] était au fond quelque chose de secondaire, et comme si ce qui était important et décisif s'accomplissait à l'écart de cela, précisément dans l'esprit du mathématicien. Mais en supposant qu'il en soit ainsi, pourquoi ne décrivons-nous pas plutôt ce processus mental ?

1. *D*, trad. fr. modifiée, p. 74-75. Voir aussi *PG*, II, § 11, trad. fr., p. 299-300 pour la reprise du même exemple dans l'autre sens.

2. Voir, sur ce point, *D*, p. 75.

> Frege avait [...] raison de voir dans l'arithmétique plus qu'un [...] jeu formel. Ce qui fait défaut ne consiste toutefois pas en un processus mental, mais dans l'interprétation de la formule [1].

Il n'est pas du tout certain que l'on puisse attribuer à Frege cette conception psychologisante de ce qui constitue l'essentiel du calcul arithmétique (ou géométrique), comme semble pourtant le faire ici Wittgenstein. Frege s'efforce toujours, en effet, de distinguer, d'une part, les représentations subjectives du mathématicien de ce qui correspond objectivement au sens de la proposition mathématique (la *pensée*, qu'il identifie au contenu sémantique objectif exprimé par la phrase) et, d'autre part, l'acte de penser de ce qui est saisi par cet acte et qui est censé exister indépendamment de lui (la pensée). Toujours est-il que ce que pointe ici Wittgenstein (à tort ou à raison) est le risque que court la conception frégéenne de confondre l'application avec un processus mental (ostensif?), à partir du moment où l'on estime comme Frege que l'essentiel en mathématiques se situe ailleurs que dans les signes (écrits ou parlés). Il est frappant que, ce faisant, Frege commette aux yeux de Wittgenstein une erreur analogue à celle des formalistes tout en étant symétriquement opposée à la leur – puisque les équations de l'arithmétique doivent *déjà* être pourvues pour Frege d'un contenu sémantique exprimable par la phrase. Elle est analogue en ceci que, pour Frege comme pour les formalistes, l'applicabilité du calcul est censée être garantie par un acte de l'esprit qui consiste à saisir directement le sens des formules mathématiques indépendamment des signes et de leurs règles de manipulation.

La question mérite pourtant d'être posée : pourquoi l'application ne saurait-elle être conçue de cette façon ? À supposer que l'on puisse attribuer à Frege une telle conception de l'application, qu'est-ce qui ne va pas, précisément, dans cette conception ? Le problème de ce genre de conception n'est pas tant son caractère erroné que son manque de fidélité à la pratique quotidienne des mathématiciens. En dépit des apparences, Wittgenstein n'oppose pas du tout à Frege et aux formalistes une autre conception, par exemple « linguistique », de l'application des énoncés mathématiques au réel. Ce serait tomber une fois plus dans l'erreur qui serait de vouloir justifier théoriquement l'applicabilité des mathématiques. Cette erreur est commune aux tenants de la position formaliste et de la position substantialiste en mathématiques et les pousse à chercher un processus unique susceptible de correspondre à ce que nous appelons « l'application ».

1. *D*, respectivement, p. 73 et 74.

Wittgenstein oppose à ces tentatives de justification théorique la description de la pratique des mathématiciens. C'est elle qui doit nous révéler ce que signifie au juste « appliquer », dans le cas tout au moins de l'application d'un calcul mathématique à la réalité[1]. C'est l'attention prêtée à la façon dont s'opère concrètement, dans toute une variété de contextes, l'apprentissage aussi bien que l'explication du « sens » d'une formule mathématique qui caractérise l'approche grammaticale du problème de l'application, par opposition à une approche épistémologique traditionnelle du problème :

> Si l'on nous interroge seulement sur la signification d'une formule, par exemple la formule $1 + 1 = 2$, nous ne répondons tout de même pas au moyen d'une description de ce qui se passe dans la conscience du mathématicien, mais au moyen d'une explication des signes. Nous disons, au moyen de mots, ce que cette formule signifie « un plus un égale deux » ou « $1 + 1$ » peut être remplacé par « deux » ; ou alors nous présentons l'usage de cette formule dans un exemple. *Notre réponse consiste donc à donner des traductions de l'arithmétique formelle au moyen d'un mot dans le langage des mots : applications.* Nous enchaînons ce signe à d'autres signes ; nous en faisons un élément d'un système de signes et d'opérations, et cela lui donne son sens. (La signification de la formule $1 + 1 = 2$ tient toute son aura de notre langage verbal, qui consiste à son tour en un tissu de signes et d'opérations.)[2].

La principale caractéristique de ce type d'approche est de souligner le caractère irréductiblement discursif de toute explication du sens des signes, ainsi que la variété des processus correspondant à ce que nous appelons « l'application » d'une formule arithmétique. Mais dire cela n'est pas défendre une contre-thèse sur la nature linguistique (par opposition à « mentale ») de l'acte d'application. C'est simplement remarquer que toute une variété d'opérations symboliques correspond, dans la pratique des mathématiciens, à ce que nous appelons usuellement « appliquer ». Wittgenstein souligne en particulier l'importance des explications de mots (comme opérations symboliques de traduction d'un langage dans un autre) dans l'apprentissage de l'application d'une règle de calcul. Le « sérieux »

1. C'est pourquoi, contrairement à ce que semble suggérer Dummett (dans *Frege : Philosophy of Mathematics*, Cambridge (Mass.), Harvard UP, 1991, p. 259-261), la critique de Wittgenstein ne consiste pas à faire retour, sciemment ou non, à la position formaliste. Elle tend au contraire à s'affranchir du plan de l'explication théorique dans lequel se déploie encore l'explication formaliste de l'application en termes de stipulations (interprétations) sémantiques en pointant la nécessité de décrire les caractéristiques *pratiques* de l'application.

2. *D*, p. 73. Nous soulignons.

d'un calcul arithmétique ne consiste pas dans le fait que ses signes et les équations dans lesquelles ils figurent expriment un contenu sémantique qui pourrait nous être accessible autrement que par les signes mais dans un ensemble d'opérations symboliques (verbales) consistant à relier les signes de ce calcul aux règles de notre langage :

> [Ce qui fait ici défaut ne consiste toutefois pas en un processus mental, mais dans l'interprétation de la formule]. Et en quoi consiste cette interprétation ? Manifestement dans ce que l'on dit à quelqu'un lorsqu'on lui explique le sens de la formule, par conséquent une fois de plus dans les règles : les règles du calcul sont comme enchassées dans un contexte, dans un système de rapports syntaxiques plus vastes. Lorsque j'apprends à un enfant, outre la formule, la traduction de cette formule dans le langage des mots, ainsi que divers exemples d'applications, le véritable sens continue-t-il encore de lui échapper ? Et cela continue-t-il de donner lieu à un simple usage mécanique des signes [1] ?

C'est le contexte (*Umgebung*) de pratiques symboliques que forment aussi bien les explications verbales du mathématicien que l'ensemble des opérations intra et extra-linguistiques mobilisées par l'apprentissage du sens d'une formule en mathématiques que désigne un peu trompeusement le substantif : (l')application. Il y a là toute une diversité de processus symboliques qui, une fois pris en considération, ôtent toute pertinence au problème théorique de savoir comment ce qui semble avoir une signification indépendamment des réalités qu'on lui coordonne peut ensuite décrire quelque chose du monde par un acte extra-symbolique et univoque de corrélation. Il n'y a pas à proprement parler de « problème de l'application ». Il n'y a donc pas non plus de « problème » de la géométrie physique parce que les règles qui déterminent l'usage correct ou incorrect de nos mots dans certains contextes déterminés ne sont jamais réellement coupées des pratiques qu'elles contribuent à définir. C'est en dernière instance le rôle que jouent (ou ne jouent pas) les énoncés de l'arithmétique et de la géométrie pures dans nos vies qui distingue (ou ne distingue pas) le calcul mathématique d'un simple jeu avec les signes, le calcul n'ayant *en lui-même* ni le caractère d'un simple jeu, ni celui d'un jeu « sérieux » :

> Quelle est la différence entre le langage (M) [2] et un jeu ? On pourrait dire : le jeu s'arrête pourtant bien là où commence le sérieux, et le sérieux est

1. *D*, p. 73-74. Nous donnons ici la fin d'un passage précédemment cité et que nous avions volontairement tronqué.

2. L'éditeur suppose ici qu'il s'agit du langage mathématique.

l'application. Mais dire cela ne serait pas encore exprimer les choses tout à fait correctement. Voici ce qu'on devrait dire à proprement parler : le jeu est ce qui n'est ni quelque chose de sérieux, ni un amusement. Nous parlons en effet du sérieux (de quelque chose) si nous avons besoin des résultats du calcul dans la vie quotidienne. J'utilise par exemple l'opération $8 \times 7 = 56$ mille fois dans la vie quotidienne, et c'est pourquoi elle est quelque chose de sérieux pour nous. Mais en et par elle-même la multiplication ne se distingue pas le moins du monde de celle que je fais pour m'amuser [...] [1].

1. *WWK*, p. 170.

CHAPITRE VII

GÉOMÉTRIES PHYSIQUE ET VISUELLE : LE « PROBLÈME » DES APPLICATIONS ALTERNATIVES SENSÉES

Résumons. Au chapitre V, nous avons vu que la conception de la géométrie pure comme science d'entités et de propriétés spatiales idéales avait sa source dans une conception erronée du rapport de la géométrie à son application. Au chapitre VI, nous avons montré que cette erreur résultait de la volonté, commune aux tenants de la conception formaliste et de la conception substantialiste en mathématiques, de justifier théoriquement l'applicabilité des concepts et énoncés de la mathématique pure au monde réel. Wittgenstein oppose à celles-ci non pas une nouvelle explication, mais une description en termes normatifs de leur rôle au sein dans des pratiques symboliques qui sont couramment les nôtres.

Nous n'avons cependant traité jusqu'ici que d'*une* application possible de la géométrie pure au monde réel en donnant tacitement la priorité à une géométrie particulière : la géométrie physique. Or, lorsque l'on parle en philosophie (des sciences) de l'applicabilité des axiomes de la géométrie au monde réel, il est clair que l'on ne songe pas seulement aux prédictions que l'on peut faire à propos de la structure effective de l'espace physique – sur la base d'expériences de mesure et d'une définition coordinative de la congruence, mais également à l'application que l'on peut faire de ces axiomes dans un domaine restreint à ce qui est effectivement et immédiatement perçu (ou vu). Le problème (si problème il y a) est celui des applications alternatives sensées des concepts et axiomes de la géométrie pure à l'expérience visuelle et au monde physique. C'est un cas particulier du « problème » philosophique plus général de l'applicabilité des mathématiques au monde réel.

Wittgenstein a consacré un nombre important de remarques tout au long des années 1930 à cet aspect du problème. Ce problème est plus particulièrement pour lui celui de la distinction et du rapport entre deux sortes de géométrie dont l'une ne « traite » à proprement parler que du donné visuel immédiat (la « géométrie visuelle » ou « phénoménologique », comme il l'appelle parfois[1]), tandis que l'autre « traite » des relations entre les corps rigides de l'espace physique (la « géométrie physique » ou « de l'espace physique »). La façon dont Wittgenstein l'aborde est certes étroitement liée au destin du projet de description phénoménologique de l'expérience immédiate formé en 1929. Mais elle fait aussi partie intégrante d'une réflexion qui porte plus généralement sur ce qui conditionne l'applicabilité de nos concepts géométriques et spatiaux à la réalité perçue et non perçue.

Au terme d'une série de remarques portant sur les conditions utilisation du concept d'exactitude dans le domaine du donné visuel immédiat, Wittgenstein note la chose suivante :

> Il est essentiel à l'application de la géométrie euclidienne, il me semble, que nous parlions d'un cercle *inexact*, d'une sphère *inexacte* etc. ; et aussi, que cette inexactitude soit susceptible d'une réduction logiquement illimitée. Pour comprendre, donc, l'application de la géométrie euclidienne, on doit savoir ce que signifie le mot « inexact ». Car rien d'autre ne nous est donné que le résultat de notre mesure et le concept d'inexactitude. Les deux, pris ensemble, doivent correspondre à la géométrie euclidienne. Maintenant, l'inexactitude de la mesure est-elle le même concept que l'inexactitude de l'image visuelle ? À ce que je crois : certainement pas[2].

Ce texte suscite plusieurs interrogations – qui serviront de fil conducteur à notre réflexion :

1) Qu'est-ce qui rend nécessaire l'utilisation des mots « inexact », « flou » ou « imprécis » – donc, de tout un vocabulaire du *vague*, en plus des concepts ordinairement utilisés, pour décrire les relations entre les objets dans l'espace ? À quoi Wittgenstein fait-il allusion lorsqu'il dit que l'utilisation de ces mots est « essentielle à l'application de la géométrie euclidienne » ?

2) Qu'est-ce qui caractérise son approche du problème ? Que veut-il dire au juste lorsqu'il affirme que la seule chose dont nous disposions pour comprendre l'application de la géométrie euclidienne sont les résultats de la mesure et le concept d'inexactitude ?

3) Comment expliquer que la priorité doive être finalement donnée à la géométrie physique *euclidienne* dans l'examen des conditions d'utilisa-

1. Voir par exemple Ms 107, p. 165 et Ms 108, p. 44.

2. Ms 108, p. 43 ; *PB* § 215, trad. fr. modifiée, p. 256.

tion de ces termes appliqués à l'expérience visuelle ? Commençons par le premier point.

DÉVIANCES : LES CONCEPTS ET AXIOMES DE LA GÉOMÉTRIE EUCLIDIENNE À L'ÉPREUVE DE L'EXPÉRIENCE

À quoi reconnaissons-nous que nous avons affaire à une autre géométrie que la géométrie physique euclidienne ? Comment savons-nous que nous « sortons » de cette géométrie pour « entrer » dans une autre, gouvernée d'autres règles ? À ces questions, Wittgenstein répond en 1929 par la description d'une série de phénomènes qu'il considère comme caractéristiques du fait que la géométrie du champ visuel ne suit pas les règles de la géométrie physique euclidienne. Avant d'aller plus loin dans l'examen de ces différents cas, deux remarques s'imposent ici.

Cette manière typiquement phénoménologique d'aborder le « problème » des géométries déviantes de l'expérience correspond à une période, relativement circonscrite dans le temps, durant laquelle il se donne pour but de trouver une notation permettant de restituer les phénomènes du champ visuel selon leur multiplicité logique propre. En abandonnant ce projet dès la fin de l'année 1929 et en le remplaçant par une investigation des règles de nos systèmes de représentation de l'expérience, Wittgenstein sera vite conduit à renoncer à l'idée qu'il existerait certains « faits d'expérience »[1] justifiant les règles de la géométrie visuelle. Cette approche phénoménologique du problème n'en est pas moins significative de la nécessité de prendre en compte, dans un premier temps, certains cas de déviance que la géométrie physique euclidienne ne peut ignorer si elle doit être tout simplement *applicable*.

Il n'est toutefois pas facile de comprendre ce qui fait la pertinence des exemples pris par Wittgenstein, ni d'en comprendre les enjeux d'un point de vue théorique. Ceci est dû au fait qu'il n'estime pas toujours nécessaire de citer ses sources, ni d'indiquer le contexte historico-scientifique dans lequel s'inscrit sa propre réflexion sur le « problème ».

À une exception notable, cependant. Dans un entretien intitulé « Espace visuel », Wittgenstein donne de précieux indices sur le contexte en question en répondant à nos questions initiales :

1. *BGM*, I, § 96, p. 72.

> Phénomène remarquable : dans l'espace visuel, je ne vois que les limites, à savoir les limites entre des couleurs différentes. Mais je vois encore quelque chose de tout autre, par exemple une étoile avec sa couleur. L'étoile n'est pas étendue; elle n'a pas de limites. On ne peut demander : est-elle ronde ou carrée ? Elle n'a pas de contour. Cela est peut-être le signe que nous sortons ici de la géométrie euclidienne. Une ligne est la limite de deux surfaces, et un point l'intersection de deux lignes. [...] Ce coin est un point. Une étoile est un point en un tout autre sens. Comment voyons-nous l'intersection de deux droites tracées au crayon? + La voyons-nous par exemple comme un angle droit? Nous savons que c'est un angle droit; mais nous ne le voyons pas. Ce que nous voyons est sans contour [1].

Le rôle des différents exemples invoqués ici n'est pas trop difficile à comprendre. Le fait que les concepts de ligne et de point (entre autres) prennent des significations différentes lorsqu'on les applique aux phénomènes du champ visuel illustre bien, selon Wittgenstein, ce que l'on veut dire lorsque nous disons de manière imagée que nous « sortons » de la géométrie euclidienne (celle de l'espace physique) pour « entrer » dans une nouvelle géométrie régie par d'autres règles que les nôtres. Le concept de point en particulier peut prendre, dans cette géométrie alternative, deux acceptions différentes. La première est liée au fait que nous percevons les lignes dans le champ visuel comme des frontières colorées séparant deux surfaces. Ce que nous appelons « point » correspond en réalité dans ce cas à l'intersection de deux frontières chromatiques et s'apparente à un angle[2]. L'autre acception est paradoxalement liée à l'absence de limites perçues dans ce champ : c'est le fameux exemple de l'étoile que je perçois au loin comme un point lumineux sans extension, car sans contours visibles. L'étoile est, dans ce cas, « un point dans un tout autre sens » que ne l'est l'angle comme intersection de deux frontières chromatiques[3]. Wittgenstein prend encore d'autres exemples destinés à illustrer cette sortie de la géométrie physique euclidienne et l'entrée dans une géométrie visuelle non-euclidienne : celui du fragment de cercle qui peut être perçu tantôt comme droit, tantôt comme courbe[4], du polygone à cent ou mille côtés indiscernable du cercle à partir d'un certain seuil[5], etc.

Mais autant la fonction de ces exemples est relativement claire, autant il est difficile de comprendre ce qui fait leur pertinence. À quoi l'auteur fait-il

1. *WWK*, p. 56.
2. *Cf.* Annexe, Figure 1.
3. Voir aussi Ms 107, p. 168; Ms 108, p. 41-42; *PB* § 216 et 214.
4. Ms 107, p. 163, 164-165, 171 ; *PB* § 212; *BGM*, I, § 96-98.
5. Ms 107, p. 171 ; Ms 108, p. 41-42; *PB* § 214.

allusion lorsqu'il mentionne ces différents cas de déviance? Sur quoi se fonde-t-il pour affirmer par exemple que les concepts de point et de ligne prennent, appliqués aux phénomènes du champ visuel, une signification différente de celle qu'ils ont lorsqu'ils sont ordinairement appliqués à la description des corps rigides et de leurs relations spatiales, ou encore que le cercle et la tangente visuels ont tout une partie en commun – ce qui est censé illustrer le fait qu'ils ont « une autre syntaxe que les constructions analogues dans l'espace euclidien »[1] ?

L'entretien dont est issu l'extrait cité fournit sur ce point des éléments de réponse intéressants. Juste après avoir présenté ses différents exemples, Wittgenstein mentionne de façon assez sibylline deux « tentatives » allant « dans la direction » qu'il vient d'indiquer. La première correspond à la tentative de construction par Hjelmslev de la géométrie euclidienne à partir d'une « géométrie grossière », celle de la tache, par opposition à la « géométrie fine » du point. La seconde, à l'introduction par Klein du « point de vue du seuil » en géométrie. Bien qu'il estime que les deux auteurs ne soient pas réellement parvenus à « comprendre la véritable signification de la chose », ni même « à l'exprimer de façon correcte »[2], Wittgenstein considère ces deux tentatives comme significatives. Restituer le contexte historico-scientifique dans lequel elles s'inscrivent doit pouvoir nous aider à comprendre, d'une part, ce qui fait la pertinence de ses propres exemples, d'autre part, les enjeux généraux de sa critique de l'interprétation par les deux auteurs de la signification de leur propre projet.

Dans le troisième volume de son ouvrage consacré à la distinction et au rapport entre la « mathématique de précision » et la « mathématique d'approximation », F. Klein mentionne lui-même les travaux de Hjelmslev et de Pasch à propos de la possibilité de construire une géométrie abstraite qui prendrait pour point de départ, non pas les concepts de point et de ligne tels que définis par la géométrie euclidienne, mais les « réalités » correspondant *dans l'expérience* à ce que nous appelons « point » ou « ligne » dans cette géométrie[3]. Hjelmslev notamment y est mentionné pour sa tentative de construction « d'une géométrie empirique au sens d'une science contrôlable par des expérimentations exactes et qui n'entre pas en contradiction avec la réalité »[4].

1. *WWK*, p. 59 ; Ms 107, p. 169-170 ; *BGM*, I, § 96.
2. *WWK*, p. 56-57.
3. F. Klein, *Elementarmathematik vom höheren Standpunkte aus*, Bd. III, *Präzisions- und Approximationsmathematik*, Berlin, Julius Springer, 1928, p. 15.
4. *Ibid.*

Le contexte est donc clair. Contre la tendance formaliste dominante[1], Klein et Hjelmslev veulent en quelque sorte restaurer l'harmonie perdue entre les mathématiques (la géométrie abstraite, en particulier) et leur application (la géométrie pratique) en indiquant « quelles parties de la spéculation mathématique ont une signification immédiate pour les applications »[2]. Cette tentative de ré-harmonisation prend deux formes distinctes chez l'un et chez l'autre. Elle prend, chez Klein, la forme d'un intérêt renouvelé pour les méthodes utilisées en mathématique appliquée pour construire des notions comme celle de point en mathématique (géométrie) abstraite. Il distingue en particulier deux sortes de méthode : les méthodes dites « empiriques » comme le dessin, la mesure, l'estimation visuelle à l'œil nu, ou encore la reproduction mentale au moyen de représentations spatiales et les méthodes « non-empiriques » qui consistent à établir la valeur numérique du point au moyen de sa définition arithmétique dans la théorie des nombres réels. Or, c'est précisément à l'utilisation des méthodes empiriques (de construction du point) qu'est liée l'introduction du « point de vue du seuil » en géométrie.

Klein estime que l'on ne peut atteindre en utilisant ce genre de méthode qu'un degré de précision ou d'exactitude limité qui correspond à ce qu'il appelle la « valeur-seuil » (*Schwellenwert*) et qu'il définit comme « la valeur au-delà de laquelle l'exactitude de l'observation ne peut plus être augmentée »[3]. Lorsqu'on utilise l'autre méthode – purement arithmétique, il n'existe pas de valeur-seuil car la précision obtenue dans ce cas est « illimitée ». Cette distinction entre deux sortes d'inexactitude (limitée *vs* illimitée) « conditionne », selon lui, la division des mathématiques en deux branches qu'il qualifie (pour la première) de « mathématique d'approximation » et (pour la seconde) de « mathématique de précision ». La première en particulier correspond à « cette partie de la science mathématique que l'on utilise effectivement dans les applications »[4].

Il s'agit donc pour Klein de fonder épistémologiquement le rapport des mathématiques à leur application en faisant place *au sein des mathématiques mêmes* à toute une branche qui traite du calcul des valeurs appro-

1. J. Hjelmslev, « Die Geometrie der Wirklichkeit », *Acta Mathematica*, vol. 40, 1916, p. 35 : « Les efforts pour réaliser ce programme [*i.e.* le programme hilbertien de d'axiomatisation formelle de la géométrie euclidienne] ont eu pour conséquence de refouler fortement la géométrie de la réalité, la géométrie pratique, la géométrie qui traite des relations spatiales tangibles. ».

2. F. Klein, *Elementarmathematik*, *op. cit.*, p. 1.

3. *Ibid.*, p. 3.

4. *Ibid.*

chées et des relations approximatives. La seule façon de fonder en particulier le rapport de la géométrie abstraite à la géométrie pratique n'est pas d'exclure cette dernière du domaine de la science mathématique mais « d'intégrer » la marge d'imprécision qu'introduit nécessairement l'usage de méthodes empiriques (pratiques) de calcul en développant ce que Klein appelle « la théorie de l'erreur d'observation ». Chaque observation ou construction empirique étant nécessairement affectée d'une certaine indétermination – puisqu'elle ne permet d'établir que des « marges pour les grandeurs » à défaut d'établir des « grandeurs déterminées » comme c'est le cas en géométrie abstraite, on doit rechercher « dans quelles limites le résultat de la réflexion mathématique se modifie », sachant que les données sur lesquelles s'appuie la réflexion mathématique varient précisément à l'intérieur d'une certaine marge. Telle est en tout cas la forme que doit prendre, selon Klein, le rapport de la géométrie abstraite à son application au sein même de la science mathématique[1].

La tentative de Hjelmslev s'inscrit dans le même contexte : pour lui aussi, il s'agit de ré-harmoniser la géométrie euclidienne avec son application. Mais elle se distingue de celle de Klein en ceci qu'elle est davantage centrée sur le rapport des axiomes de la géométrie euclidienne aux faits géométriques *perçus*. Hjelmslev fait crédit à Klein d'avoir « plusieurs fois souligné l'opposition entre la géométrie théorique et l'expérience » et d'avoir « joint aux appellations de mathématique d'approximation et mathématique de précision d'importantes remarques »[2]. Il lui reconnaît également le mérite d'avoir « discuté la différence entre les formes (géométriques) réelles et les formes (géométriques) abstraites » sans toutefois être « entré dans un traitement systématique de la question dans son ensemble »[3].

Le projet de Hjelmslev est de construire une géométrie qui soit non seulement (comme l'a noté Klein) en parfait accord avec la réalité empirique mais qui soit, en outre, contrôlable par elle de sorte que les axiomes de cette géométrie puissent être considérés comme d'authentiques énoncés empiriques. « Tous les axiomes », écrit-il, « doivent énoncer des vérités empiriques ou, tout au moins, aucun axiome ne doit énoncer quelque chose

1. *Elementarmathematik*, *op. cit.*, p. 7.

2. « Die Natürliche Geometrie », *Abhandlungen aus dem mathematischen Seminar der hamburgischen Universität*, vol. 2, 1923, p. 3.

3. *Ibid.* La distinction entre formes géométriques abstraites et perçues remonte à Aristote et à sa distinction, dans la *Métaphysique* (B, 997a34-998a19), entre lignes et courbes sensiblement perceptibles et lignes et courbes « du géomètre ».

d'empiriquement non-vrai »[1]. Hjelmslev donne le nom de « géométrie naturelle » ou « géométrie du réel » à cette géométrie dans laquelle « les choses conservent leurs propriétés naturelles telles qu'elles sont données par l'intuition »[2].

Nous ne nous étendrons pas ici sur les détails de sa construction. Le point qui nous intéresse concerne les « faits » sur lesquels il s'appuie (ou plutôt, *pense* pouvoir s'appuyer) pour la justifier. Ils correspondent exactement au type de « faits » auquel se réfère Wittgenstein en 1929 pour justifier phénoménologiquement la différence syntaxique entre géométrie physique euclidienne et géométrie visuelle non-euclidienne.

Que constate, en effet, Hjelmslev ? Il constate qu'aucune des différentes tentatives pour donner un fondement empirique aux axiomes de la géométrie (euclidienne) depuis Helmholtz n'est réellement parvenue à éviter les risques de contradiction, pointés dès l'Antiquité par certains sophistes, entre ce qu'énoncent les axiomes de la géométrie euclidienne à propos des formes géométriques abstraites et ce qu'énonceraient des énoncés qui s'en tiendraient strictement à la description des propriétés des formes géométriques perçues. Deux exemples en particulier sont invoqués : le fameux exemple de Protagoras du « contact prolongé » de la tangente et du cercle visuels sur tout un segment du cercle, et celui, déjà évoqué et explicitement repris par Wittgenstein, de l'intersection « grossière » de deux lignes droites perpendiculaires perçues (correspondant à la définition du point dans la géométrie de l'espace visuel[3]). Ces exemples non seulement renvoient (selon Hjelmslev) à des « faits empiriques incontestables » mais contredisent même ouvertement « les axiomes communément admis de la géométrie euclidienne » :

> Protagoras avait déjà souligné le fait suivant, à savoir que la tangente d'un cercle réel n'a pas avec ce cercle qu'un point en commun mais toute une ligne. [...] Qu'un cercle réellement dessiné n'ait pas qu'un point en commun avec sa tangente mais toute une ligne, c'est un fait incontestable. [...] Que deux lignes droites, dans certains cas, n'aient pas qu'un point d'intersection mais puissent se traverser l'une l'autre sur toute la longueur d'une ligne est un fait également connu. À ces perceptions dans le plan correspondent des perceptions analogues dans l'espace à propos des

1. « Die Natürliche Geometrie », *Abhandlungen aus dem mathematischen Seminar...*, *op. cit.*, p. 4.

2. *Ibid.*, p. 3.

3. *Cf.* Annexe, Figures 1 et 2.

sphères et des plans. Celles-ci contredisent de façon décisive les axiomes communément admis de la géométrie euclidienne [1].

L'objectif de Hjelmslev est, par conséquent, de construire une géométrie à la fois consistante et empiriquement fondée, c'est-à-dire une géométrie dont les axiomes n'entrent pas en contradiction avec les « faits » géométriques perceptifs déviants précédemment décrits et admis comme tels par lui. Cela signifie entre autres choses que l'on admettra par exemple à titre d'axiome fondamental de la géométrie euclidienne non pas l'axiome selon lequel deux sécantes se coupent en un point, mais l'axiome empirique suivant : « Deux lignes droites peuvent n'avoir qu'un seul point en commun en lesquelles elles se coupent. Dans certains cas particuliers – lorsqu'elles forment un petit angle, elles peuvent néanmoins s'interpénétrer le long d'une ligne » [2].

Les choses sont désormais plus claires. Lorsque Wittgenstein affirme que les points et les lignes dans le champ visuel prennent une signification différente de celle qu'ils ont ordinairement dans la géométrie physique, il s'appuie en fait implicitement sur un certain nombre d'exemples de supposés « faits » perceptifs déviants du genre de ceux couramment invoqués par les sophistes et les sceptiques pour souligner le déphasage de la géométrie euclidienne abstraite avec son application. Et il souligne ce faisant aussi la nécessité d'utiliser au sein même de la géométrie euclidienne tout un vocabulaire du vague pour compenser ce déphasage. Si la géométrie euclidienne doit pouvoir être appliquée non seulement à la description des relations entre les corps rigides de l'espace physique mais à l'expérience visuelle en tant qu'elle se caractérise par une certaine indétermination ou un certain flou, alors il est effectivement essentiel à son application que nous utilisions, outre les concepts de la géométrie euclidienne, un certain nombre de concepts qui marquent au sein du langage utilisé la différence de multiplicité logique qui caractérise la géométrie de l'espace visuel.

Wittgenstein peut effectivement créditer Klein et Hjelmslev de certaines « tentatives » importantes dans cette direction, le premier ayant essayé de fonder épistémologiquement l'intégration à la mathématique pure des méthodes de la mathématique appliquée, le second allant jusqu'à former le projet de construire une géométrie qui soit tellement en phase avec l'expérience qu'elle risque d'en perdre son statut de science formelle (ou *a priori*). Wittgenstein ne peut cependant accepter la façon qu'ont ces

1. « Die Natürliche Geometrie », *Abhandlungen aus dem mathematischen Seminar...*, *op. cit.*, p. 1.

2. *Ibid.*, p. 6.

deux auteurs d'interpréter la signification profonde de leur propre projet. Nous allons voir à présent pourquoi.

DE LA PHÉNOMÉNOLOGIE À LA GRAMMAIRE DE L'APPROXIMATION

La critique que Wittgenstein adresse à Hjelmslev et à Klein est indissociable d'une évolution nettement perceptible dans sa manière d'aborder le problème de l'applicabilité des axiomes et concepts de la géométrie euclidienne à l'expérience. L'intérêt de cette critique est donc avant tout de nous permettre de comprendre comment s'opère chez lui la transition d'une phénoménologie à une grammaire de l'approximation, cette transition impliquant à son tour une clarification radicale du problème même.

Le problème tel que le rencontre Wittgenstein en 1929 (dans le cadre de son projet phénoménologique) est celui de l'indétermination ou du flou des données de l'expérience immédiate dont les différents exemples de « faits » géométriques déviants ne sont pour ainsi dire que des cas particuliers :

> L'énigme à laquelle je me trouve à présent confronté se manifeste de cent façons différentes dans le *monde des sens*. Tout à fait simple dans le cas du fragment de cercle qui apparaît tantôt sans courbure, tantôt comme partie d'un cercle. [...] Le problème de « l'indétermination » des données des sens[1].

Wittgenstein vise manifestement ici à travers des cas comme celui du fragment de cercle visuel perçu tantôt comme droit, tantôt comme courbe une propriété générale du champ visuel, un certain « facteur d'indétermination »[2] ou une impression de « flou »[3] caractéristiques des phénomènes de cet espace qu'il nous faudrait pouvoir rendre au moyen d'une notation logique appropriée. L'erreur de Hjelmslev à cet égard est d'avoir confondu deux sortes d'approximation : celle des phénomènes visuels eux-mêmes avec l'imprécision ou l'inexactitude des figures géométriques tracées sur le papier et des instruments de dessin. Le projet phénoménologique de Wittgenstein se distingue donc de celui de Hjelmslev en ceci qu'il vise, déjà, à éliminer l'ambiguïté naturaliste du projet de construction d'une « géométrie naturelle » qui finit par assimiler les propriétés des faits

1. Ms 107, p. 171.
2. *WWK*, p. 56, note 1.
3. Cf. *PB* § 209.

perceptifs déviants avec celles des instruments utilisés pour contrôler la vérité empirique des axiomes de cette géométrie. Pour Wittgenstein, il est au contraire nécessaire de bien distinguer l'investigation phénoménologique des propriétés du champ visuel de l'investigation naturelle (ou empirique) des propriétés des instruments de dessin et des figures tracées sur le papier.

> C'est ce phénomène du champ visuel qui est l'essentiel, et non pas les propriétés des instruments de dessin [1].
> Il ne s'agit pour moi jamais de « ce qui est réellement dessiné sur le papier » mais de ce que purement et simplement nous voyons [2].
> Une simple description des propriétés des objets en bois paraît sans intérêt et ne ferait que fournir une liste sans intérêt de telles propriétés. Le trait remarquable est manifestement quelque chose de différent, à savoir que quelle que soit la précision du dessin, les choses doivent toujours apparaître de telle manière qu'une portion de la circonférence coïncide avec une partie de la tangente. [...] C'est le phénomène visuel qui est remarquable, non les propriétés des instruments géométriques [3].

Ce qui compte manifestement aux yeux de Wittgenstein n'est pas le fait que nous ne puissions jamais, en raison de l'imperfection des instruments utilisés, tracer des figures exemplifiant parfaitement les propriétés implicitement définies par les axiomes de la géométrie euclidienne. Cette inexactitude ou approximation-là n'est pas du tout essentielle aux phénomènes de l'expérience décrite. Elle est seulement relative aux matériaux et techniques de fabrication utilisés (le bois par exemple, plutôt que le fer), tandis que l'approximation visée à travers l'idée d'un flou ou d'une indétermination des données sensorielles est une propriété logique intrinsèque et absolue des phénomènes visuels eux-mêmes. La tentative de Hjelmslev échoue en ce sens à faire ce qu'on serait en droit d'attendre d'une géométrie phénoménologique de l'approximation, à savoir « établir les lois qui valent pour les formes que nous voyons » et non pas pour celles que nous traçons[4].

Le cas de Klein est sensiblement différent puisque ce dernier cherche, comme nous l'avons vu, une solution au problème de l'application qui reste interne aux mathématiques elles-mêmes. Il ne s'agit pas, comme pour Hjelmslev, d'adapter les axiomes de la géométrie à l'expérience au risque de lui faire perdre son caractère de science mathématique mais bien de faire

1. *WWK*, p. 56-57.
2. Ms 107, p. 162-163.
3. *PLP*, p. 49.
4. La formule est de Waismann dans *PLP*, p. 48-49.

place au sein des mathématiques à toute une branche traitant des relations approximatives telles qu'elles se rencontrent dans la géométrie pratique et dans laquelle soit explicitement prise en compte l'indétermination des grandeurs liées à l'utilisation de méthodes empiriques de construction. La méthode de Klein consiste à maîtriser l'indétermination en question en délimitant exactement l'intervalle de l'inexactitude. La mathématique d'approximation n'est pas pour lui, contrairement à ce que laisserait supposer son nom, une mathématique approximative ou imprécise mais « la mathématique précise ou exacte des relations approximatives » [1].

Le problème de la délimitation exacte de l'intervalle d'inexactitude se pose en particulier dans le cas de figures que nous ne parvenons plus à distinguer visuellement d'autres, par exemple un polygone à deux cents côtés ou le polygone inscrit ou exinscrit, du cercle. Ce seuil d'indistinction est lié, comme nous l'avons vu, à l'existence d'une valeur-seuil de la précision dans le cas de l'usage de méthodes empiriques, en particulier visuelles, de construction des objets mathématiques. Mais tout se passe comme s'il était possible pour Klein de délimiter l'intervalle à l'intérieur duquel tout ce qui est vu comme une figure proche de celle du cercle pourra recevoir le nom de « cercle ».

Wittgenstein s'est vigoureusement opposé à cette manière de présenter les choses, comme en témoigne le passage suivant :

> F. Klein a introduit le point de vue du seuil. Mais ainsi exprimées les choses ne le sont pas encore de façon correcte. Si l'on dit par exemple : « Toutes les figures qui sont situées à l'intérieur d'un espace déterminé compris entre deux cercles fins, nous les voyons comme des cercles », exprimera-t-on cela en indiquant la limite supérieure et inférieure, c'est-à-dire les deux cercles eux-mêmes ? Non ! Car cette indication n'a pas la multiplicité de l'apparition que nous devons décrire. Ces deux cercles-limites, je dois pourtant bien les distinguer à leur tour [2].

L'argument concerne ici le fait que la délimitation de l'intervalle dont font partie toutes les figures correspondant dans le champ visuel à ce qui peut s'apparenter à un cercle (à un cercle *approché*, donc) n'a pas la multiplicité requise si, par délimitation, on entend l'indication de deux cercles fins qui constitueraient la limite de l'intervalle en question. Cette façon de délimiter l'intervalle de l'approximation ne permet pas d'exprimer les choses correctement parce qu'il n'y a pas dans l'espace visuel de limite séparant deux classes de figures dont l'une pourrait être dite appartenir

1. *Elementarmathematik*, *op. cit.*, p. 5.
2. *WWK*, p. 58.

à la classe C des cercles et l'autre, à la classe non-C des non-cercles. Wittgenstein souligne l'impossibilité d'une telle délimitation en comparant ce cas à celui des limites du concept de tas de sable[1]. De même, en effet, qu'il n'existe pas de frontière claire entre ce qui vaut comme tas de sable et ce qui ne vaut pas comme tel[2] – *i.e.* entre la classe des objets auxquels ce concept peut correctement s'appliquer et celle à laquelle il ne peut être correctement appliqué, de même il n'existe pas de frontière claire dans le champ visuel entre la classe des cercles et la classe des non-cercles puisque ce qui aura été arbitrairement choisi comme ce qui opère la délimitation entre ces deux classes devra lui-même appartenir à l'une d'entre elles. Nous avons ici affaire à un cas typique de confusion entre ce qu'on appelle « cercle » (exact ou approché) dans le cas d'une classe clairement délimitable de figures ayant certaines propriétés géométriques données et le même nom appliqué à des classes d'objets non-clairement délimitables – dans le cas du champ visuel.

Il existe toutefois deux manières de comprendre et de diagnostiquer cette impossibilité qui correspondent en gros aux deux manières d'aborder le problème qui ont été successivement celles de Wittgenstein au cours des années 1929-1930. Ou bien l'on estime qu'il n'est pas possible de délimiter exactement l'intervalle de l'inexactitude parce que les concepts géométriques utilisés dans la langue ordinaire ne sont pas sémantiquement adaptés à la représentation du flou ou de l'imprécision caractéristique des phénomènes du champ visuel. Ou bien l'on estime que c'est impossible parce qu'il n'y a tout simplement *pas de sens* à *parler* d'imprécision ou de flou dans ce contexte. Dans ce dernier cas, la recherche d'un symbolisme autre que celui de la langue physicaliste usuelle pour exprimer cette différence n'est pas seulement impossible ; elle est même inutile.

Certains textes de la fin des années 1920 montrent que Wittgenstein a d'abord opté pour le premier diagnostic, comme en témoigne le passage manuscrit suivant :

> Nous avions sans cesse besoin d'une expression telle que « je *ne* vois *pas* que cette ligne diverge d'un cercle mais je ne peux pas dire que je voie le cercle ». Et pourtant l'on ne saurait dire cela si l'on considère l'espace visuel *absolument*. Cela montre, néanmoins, que notre mode d'expression

1. Cf. *PG*, I, Appendice 8 : « Le concept "à peu près". Problème du "tas de sable" ».

2. Le concept de tas de sable est un exemple classique de concept vague (au sens sémantique) qui est responsable du surgissement du paradoxe sorite suivant lequel de ce qu'un grain ne forme pas un tas de sable et de ce que l'ajout d'un grain ne fait pas d'un non-tas un tas, nous pouvons en tirer la conclusion *fausse* et pourtant logiquement valide qu'un million de grains par exemple ne forment pas un tas.

> est *très* insuffisant. On pourrait penser que la bonne copie de l'espace visuel serait une surface dessinée euclidienne aux constructions idéalement fines que l'on ferait vibrer de sorte que toutes les constructions, au-delà d'un certain point, se mettraient à devenir floues – la surface vibrerait, certes, de façon égale dans toutes ses directions. On pourrait également ajouter ceci : la force de la vibration doit atteindre le point exact où nous ne la remarquons pas encore ; l'atteint-elle, sa géométrie physique est alors une image de notre géométrie phénoménologique [1].

Wittgenstein n'a manifestement pas encore renoncé à l'idée de trouver un mode de reproduction adéquat de la « géométrie phénoménologique » du champ visuel[2]. Le symbolisme graphique imaginé ici est essentiellement motivé par le fait que « notre mode d'expression » physicaliste usuel est, comme le dit Wittgenstein, « *très* insuffisant ». Que nous soyons constamment obligés notamment d'utiliser un mode d'expression négatif et relatif pour décrire certaines propriétés intrinsèques et absolues des figures du champ visuel, comme par exemple le « fait » que le cercle visuel ait en commun avec sa tangente tout un segment (« je *ne* vois *pas* que cette ligne diverge du cercle mais je ne peux pas dire que je voie le cercle »), montre que notre mode d'expression usuel est déficient en ce sens que les concepts qu'il mobilise n'ont pas la multiplicité logique requise – celle des phénomènes mêmes.

D'un autre côté, le fait que nous ne soyons *jamais* réellement en mesure de trouver un mode de reproduction entièrement adéquat de la géométrie particulière du champ visuel n'est pas moins significatif et explique que Wittgenstein nourrisse de plus en plus de doutes sur la légitimité d'un tel projet. À mesure, en effet, que l'attention se reporte des phénomènes eux-mêmes vers les *conditions d'utilisation* de nos concepts, il devient de plus en plus manifeste que la source du problème réside moins dans l'impossibilité de rendre *de fait*, avec toute l'exactitude et la précision requises, l'essentielle imprécision des figures géométriques perçues que dans la volonté de le faire dans les termes dans lesquels nous disons ordinairement du cercle tracé sur le papier qu'il est flou ou imprécis.

Ce (second) diagnostic vaut bien sûr pour l'utilisation des adjectifs « flou » et « inexact » dans la langue parlée appliqués à la description des figures du champ visuel, mais également pour leur représentation graphique ou picturale au moyen d'éléments censés représenter iconiquement cette imprécision – la pâleur d'une image peinte, pour figurer celle du

1. Ms 107, p. 165-166.
2. Si l'on en croit la *Bergen Electronic Edition*, le texte précité date du 12 octobre 1929.

souvenir ou les nuances bleuâtres d'une image cinématographique, pour figurer l'irréalité d'une image de rêve [1]. Dans les deux cas, nous n'utilisons pas ces mots ou éléments dépictifs dans *le même sens* parce que nous ne disposons, dans le cas des figures perçues ou de phénomènes psychologiques tels que les images de souvenir et les images de rêve, d'aucun critère de l'exactitude à quoi nous pourrions opposer de façon sensée l'imprécision ou approximation des données visuelles ou mémorielles. Comme le note en effet Wittgenstein :

> Si l'on dit par exemple que l'on ne voit jamais un cercle réel mais toujours seulement un cercle approché, alors cela a un sens correct et incontestable si cela veut dire que l'on peut toujours découvrir sur ce corps d'apparence circulaire de nouvelles inexactitudes en le mesurant exactement ou en l'examinant au moyen d'un microscope. Ce (sens) incontestable se perd, en revanche, si nous mettons à la place du corps de forme circulaire le donné immédiat, la tache, ou autre chose du même genre, peu importe le nom. *Si* un cercle n'est autre que ce que nous voyons (« voir » au sens où nous voyons la tache bleue), alors nous devons pouvoir *le* voir et non pas simplement quelque chose d'analogue [2].

Analysons plus précisément l'argument de Wittgenstein. Pourquoi n'y a-t-il tout simplement pas de sens à parler d'un cercle approché dans le cas d'un cercle perçu (vu) et pourquoi n'y a-t-il donc pas non plus de sens à parler, comme le fait pourtant Klein, d'une précision « limitée » dans le cas de l'utilisation de méthodes empiriques (en particulier, visuelles) de construction des notions géométriques comme la notion de point ? L'argument de Wittgenstein est simple. Il consiste à attirer l'attention sur les conditions concrètes d'utilisation des mots « inexact », « à peu près » ou « flou » dans le cas de la description des phénomènes de l'expérience visuelle. S'il n'y a aucun sens à parler dans le cas du cercle visuellement perçu (par opposition, par exemple, au cercle tracé que par ailleurs je *vois*) d'approximation ou d'inexactitude, c'est parce que nous ne disposons pas dans ce cas de méthode empirique nous permettant de déterminer un degré d'exactitude plus grand relativement à quoi le cercle visuel pourra être qualifié d'« inexact » ou (de cercle) « approché ». Dans le cas du cercle visuel tracé, cela a du sens de dire qu'il n'a pas exactement les propriétés géométriques du cercle euclidien parce que des expérimentations sont concevables qui me permettent de découvrir sur ce corps (ou sur la figure tracée) de nouvelles inexactitudes. Je dispose dans ce cas d'un critère de

1. Cf. *PB* § 217, trad. fr., p. 258.
2. Ms 107, p. 161 ; *PB* § 212, trad. fr., p. 252.

l'exactitude parce que je dispose d'une méthode et d'instruments techniques me permettant de déterminer plus exactement les propriétés matérielles du corps inspecté.

Le problème, dans le cas des figures visuellement perçues (et non simplement tracées), est que nous ne disposons d'aucune méthode empirique équivalente. D'où l'utilisation d'un mode d'expression négatif qui est censé exprimer une propriété absolue – *i.e.* non relative aux moyens de représentation utilisés – du champ visuel. Le cercle visuel sera alors qualifié de cercle « approché » en ceci que je *ne* vois *jamais* de cercle correspondant exactement aux propriétés du cercle euclidien. Le problème dans ce cas est donc que je continue à utiliser le verbe « voir » comme s'il avait son sens habituel (« voir » au sens où je dis que je vois une tache bleue) alors que la situation a déjà changé puisqu'il n'y a rien relativement à quoi je pourrais dire que le cercle perçu n'est qu'un cercle « approché ». C'est ce parallélisme des expressions qui est responsable de l'illusion que nous avons de pouvoir donner un sens clair à un énoncé tel que « je ne vois jamais de cercle exact dans le champ visuel » (pour décrire l'approximation intrinsèque des figures perçues dans le champ visuel) alors que cet énoncé n'a pas plus de sens qu'un énoncé consistant à « constater » l'absence d'une note dans un champ sensoriel pour lequel valent des règles syntaxiques d'utilisation différentes des concepts correspondants :

> Si cela a un sens de dire : « je ne vois jamais de cercle exact », alors cela veut dire : un cercle plus exact est pensable dans l'espace visuel. Si un cercle exact est impensable, alors l'énoncé : « je ne vois jamais de cercle exact dans le champ visuel » doit être du même genre que l'énoncé : « je ne vois jamais de contre-ut dans le champ visuel » [1].

C'est l'utilisation sans contraste (non-relative) des mots « inexact », « à peu près » ou « flou » qui est directement responsable du non-sens des énoncés portant sur le flou ou l'imprécision caractéristique des phénomènes du champ visuel. L'utilisation d'un vocabulaire du vague, associé aux expressions géométriques nous permettant de décrire usuellement les relations entre les corps dans l'espace physique, ne saurait en ce sens être justifiée par une prétendue *nature* déviante des phénomènes visuels eux-mêmes. L'erreur de Hjelmslev à cet égard n'est pas seulement d'avoir confondu les propriétés empiriques (matérielles) des figures tracées sur le papier avec celle des phénomènes visuels eux-mêmes mais d'avoir cru nécessaire de justifier l'applicabilité des axiomes de la géométrie eucli-

1. Ms 107, p. 164 ; *PB* § 213, trad. fr. modifiée, p. 253.

dienne à la réalité perçue en invoquant l'existence de supposés « faits » géométriques perceptifs déviants décrits par ces axiomes. Rien n'est plus opposé à la façon dont Wittgenstein conçoit, pour sa part, le statut des énoncés de la géométrie visuelle. On peut même considérer que sa propre caractérisation de ces mêmes énoncés comme « règles de la syntaxe »[1] invalide par avance tout projet du type de celui esquissé par Hjelmslev.

Nous sommes maintenant en mesure de comprendre ce que veut dire Wittgenstein lorsqu'il dit que « pour comprendre [...] l'application de la géométrie euclidienne, il faut comprendre ce que signifie le mot « inexact ». Car rien d'autre ne nous est donné que le résultat de notre mesure et le concept d'inexactitude ». Rien, en dehors de la description de *l'usage* du concept d'inexactitude et des résultats de nos expériences de mesure (sur l'espace physique), n'est susceptible de *justifier l'applicabilité* des axiomes de la géométrie euclidienne au réel, c'est-à-dire aussi au réel perçu. Aucune expérimentation, pas même une expérimentation portant sur les prétendus « faits » géométriques déviants de l'expérience visuelle (pourtant encore invoqués en 1929) ne saurait justifier l'utilisation des mots « à peu près », « inexact » ou « flou » dans le langage physique euclidien pour rendre compte de la structure non-euclidienne de l'espace visuel, puisque cette structure n'est pas phénoménologiquement donnée.

VERS UN PRAGMATISME SÉMANTIQUE : LE PRIMAT DE LANGUE DE L'ESPACE PHYSIQUE (EUCLIDIEN) SUR LA LANGUE DE L'ESPACE VISUEL (NON-EUCLIDIEN)

Un dernier point reste à éclaircir. Il concerne le rapport entre la caractérisation en termes syntaxiques des énoncés de la géométrie visuelle – dont l'une des conséquences est la dissolution des problèmes liés à l'impossibilité de décrire les propriétés de structure de l'espace visuel – et l'affirmation du primat de la géométrie physique euclidienne sur la géométrie visuelle non-euclidienne pour la représentation des phénomènes déviants de l'expérience. Wittgenstein fait explicitement le lien entre ces deux idées dans un entretien avec Waismann et Schlick de la toute fin du mois de décembre 1929 :

1. *PB* § 178, trad. fr., p. 205-206. Pour un exposé plus détaillé de la position de Wittgenstein sur la « nature » des énoncés de la géométrie visuelle, voir notre article : « Wittgenstein e as teorias semânticas do *a priori* visual : *Observações Filosóficas*, cap. XVI & XX », trad. pt. br. B.P.A. Ferraz Neto, *Doispontos*, vol. 6, n° 1, 2009, p. 13-34.

> Je dois corriger mon exposé : l'essentiel ici est que nous utilisions deux langues, une langue de l'espace visuel et une langue de l'espace euclidien, *en donnant la préférence à la langue de l'espace euclidien*[1]. Le langage suggère cette distinction par l'usage de « être » et « paraître ». Nous disons par exemple : deux lignes *paraissent* égales dans l'espace visuel, mais ne le *sont* pas. Ou bien : un petit arc de cercle *paraît* droit, bien qu'il *soit* courbe. Etc. [...] Par-là se montre la structure non-euclidienne de l'espace visuel[2].

Ce texte représente un véritable tournant dans l'approche par Wittgenstein du problème des différentes applications possibles du mot « géométrie ». La différence entre espace physique euclidien et espace visuel non-euclidien n'est plus, selon lui, exprimable dans les termes d'une différence de structure phénoménologique des deux espaces[3]. Elle l'est seulement en termes de règles d'utilisation de nos concepts au sein de systèmes linguistiques différents (la « langue de l'espace visuel » et la « langue de l'espace physique »), sans que nous ayons besoin pour cela de supposer que ces règles ont pour corrélat deux types de structure différents. Il suffit que nous disposions d'une méthode permettant de projeter l'une des deux syntaxes sur l'autre pour pouvoir rendre compte de leur distinction et de leur rapport. Cette méthode est celle qui consiste par exemple à utiliser le langage du paraître, par opposition à celui de l'être, dans le cas des figures géométriques perçues[4].

Mais Wittgenstein ne s'arrête pas là. Il ne se contente pas de dire que cette différence est, en dernière instance, d'ordre syntaxique et qu'il existe un rapport de projection réglé (un *mapping*) entre les deux syntaxes. Il ajoute que cette différence n'est elle-même exprimable qu'en donnant la priorité à l'*un* des deux systèmes linguistiques, celui de l'espace physique euclidien sur celui de l'espace visuel. Si, donc, l'on veut comprendre ce qui caractérise l'approche grammaticale du « problème » de l'application et des différentes applications possibles de nos concepts géométriques et spatiaux à la réalité physique ou perçue, il faut comprendre ce qui « justifie » aux yeux de Wittgenstein ce primat de la langue de l'espace

1. Nous soulignons.

2. *WWK*, p. 59.

3. Notons qu'il ne donne aucune caractérisation positive de cette structure : s'agirait-il, par exemple, d'un espace hyperbolique de type riemannien? L'espace visuel, pour Wittgenstein, est non-euclidien au sens uniquement négatif où valent pour la description des « phénomènes » de cet espace d'autres règles que celles qui valent pour la description des relations entre les corps physiques de l'espace euclidien.

4. *WWK*, p. 59-60 : « Nous avons besoin d'une méthode de projection pour reproduire l'état de choses du champ de la vue dans le langage de la géométrie euclidienne, et celle-ci consiste dans l'usage de l'expression : "Il semble" ».

physique. Ceci revient à se demander ce qui détermine le choix d'*un* système linguistique de représentation de l'expérience comme système linguistique de référence[1].

Au chapitre VI, nous avons vu que l'approche par Wittgenstein du « problème de l'application » dans le cas du rapport des énoncés de la géométrie pure à la réalité physique se caractérisait par la priorité donnée à la description des pratiques symboliques dans lesquelles s'insèrent ces énoncés en y jouant à la fois le rôle de principes de transition et de normes de jugement sur la rectitude de nos activités de mesure. Notre but, à présent, est de montrer que le même genre d'approche prévaut dans le cas du rapport entre ces deux syntaxes que sont la géométrie visuelle (« phénoménologique ») et la géométrie physique euclidienne. On voit en effet clairement se dessiner, dans sa façon d'aborder le « problème » au cours des années 1930, une tendance que l'on pourrait qualifier – d'après sa propre suggestion – de « pragmatico-sémantique ». C'est dans cette perspective qu'il faut comprendre, à notre avis, le primat donné à la langue physicaliste usuelle sur la langue de l'espace visuel pour la représentation des « phénomènes » déviants de l'expérience immédiate.

Imaginons que nous éprouvions subitement le besoin d'introduire de nouvelles formes d'expression pour décrire plus finement « ce qu'on a réellement vu »[2]. Nous serions alors dans une situation analogue à celle que décrit Wittgenstein lorsqu'il dit que le langage (physicaliste usuel) suggère la distinction entre les deux langues (celle de l'espace visuel et celle de l'espace physique euclidien) en introduisant la phraséologie du paraître. Ce mode d'expression serait « phénoménologique » au sens où il serait taillé sur mesure pour la description de ce qui nous apparaît (*erscheint*) effectivement indépendamment de tout élément hypothétique issu de la langue

1. J. Hintikka a parfaitement identifié ce problème comme étant *le* problème philosophique central de Wittgenstein tout au long de la période intermédiaire. Voir en particulier M. et J. Hintikka, *Investigating Wittgenstein*, Oxford, Blackwell, 1986 ; trad. fr. M. Jawerbaum et Y. Pesztat, *Investigations sur Wittgenstein*, Liège, Mardaga, 1991 ; J. Hintikka, *Selected Papers*, vol. 1, *Ludwig Wittgenstein : Half-Truths and One-and-a-Half Truths*, Dordrecht, Kluwer, 1996. Mais il interprète, à notre avis, à tort le choix par Wittgenstein de la langue physicaliste usuelle comme système linguistique de référence comme un choix métaphysiquement motivé en ceci que seul quelque chose de physique pourrait (selon le Wittgenstein de Hintikka) représenter directement quelque chose de physique. Pour une critique de cette interprétation, voir L. Soutif et G. Ghizoni Da Silva, « La lecture phénoménologique hintikienne de Wittgenstein : la dimension temporelle », trad. fr. S. Plaud révisée par L. Soutif, dans C. Chauviré et S. Plaud (éd.), *Les Lectures de Wittgenstein*, Paris, Ellipses, 2011 (à paraître).

2. *PB* § 208, trad. fr., p. 247.

physicaliste usuelle [1]. Au lieu de dire, par exemple, que deux segments *sont* égaux dans l'espace visuel, nous dirions qu'ils *paraissent* ou *semblent* égaux sans l'*être* réellement [2]. Ce genre de terminologie pourrait même être généralisé à la description de toutes les situations que décrit le langage physicaliste usuel. Il suffirait alors d'affecter tous nos « énoncés » – en fait, il faudrait plutôt parler d'« hypothèses » – des verbes « paraître » ou « sembler » [3].

Wittgenstein ne nie pas que nous puissions avoir besoin, dans certains cas, d'utiliser une notation de ce genre pour marquer certaines différences importantes. Par exemple, nous pourrions avoir envie de souligner le fait que nous avons *réellement eu* l'impression qu'un homme était présent dans cette cabine en disant qu'il nous a (bien) *semblé* que quelqu'un était là. Il se peut que nous nous soyons trompés en prenant pour un homme ce qui n'était qu'un complexe composé d'une casquette et d'une vareuse suspendues au mur de la cabine [4]. En revanche, nous n'avons pu nous tromper sur le fait que nous avons réellement eu *l'expérience* en question. Le mode d'expression nous permettant d'exprimer cette certitude-là est un mode d'expression phénoménologique qui se limite à la description de l'expérience même, de ce qui est réellement « donné », sans y associer l'idée d'erreur ou d'illusion suggérée par le mode de parler quotidien.

Ce genre de description est une notation assurément possible pour Wittgenstein [5]. C'est même ce qui est explique qu'il ait continué de croire en la possibilité de descriptions phénoménologiques ponctuelles (par opposition à *fondatrices*) de l'expérience, même après avoir explicitement renoncé au projet de construction d'une langue phénoménologique autonome :

> Et pourquoi ne pas en rester là ? Car ce mode d'expression dit pourtant bien tout ce que nous voulons dire et ce qui se laisse dire. Mais nous voulons dire que cela se laisse dire encore *autrement* ; et c'est important. Dans cet autre mode d'expression, l'accent sera mis, pour ainsi dire, sur autre chose. Les mots « paraître », « erreur », etc. ont une certaine charge affective qui n'est pas essentielle au phénomène. Cette charge affective a, quoiqu'il en soit, rapport avec le vouloir, pas simplement avec la connaissance. Nous

1. Sur le rapport entre la distinction entre énoncés et hypothèses et l'introduction d'une nouvelle phraséologie phénoménale, cf. *D*, p. 166-168.

2. Cf. *PB* § 208.

3. *D*, p. 166-168.

4. Nous reprenons ici l'exemple de W. James auquel fait allusion Wittgenstein dans *D*, p. 167.

5. Voir également *BB*, p. 59.

> parlons par exemple d'une illusion d'optique et lions à cette expression l'idée d'une faute, bien qu'il n'y ait essentiellement pas de faute; et si, dans la vie, l'apparence était habituellement plus importante que les résultats de la mesure, le langage manifesterait lui aussi une autre attitude vis-à-vis de ce phénomène. Il n'y a pas – contrairement à ce que je croyais – une langue primaire par opposition à notre langage usuel, « secondaire ». Mais l'on pourrait parler, par opposition à notre langage, d'un langage primaire dans la mesure où, dans ce langage, aucune préférence ne devrait être exprimée pour certains phénomènes plutôt que pour d'autres; ce langage devrait pour ainsi dire être absolument *impartial* [*sachlich*][1].

Ce qu'il nie, en revanche, est que nous aurions découvert, ce faisant, une application inédite de nos concepts géométriques justifiée par les propriétés paradoxales d'une nouvelle classe d'entités; par la propriété, par exemple, qu'auraient les segments visuels de paraître égaux sans l'être réellement. Ce genre de phraséologie correspond en réalité à un mode d'expression taillé sur mesure pour la description des « phénomènes » visuels *au sein* de la langue physicaliste usuelle comme système linguistique de référence. Par exemple, le verbe « paraître » dans une expression du type : « ces deux segments *paraissent* égaux, mais ne le *sont* pas » n'a plus le même sens si nous limitons la description à « ce qui est réellement vu » puisqu'il n'y a rien à quoi nous pourrions opposer dans ce cas l'idée de (simple) apparence. Une tromperie qui ne peut, par principe, pas être débusquée n'est pas une tromperie du tout.

Mais qu'est-ce qui explique, justement, ce primat du langage physicaliste usuel? Pourquoi la différence de structure des deux espaces n'est-elle exprimable que dans une phraséologie subrepticement forgée sur le modèle de la syntaxe de ce langage, même lorsque nous avons pourtant bien l'impression de décrire les propriétés paradoxales d'entités d'un genre nouveau? Comme nous l'avons déjà suggéré, ce primat n'est ni épistémologiquement, ni ontologiquement justifié pour Wittgenstein. Il l'est seulement *pragmatiquement*.

Dans le *Cahier bleu*, l'importance de la notation physicaliste usuelle est « justifié » par le fait qu'elle « imprègne » (*pervades*), à la différence des autres notations, « toute notre vie »[2]. Au tout début des années 1930, la structure de ce langage est caractérisée de façon plus précise en référence à sa structure hypothétique (inductive). Une hypothèse est, d'après Wittgenstein, une construction logique qui va au-delà de l'expérience et

1. Ms 108, p. 28-29; *PB* § 53, trad. fr. modifiée, p. 82.
2. *BB*, p. 59.

qui a pour fonction d'en relier les différents aspects représentés[1]. Plus précisément, il la définit, à la suite de Weyl et de Ramsey, comme une loi de formation d'énoncés qui n'a pas elle-même le statut d'un véritable énoncé empirique[2]. Elle se caractérise, en outre, par une structure temporelle différente de celle des propositions (*Sätze*) proprement dites en ceci qu'elle est une construction qui pointe en direction des événements futurs, à la différence des propositions qui, elles, sont vérifiables idéalement dans la dimension temporelle du présent phénoménologique[3]. C'est pourquoi l'hypothèse nous sert essentiellement d'instrument de prédiction.

Cette structure n'est pas propre au langage de la science (physique) selon Wittgenstein. Elle est plus généralement celle des énoncés de la langue usuelle dans l'exacte mesure où ceux-ci jouent *dans nos vies* un rôle analogue à celui d'instruments de prédiction :

> Qu'est-ce qu'une hypothèse ? L'on ne saurait mieux l'expliquer qu'en renvoyant à des phrases qui ne sont pas des hypothèses, afin de se rendre ainsi présente la différence. Si, par exemple, je regarde dans un télescope et dis : « je vois trois points lumineux », il n'y a absolument rien-là d'hypothétique. Par contre, ce qu'enseigne l'astronomie à propos de l'éloignement, de la magnitude, du mouvement de ces étoiles, etc., cela a valeur d'hypothèses. Il ne faut pas croire que les hypothèses n'interviennent que dans les sciences. La plupart des phrases de la vie quotidienne sont des hypothèses, même si nous n'en prenons pas toujours conscience[4].

Il existe, par conséquent, une différence de taille entre ce que l'on appelle généralement l'instrumentalisme en philosophie des sciences, à savoir la conception selon laquelle les termes et énoncés d'une théorie scientifique qui ne réfèrent pas directement à l'expérience sont de simples instruments de prédiction des phénomènes qui ne décrivent par eux-mêmes rien[5], et le pragmatisme sémantique de Wittgenstein dont son instrumentalisme en matière de théories scientifiques n'est qu'un produit dérivé. Wittgenstein est bien instrumentaliste au sens où, pour lui, les hypothèses, se définissant par un régime de satisfaction différent des propositions (par leur probabilité et non par le fait qu'elles puissent elles-mêmes être véri-

1. L'exposé le plus clair sur le rôle inductif des « hypothèses » pour Wittgenstein est celui de Waismann dans *WWK*, p. 254-260.

2. *PB* § 226-228.

3. *PB* § 228.

4. *D*, p. 167.

5. Voir sur ce point A. Barberousse, M. Kistler, P. Ludwig, *La philosophie des sciences au XXe siècle*, Paris, Flammarion, 2000, p. 283-284.

fiées[1]), ne sont que des instruments de prédiction des événements futurs qui, par eux-mêmes, ne décrivent rien. Mais cet instrumentalisme n'est, chez lui, qu'une conséquence lointaine du fait que certains énoncés jouent *dans nos vies* le rôle de tels instruments de prédiction et, leur confirmation indirecte via la vérification de certaines propositions, celui de norme de l'être par opposition au paraître.

Le primat de la langue physicaliste euclidienne sur la langue de l'espace visuel (non-euclidien) n'est donc ni métaphysiquement, ni épistémologiquement justifié. Il est l'expression du fait purement pratique que les hypothèses (au sens vu plus haut) jouent *dans nos vies* un rôle plus important que les descriptions non-hypothétiques d'expériences en ceci que leur confirmation via la vérification des propositions qu'elles relient (entre elles) nous sert en pratique de norme de ce qui est réellement, par opposition à ce qui n'est qu'apparent, ou d'une perception véridique, par opposition à une illusion. Il se peut, comme le fait remarquer Wittgenstein, que l'idée d'erreur soit tout à fait étrangère au phénomène que décrirait une notation réellement impartiale. Mais le fait que nous parlions dans certains cas d'une illusion d'optique (pour souligner le caractère non-véridique de l'expérience décrite) n'est pas moins significatif de l'importance qu'ont pour nous en pratique les résultats de la mesure et la confirmation des hypothèses. « Si », comme le souligne Wittgenstein, « l'apparence, dans la vie, était habituellement plus importante que les résultats de la mesure, le langage manifesterait lui aussi une autre attitude vis-à-vis de ce phénomène »[2].

Wittgenstein a lui-même qualifié cette nouvelle manière de considérer le rôle des hypothèses, sémantiquement et dans nos vies, de conception « pragmatique » :

> On voit ici poindre la conception pragmatique du vrai et du faux. La proposition n'est vraie qu'aussi longtemps qu'elle s'avère utile. Chaque proposition que nous exprimons dans la vie quotidienne semble avoir le caractère d'une hypothèse. L'hypothèse est une construction logique. C'est-à-dire un symbole pour lequel valent certaines règles de représentation. Parler de données des sens et d'expérience immédiate signifie que nous sommes en quête d'une représentation non-hypothétique. Mais il semble à présent que la *représentation* perde toute valeur si on laisse tomber en elle l'élément hypothétique, parce qu'alors la proposition ne pointe plus en direction du futur mais est quasiment auto-suffisante et ainsi dénuée de valeur. [...] Il n'y a aucun sens à parler de propositions qui

1. *PB* § 228-229, 231 *sq.*
2. Notez l'usage du conditionnel ici !

n'auraient pas de valeur en tant qu'instruments. Le sens d'une proposition est son but [1].

Si ce qui fait la valeur d'un système linguistique n'est pas sa plus ou moins grande capacité expressive mais le rôle que jouent (ou ne jouent pas) ses « énoncés » dans nos pratiques quotidiennes, on comprend alors que la langue physicaliste usuelle jouisse d'un certain primat, y compris lorsque nous désirons souligner certaines différences de comportement caractéristiques de notre « entrée » dans une autre géométrie que la géométrie euclidienne. Ce sont, en effet, les hypothèses de cette langue (la seule dont nous disposions) et leur confirmation au moyen de propositions qu'elles relient inductivement qui servent toujours implicitement de norme pour la construction d'autres géométries (syntaxes), fussent-elles, comme celle de l'espace visuel, non-euclidiennes : « Ici intervient un *facteur d'indétermination* singulier, qui fait défaut dans la géométrie euclidienne. La géométrie de l'espace visuel se compose de la géométrie euclidienne, c'est-à-dire d'une certaine syntaxe plus la syntaxe de ce facteur d'indétermination » [2].

1. Ms 107, p. 248-249.
2. *WWK*, p. 55.

CONCLUSION

L'objectif de cette étude était de montrer la spécificité et de défendre la pertinence d'une approche grammaticale du problème de l'espace visuel. Ce problème, nous l'avons identifié au bout du compte comme celui des différences de sens liées à l'applicabilité des structures logico-mathématiques de notre langage, le langage physique ou physicaliste usuel, à la réalité physique et/ou au pur donné visuel. L'approche grammaticale se caractérise par un traitement particulièrement austère de ce problème en ce sens qu'il n'est ni légitime, ni même nécessaire selon cette approche de postuler l'existence d'une structure spatiale phénoménologiquement différente de l'espace physique pour rendre compte de ces différences. L'essentiel, comme le dit Wittgenstein, est que nous possédions deux langages ou deux « symboles », le langage de l'espace visuel et le langage de l'espace physique, et que le premier puisse être considéré comme une simple variante notationnelle du second; la primauté du second tenant à la place qu'occupent les hypothèses (au sens particulier que donne Wittgenstein à ce mot dans les années 1930) et les résultats de la mesure dans nos vies.

En adoptant cette ligne d'interprétation, nous avons donc délibérément mis l'accent sur un aspect du problème, l'aspect mathématique, sans pour autant nier l'importance de l'autre aspect, proprement phénoménologique. Il nous semble toutefois que le problème ne devient réellement intelligible, et la pertinence d'une approche grammaticale, évidente que si l'on subordonne le second au premier. La critique de « la théorie du second espace » (pour reprendre l'expression de O'Shaughnessy) développée par Wittgenstein dès la fin de l'année 1929 et, dans une plus large mesure encore, au début des années 1930 peut certes être considérée à bien des égards comme une préfiguration des arguments esquissés vers la fin des années 1930 et au début des années 1940 contre l'idée d'expérience et de langage privés. Mais il importe de souligner, d'une part, que la critique de l'idée d'un espace appartenant exclusivement et de façon inaliénable au sujet percevant iniciée au cours des années 1932-1933 ne fait que prolonger celle d'un medium spatial alternatif (l'« espace » visuel, par distinction d'avec l'espace physique) dans lequel se dérouleraient les expériences visuelles du sujet percevant et, d'autre part, que l'aspect du problème le plus résistant – celui qui a donné en tout cas le plus de difficultés à Wittgenstein dans sa propre manière d'aborder le sujet – correspond à ce qu'une certaine tradition logico-philosophique, l'empirisme logique, interprète à tort comme un problème de distinction et de relation entre différentes interprétations sémantiques ou « applications » possibles d'un même système logique formel à la réalité physique ou perçue. La thèse centrale de cette étude est que cette manière de poser le problème fondée sur une dissociation stricte des deux « moments » que sont l'institution des calculs symboliques comme tels et l'application de ces mêmes calculs à la (description de) la réalité physique ou perçue[1], loin de ménager l'espace pour la recherche d'une solution possible et philosophiquement acceptable, ne fait en réalité que le déplacer en transformant en pseudo-énigme théorique ce qui relève d'une description pure et simple de nos pratiques et des différences que fait (ou ne fait pas) dans nos pratiques l'adoption de tel ou tel système symbolique de description de la réalité.

1. Sur l'importance de cette distinction chez Carnap (de *Der Raum* à la *Logische Syntax der Sprache*), voir T. Tranjan, *Carnap e a Natureza da Lógica*, Tese de Doutorado, Universidade de São Paulo, 2010.

ANNEXE

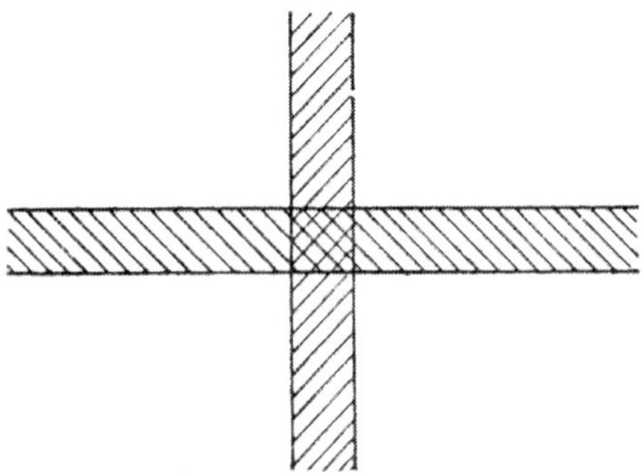

Figure 1
Le point visuel comme angle (*i.e.* comme intersection grossière de deux lignes dans la géométrie de l'espace visuel)[1]

Figure 2
L'exemple de Protagoras : le contact « prolongé » du cercle visuel et de la tangente visuels[2]

1. *WWK*, p. 56.

2. J. Hjelmslev, « Die natürliche Geometrie », *Abhandlungen aus dem mathematischen Seminar…*, *op. cit.*, p. 2. L'exemple est, pour ainsi dire, le même que celui de Wittgenstein dans *BGM*, I, § 96, p. 72.

BIBLIOGRAPHIE

ANSCOMBE E., *An Introduction to Wittgenstein's Tractatus*, London, Hutchinson University Library, 1959.

ARISTOTE, *Metaphysics*, dans J. Barnes (ed.), *The Complete Works of Aristotle*, vol. 2, The Revised Oxford Translation, Princeton, Princeton UP, 1984; trad. fr. J. Tricot, *La métaphysique*, 2 vol., Paris, Vrin, 1986 (1re éd. 1933).

BAKER G., *Frege, Wittgenstein, and The Vienna Circle*, Oxford, Blackwell, 1988.

– (ed.), *The Voices of Wittgenstein. The Vienna Circle : Ludwig Wittgenstein and Friedrich Waismann*, London, Routledge, 2003.

BARBEROUSSE A., KISTLER M., LUDWIG P., *La philosophie des sciences au XXe siècle*, Paris, Flammarion, 2000.

BERKELEY G., *An Essay Towards a New Theory of Vision* (1709), A. Luce, T. Jessop (eds.), *The Works of George Berkeley*, Bishop of Cloyne, Nendeln, Klaus Reprint, 1919; trad. fr. G. Brykman, *Essai pour une nouvelle théorie de la vision*, dans *Œuvres*, vol. 1, Paris, PUF, 1985.

BOI L., *Le problème mathématique de l'espace. Une quête de l'intelligible*, Berlin, Springer, 1995.

BOUVERESSE J., *Le mythe de l'intériorité. Expérience, signification et langage privé chez Wittgenstein*, Paris, Minuit, 1987 (1re éd. 1976).

– *La force de la règle. Wittgenstein et l'invention de la nécessité*, Paris, Minuit, 1987.

– « Le réel et son ombre : la théorie wittgensteinienne de la possibilité », dans R. Egidi (ed), *Wittgenstein : Mind and Language*, Dordrecht, Kluwer, 1995, p. 59-81.

CAMPBELL J., *Reference and Consciousness*, Oxford, Clarendon Press, 2002.

CARNAP R., *Der Raum. Ein Beitrag zur Wissenschaftslehre*, *Kant-Studien*, Ergänzungsheft, Bd. 56, Berlin, Reuther & Reichard, 1922; rééd. Liechtenstein, Topos Verlag, 1991.

– « Die physikalische Sprache als Universalsprache der Wissenschaft », *Erkenntnis*, vol. 2, 1931/32, p. 432-465; trad. fr. D. Chapuis-Schmitz, « La langue de la physique comme langue universelle de la science », dans

C. Bonnet et P. Wagner (dir.), *L'âge d'or de l'empirisme logique. Vienne-Berlin-Prague. 1929-1936*, Paris, Gallimard, 2006, p. 321-362.

CASATI R., « Notes on Phenomenology and Visual Space », dans R. Egidi (ed.), *Wittgenstein : Mind and Language*, Dordrecht, Kluwer, 1995, p. 185-192.

CHATEAUBRIAND O., *Logical Forms*, 2 vol., Campinas, Coleção CLE, 2001.

CLARK A., *Sensory Qualities*, Oxford, Clarendon Press, 1993.

COFFA J.A., « From Geometry to Tolerance : Sources of Conventionalism in Nineteenth-Century Geometry », dans R.G. Colodny (ed.), *From Quarks to Quasars : Philosophical Problems of Modern Physics*, Pittsburgh, University of Pittsburgh Press, 1986, p. 3-70.

– *The Semantic Tradition from Kant to Carnap : to the Vienna Station*, Cambridge, Cambridge UP, 1991.

COOK J.W., *Wittgenstein's Metaphysics*, Cambridge, Cambridge UP, 1994.

– *Wittgenstein, Empiricism, and Language*, Oxford, Oxford UP, 2000.

CRARY A., READ R. (eds), *The New Wittgenstein*, New York, Routledge, 2000.

DIAMOND C., *The Realistic Spirit : Wittgenstein, Philosophy, and the Mind*, Cambridge (Mass.), The MIT Press, 1991 ; trad. fr. E. Halais et J.-Y. Mondon, *L'esprit réaliste. Wittgenstein, la philosophie et l'esprit*, Paris, PUF, 2004.

DOKIC J., « L'espace de la perception et de l'imagination », dans J. Bouveresse et J.-J. Rosat (dir.), *Philosophies de la perception. Phénoménologie, grammaire et sciences cognitives*, Paris, Odile Jacob, 2003, p. 77-99.

DUMMETT M., *Frege : Philosophy of Mathematics*, Cambridge (Mass.), Harvard UP, 1991.

EINSTEIN A., *Geometrie und Erfahrung*, Berlin, Julius Springer, 1921 ; trad. fr. M. Solovine, *La géométrie et l'expérience*, Paris, Gauthier-Villars, 1921.

FECHNER G.T., *Elemente der Psychophysik*, Bd. I & II, Leipzig, Breitkopf und Hartel, 1860.

FLOYD J., « Gödel et les mathématiques selon Wittgenstein », dans E. Rigal (éd.), *Wittgenstein et les mathématiques*, Mauvezin, T.E.R., 2004, p. 17-42.

FREGE G., *Die Grundlagen der Arithmetik : Eine logisch-mathematische Untersuchung über den Begriff der Zahl*, Breslau, Max und Hermann Marcus, 1884 ; trad. fr. C. Imbert, *Les fondements de l'arithmétique. Recherche logico-mathematique sur le concept de nombre*, Paris, Seuil, 1969.

– *Grundgesetze der Arithmetik (begriffsschriftlich abgeleitet von Dr. G. Frege)*, Bd. I & II, Jena, H. Pohle, 1893-1903.

– *Nachgelassene Schriften und Wissenschaftlicher Briefwechsel*, Hamburg, Felix Meiner, 1969 ; trad. fr. Ph. de Rouilhan et C. Tiercelin (dir.), *Écrits posthumes*, Nîmes, J. Chambon, 1994.

FRIEDMAN M., « Kant's Theory of Geometry », *The Philosophical Review*, vol. 94, n° 4, 1985, p. 455-506.

GABRIEL G., KAMBARTEL F., THIEL C. (eds.), *Gottlob Freges Briefwechsel mit D. Hilbert, E. Husserl, G. Russell, sowie ausgewählte Einzelbriefe Freges*, Hamburg, Felix Meiner, 1980.

GALE R., *The Divided Self of William James*, New York, Cambridge UP, 1999.

GANDON S., *Logique et langage. Études sur le premier Wittgenstein*, Paris, Vrin, 2002.

GARCIA SUAREZ A., « Are the Objects of the *Tractatus* Phenomenological Objects? », dans I. Angelelli, M. Cerezo (eds.), *Studies on the History of Logic. Proceedings of the Third Symposium on the History of Logic*, Berlin-New York, Walter de Gruyter, 1996, p. 343-356.

GOODMAN R., *Wittgenstein and William James*, New York, Cambridge UP, 2002.

GRANGER G.-G., « L'espace logique dans le *Tractatus* », *L'âge de la science*, n° 3, 1968, p. 180-195; repris dans G.-G. Granger, *Invitation à la lecture de Wittgenstein*, Aix en Provence, Alinéa, 1990.

GRASSHOFF G., LAMPERT T. (eds.), *Ludwig Wittgensteins* Logisch-Philosophische Abhandlung. *Entstehungsgeschichte und Herausgabe der Typoskripte und Korrekturexemplare*, Wien-New York, Springer Verlag, 2004.

GRIFFIN J., *Wittgenstein's Logical Atomism*, Oxford, Clarendon Press, 1964.

GRIFFIN N., « Russell's Multiple Relation Theory of Judgment », *Philosophical Studies*, vol. 47, 1985, p. 213-247.

HELMHOLTZ H. von, « Die Anwendbarkeit der Axiome auf die physische Welt » (1878), dans *Vorträge und Reden*, Bd. 2, Braunschweig, Vieweg, 1896, p. 394-406.

– *Schriften zur Erkenntnistheorie*, P. Hertz, M. Schlick (eds.), Berlin, Julius Springer, 1921.

HEMPEL C., « Geometry and Empirical Science », *American Mathematical Monthly*, vol. 52, 1945, p. 7-17.

HINTIKKA J., *Selected Papers*, vol. 1, *Ludwig Wittgenstein : Half-Truths and One-and-a-Half Truths*, Dordrecht, Kluwer, 1996.

– *Selected Papers*, vol. 2, *Lingua Universalis* vs *Calculus Ratiocinator : An Ultimate Pressupposition of Twentieth-Century Philosophy*, Dordrecht, Kluwer, 1997.

– *On Wittgenstein*, Belmont (Ca), Wadsworth, 2000.

– « Réponses et commentaires », dans E. Rigal (éd.), *Jaakko Hintikka. Questions de logique et de phénoménologie*, Paris, Vrin, 1998, p. 309-329.

HINTIKKA M. et J., *Investigating Wittgenstein*, Oxford, Basil Blackwell, 1986; trad. fr. M. Jawerbaum et Y. Pesztat, *Investigations sur Wittgenstein*, Liège, Mardaga, 1991.

HJELMSLEV J., « Die Geometrie der Wirklichkeit », *Acta Mathematica*, vol. 40, 1916, p. 35-66.

– « Die Natürliche Geometrie », *Abhandlungen aus dem mathematischen Seminar der hamburgischen Universität*, vol. 2, 1923.

HYDER D., *The Mechanics of Meaning : Propositional Content and the Logical Space of Wittgenstein's* Tractatus, Berlin-New York, Walter de Gruyter, 2002.

HYLTON P., *Russell, Idealism, and the Emergence of Analytic Philosophy*, Oxford, Clarendon Press, 1990.

JAMES W., *The Principles of Psychology*, 2 vol., New York, Henry Holt, 1890.

– *Essays in Radical Empiricism*, Cambridge (Mass.), Harvard UP, 1976 ; trad. fr. G. Garreta et M. Girel, *Essais d'empirisme radical*, Marseille, Agone, 2005.

KANT I., *De mundi sensibilis atque intelligibilis forma et principiis, Werke. Akademie-Textausgabe*, Bd. II, *Vorkritische Schriften 1757-1777*, Berlin, De Gruyter, 1968.

– *Kritik der reinen Vernunft, Werke. Akademie-Textausgabe*, Bd. III, Berlin, De Gruyter, 1970.

KIENZLER W., *Wittgensteins Wende zu seiner Spätphilosophie 1930-1932. Eine historische und systematische Darstellung*, Frankfurt/Main, Suhrkamp, 1997.

– « About the Dividing Line between Early and Late Wittgenstein », dans G. Oliveri (ed.), *From the* Tractatus *to the* Tractatus *and Other Essays*, Frankfurt/Main, P. Lang, 2001, p. 125-130.

KLEIN F., *Elementarmathematik vom höheren Standpunkte aus*, Bd. III, *Präzisions- und Approximationsmathematik*, Berlin, Julius Springer, 1928.

KREMER M., « Contextualism and Holism in Early Wittgenstein : From *Prototractatus* to *Tractatus* », *Philosophical Topics*, vol. 25, n° 2, 1997, p. 87-120.

KÜLPE O., *Grundriss der Psychologie, auf experimenteller Grundlage dargestellt*, Leipzig, Engelmann, 1893.

LAMPERT T., *Wittgensteins Physikalismus. Die Sinnesdatenanalyse des* Tractatus logico-philosophicus *in ihrem historischen Kontext*, Paderborn, Mentis, 2000.

LAPOUJADE D., « William James : De la psychologie à l'empirisme radical », *Philosophie*, n° 64, 1999, p. 15-30.

MARION M., *Ludwig Wittgenstein. Introduction au* Tractatus logico-philosophicus, Paris, PUF, 2004.

MYERS G.E., « William James on Time Perception », *Philosophy of Science*, vol. 38, n° 3, 1971, p. 353-360.

NEWMAN A., *The Correspondance Theory of Truth : An Essay on the Metaphysics of Predication*, Cambridge, Cambridge UP, 2002.

NICOD J., *La Géométrie dans le monde sensible*, Paris, Alcan, 1924 ; rééd. Paris, PUF, 1962.

O'SHAUGHNESSY B., « Les propriétés spatiales des objets de perception », trad. fr. J.-M. Monnoyer, dans J.-M. Monnoyer (éd.), *La structure du monde : objets, propriétés, états de choses. Renouveau de la métaphysique dans l'école australienne de philosophie*, Paris, Vrin, 2004, p. 455-475.

PEARS D., *The False Prison : A Study of the Development of Wittgenstein's Philosophy*, 2 vol., Oxford, Clarendon Press, 1987-1988 ; trad. fr. C. Chauviré, *La pensée-Wittgenstein. Du* Tractatus *aux* Recherches philosophiques, Paris, Aubier, 1993.

– « Le Wittgenstein de Hintikka », dans E. Rigal (éd.), *Jaakko Hintikka. Questions de logique et de phénoménologie*, Paris, Vrin, 1998, p. 259-274.

– « Private Language », dans R.E. Auxier, L.E. Hahn (eds.), *The Philosophy of Jaakko Hintikka*, Chicago-La Salle (Ill.), Open court, 2006, p. 393-404.

PERRIN D., « Le souvenir et la temporalité. La mémoire dans les *Remarques sur la philosophie de la psychologie* », dans C. Chauviré, S. Laugier, J.-J. Rosat (éds.), *Wittgenstein : les mots de l'esprit. Philosophie de la psychologie*, Paris, Vrin, 2001, p. 263-300.

– « Husserl, Wittgenstein et l'idée d'une phénoménologie de la conscience du temps », dans J. Benoist et S. Laugier (éds.), *Husserl et Wittgenstein. De la description de l'expérience à la phénoménologie linguistique*, Hildesheim, Olms, 2004, p. 71-107.

– *Le flux et l'instant. Wittgenstein aux prises avec le mythe du présent*, Paris, Vrin, 2007.

POINCARÉ H., *La science et l'hypothèse*, Paris, Flammarion, 1968.

– *La valeur de la science*, Paris, Flammarion, 1970.

PROOPS I., « Wittgenstein on the Substance of the World », *European Journal of Philosophy*, vol. 12, n° 1, 2004, p. 106-126.

– « Wittgenstein's Logical Atomism », dans E.N. Zalta (ed.), *The Stanford Encyclopedia of Philosophy (Spring 2006 Edition)*, http://plato.stanford.edu/archives/spr2006/entries/wittgenstein-atomism/

REICHENBACH H., *Philosophie der Raum-Zeit-Lehre*, Berlin, De Gruyter, 1928.

RICKETTS T., « Pictures, Logic, and the Limits of Sense in Wittgenstein's *Tractatus* », dans H. Sluga, D. Stern (eds.), *The Cambridge Companion to Wittgenstein*, Cambridge, Cambridge UP, 1996, p. 59-99.

RIEMANN B., « Über die Hypothesen, welche der Geometrie zu Grunde liegen », *Gesammelte mathematische Werke*, Leipzig, Teubner, 1876; trad. fr. L. Laugel, « Sur les hypothèses qui servent de fondement à la géométrie », *Œuvres mathématiques*, Paris, Gauthier-Villars, 1898.

RUSSELL B., *The Principles of Mathematics* (1903), London, Routledge, 1997; trad. fr. J.-M. Roy, *Écrits de logique philosophique*, Paris, PUF, 1989.

– « On Denoting », *Mind*, New Series, vol. 14, n° 56, 1905, p. 479-493; trad. fr. J.-M. Roy, « De la dénotation », *Écrits de logique philosophique*, Paris, PUF, 1989.

– « On the Nature of Truth and Falsehood » (1910), dans J.G. Slater (ed.), *The Collected Papers of Bertrand Russell*, vol. 6, *Logical and Philosophical Papers 1909-1913*, London, New York, Routledge, 1992.

– *Theory of Knowledge : The 1913 Manuscript*, *The Collected Papers of Bertrand Russell*, vol. 7, New York, Routledge, 1993; trad. fr. J.-M. Roy, *Théorie de la connaissance. Le manuscrit de 1913*, Paris, Vrin, 2002.

– *Our Knowledge of the External World (as a Field for Scientific Method in Philosophy)*, London, Allen & Unwin, 1914; trad. fr. P. Devaux, *La méthode scientifique en philosophie : notre connaissance du monde extérieur*, Paris, Payot, 2002.

SACKUR J., *Opération et description. La critique par Wittgenstein des théories de la proposition de Russell*, Thèse de doctorat, Université de Paris I-Panthéon-Sorbonne, 2000.

– « Théorie de la connaissance et solipsisme. Des *Remarques philosophiques* au *Cahier Bleu* », dans C. Chauviré, S. Laugier, J.-J. Rosat (éds.), *Wittgenstein : les mots de l'esprit. Philosophie de la psychologie*, Paris, Vrin, 2001, p. 73-103.

SARKAR P., « Wittgenstein's Solipsism », dans W. Leinfellner *et alii* (eds.), *The Tasks of Contemporary Philosophy : Proceedings of the 10th International Wittgenstein Symposium*, Vienna, Hölder-Pichler-Tempsky, 1986.

SCHLICK M., *Allgemeine Erkenntnislehre*, 2te Aufl., Berlin, Springer, 1925; trad. fr. C. Bonnet, *Théorie générale de la connaissance*, Paris, Gallimard, 2009.

SIMILI R. (ed.), *L'epistemologia di Cambridge 1850-1950*, Bologna, Il Mulino, 1987.

SOUTIF L., « Wittgenstein e as teorias semânticas do *a priori* visual : *Observações Filosóficas*, cap. XVI & XX », trad. pt. br. B.P.A. Ferraz Neto, *Doispontos*, vol. 6, n° 1, 2009, p. 13-34.

— et GHIZONI DA SILVA G., « La lecture phénoménologique hintikienne de Wittgenstein : la dimension temporelle », trad. fr. S. Plaud révisée par L. Soutif, dans C. Chauviré et S. Plaud (éd.), *Les Lectures de Wittgenstein*, Paris, Ellipses, 2011 (à paraître).

STRAWSON P.F., *Individuals : An Essay in Descriptive Metaphysics*, London, Methuen, 1959; trad. fr. A. Shalom et P. Druong, *Les individus. Essai de métaphysique descriptive*, Paris, Seuil, 1973.

SULLIVAN P., « Simplicity and Analysis in Early Wittgenstein », *European Journal of Philosophy*, vol. 11, n° 1, 2003, p. 72-88.

SWANSON J.W., « On a Problem of Nicod and Strawson », *Philosophy and Phenomenological Research*, vol. 28, n° 1, 1967, p. 222-229.

TRANJAN T., *Carnap e a Natureza da Lógica*, Tese de Doutorado, Universidade de São Paulo, 2010.

VERNANT D., *La philosophie mathématique de Bertrand Russell*, Paris, Vrin, 1993.

VUILLEMIN J., *La logique et le monde sensible. Étude sur les théories contemporaines de l'abstraction*, Paris, Flammarion, 1971.

WHITEHEAD A.N., RUSSELL B., *Principia Mathematica to *56*, London-New York, Cambridge UP, 1997.

WIESENTHAL L., « Visual Space From the Perspective of Possible-Worlds Semantics. I », *Synthese*, n° 56, 1983, p. 199-238.

WRIGHT G.H. von, *Wittgenstein*, Oxford, Blackwell, 1982; trad. fr. E. Rigal, *Wittgenstein*, Mauvezin, T.E.R., 1986.

TABLE DES MATIÈRES

Imprimerie de la manutention à Mayenne (France) - mai 2011 - N° 671080G
Dépôt légal : 2e trimestre 2011